Veröffentlichungen der Gesellschaft für Freie Publizistik

XIV

KONGRESS-PROTOKOLL 1998

MUT ZUR FREIHEIT

1848–1998: 150 Jahre Kampf um
Selbstbestimmung und Einheit

D1669438

Veröffentlichungen der Gesellschaft für Freie Publizistik

XIV
KONGRESS-PROTOKOLL 1998

MUT ZUR FREIHEIT

1848–1998: 150 Jahre Kampf um Selbstbestimmung und Einheit

GESELLSCHAFT FÜR FREIE PUBLIZISTIK e. V.

Für den Inhalt der wiedergegebenen Vorträge sind naturgemäß
die Vortragenden verantwortlich. Er stellt nicht in jedem Fall
die Meinung der GFP dar.

ISBN 3-9805411-2-6

1998

Herausgegeben vom Vorstand der Gesellschaft für Freie Publizistik (GFP) e. V.
Sekretariat und Vertrieb: D-72641 Oberboihingen, Postfach 1216
Gedruckt in Deutschland

Inhaltsverzeichnis

Dr. Rolf Kosiek
Einführung **7**

Dr. Otto Scrinzi
Freiheit – diesseits von Rechts und Links **13**

Reinhard Uhle-Wettler
Deutschland im Europa der Vaterländer **32**

Dr. Felix Buck
Die Bundesrepublik Deutschland und ihr Staatsvolk 58

Dr. Dr. Thor v. Waldstein
**Das Geld, die Macht und das Elend
der politischen Klasse** **77**

Dr. Claus Nordbruch
**Gedankenfreiheit?! Notwendige Anmerkungen
zur praktizierten Meinungsäußerungsfreiheit in
Deutschland** **99**

Harald Neubauer
**Die tägliche Gehirnwäsche Medien – Meinungen –
Manipulationen** **137**

Prof. Dr. Hans-Helmuth Knütter
**Der Antifaschismus als politisches Kampfmittel
der Linken im Wahljahr 1998 und was dagegen
zu tun ist** **150**

Karl Baßler
Der Geist der deutschen Freiheit **160**

Dr. Rolf Kosiek
Schlußwort **182**

Entschließungen der Jahreshauptversammlung
der GFP vom 24. April 1998 185
Unsere Vortragenden 187
Vom Wollen und Werden der Gesellschaft
für Freie Publizistik 190

Einführung

Dr. Rolf Kosiek

Unser diesjähriger Kongreß steht unter dem Leitwort »Mut zur Freiheit – 1848 bis 1998: 150 Jahre Kampf um Selbstbestimmung und Einheit«. Was auf den ersten Blick als ein Thema der Erinnerung, vielleicht sogar der musealen Aufbereitung erscheint, ist jedoch von brennender Aktualität. Denn obwohl zwar in letzter Zeit nicht mehr so oft wie noch vor wenigen Jahren von offizieller Seite betont wird, daß wir angeblich derzeit im freiheitlichsten Staat der deutschen Geschichte leben, ist es weiten Kreisen noch nicht bewußt geworden, in welch starkem Maße in den letzten Jahren diese Freiheit mit den verschiedensten behördlichen Methoden eingeschränkt wurde und wird. Das geht auch unsere Gesellschaft etwas an, die sich satzungsgemäß für eine freie Publizistik und damit insbesondere für die Presse- und Meinungsfreiheit, aber auch für die Freiheit des ganzen deutschen Volkes einsetzt.

Vor 150 Jahren ging 1848 das Zeitalter der sogenannten Restauration und damit eine Epoche der Verfolgung deutscher Patrioten und der Zensur der Presse zu Ende. Mehr als dreißig Jahre lang hatte sich damals das schon unzeitgemäß gewordene Metternichsche System noch halten können und den freiheitlichen Aufbruch der Befreiungskriege wieder zu dämpfen vermocht. Vor nunmehr 185 Jahren, daran sollten wir auch anknüpfen, hatte 1813 nach den früheren vergeblichen Versuchen eines Majors Schill oder Andreas Hofers der allgemeine Volksaufstand die Fremdherrschaft Napoleons abgeschüttelt und gar nicht weit von hier mit der Völkerschlacht von Leipzig im Oktober 1813 die nationale Freiheit wieder zurückgewonnen. Auf der Wartburg hatte dann am 18. Oktober 1817 die deutsche akademische Jugend die Forderung nach Einheit und Freiheit der Deutschen erhoben, die schon greifbar nahe erschien. Doch diplomatisches Geschick der Nachbarmächte wie dynastischer Egoismus der deutschen Fürstenhäuser hatten im Wiener Kongreß wie in der folgenden Zeit die freiheitlichen Bestrebungen noch einmal unterdrücken können.

Wenn auch die mit so vielen Hoffnungen verbundenen und von allen deutschen Stämmen getragenen Bestrebungen der Paulskirche nach einer Einigung aller Deutschen und nach größeren demokratischen Rechten zunächst noch nicht zum vollen Durchbruch führten, so konnten doch verfassungsmäßig wesentliche Erfolge verbucht werden: Das verhaßte Metternichsche System mit seiner sogenannten Demagogenverfolgung mußte abtreten, viele vorher verfolgte und inhaftierte Patrioten wurden befreit und rehabilitiert, die Presse- und Meinungsfreiheit wurden weitgehend gewährt, und der ganze freiheitliche Aufbruch bereitete den Boden vor für das Zusammenstehen aller Deutschen, als Frankreich Preußen 1870 den Krieg erklärte. Die 1848 noch nicht gelungene neue Reichsgründung konnte dann 1871 – von Bismarck diplomatisch hervorragend vorbereitet – erfolgen, wenn auch unter den damaligen Umständen bedauerlicherweise nur als die kleindeutsche Lösung unter Ausschluß Österreichs, weil dieses noch zu sehr an seinen außerdeutschen Besitzungen im Osten und Süden hing. Der vom ganzen deutschen Volk – vor allem von dem politisch bewußter werdenden Bürgertum – getragene Wille nach Einheit und Freiheit hatte sich endlich durchsetzen können. Er brachte zugleich für ganz Europa lange, vorher nicht gekannte Jahrzehnte des Friedens und des wachsenden Wohlstandes. Daß Otto von Bismarck, der geniale Gründer dieses Zweiten Deutschen Reiches, vor nunmehr 100 Jahren, am 30.Juli 1898, verstarb, sollte uns auch einer besonderen Erinnerung wert sein.

In diesem laufenden Jahr wird der Paulskirche in vielen offiziellen Feiern und mit großen Worten gedacht. Vom ganzen deutschen Volk und seinem Willen nach Einheit in Freiheit und Souveränität wird dabei nur wenig oder nur heuchlerisch die Rede sein können. Denn die politisch maßgeblichen Kräfte in der Bundesrepublik haben sowohl die Einheit – etwa bei ihrer Ostpolitik bis hin zur deutsch-tschechischen Verhöhnungserklärung – als auch die Freiheit immer wieder verraten. Sie fördern immer noch die Überfremdung des deutschen Volkes durch weiter geduldete Einwanderung von Millionen Ausländern, die Abschaffung der Souveränität der Deutschen zugunsten eines Brüsseler Zentralismus und die starke Einschränkung der Presse- und Meinungsfreiheit durch Sondergesetze und den öffentlichen Druck der Political Correctness.

8

Dazu soll gerade in diesem Jubiläumsjahr, 150 Jahre nach der Frankfurter Paulskirche mit ihrer Forderung nach einem einheitlichen deutschen Wirtschafts- und Währungsraum, der entscheidende Beschluß zur Aufhebung eben dieser deutschen Währung im erst seit wenigen Jahren dank glücklicher Umstände und gegen den Willen der maßgeblichen deutschen Politiker wiedervereinigten West- und Mitteldeutschland gefaßt werden – und das gegen den erklärten und immer wieder durch Meinungsbefragungen zum Ausdruck gekommenen Willen der großen Mehrheit des deutschen Volkes.

Wenn die Männer der Paulskirche, auf die man sich in Bonn so gern beruft, die heutigen Verhältnisse mit der Entvolkung Deutschlands und der Unterdrückung der freien Geschichtsforschung erleben würden, würden sie sich sicher mit den heutigen Freiheitlichen dagegen wehren und sich verbitten, von solchen gefeiert und zum Zeugen angerufen zu werden, die die Auflösung des Volkes zumindest dulden, wenn nicht sogar fördern. Die Patrioten von 1848 säßen – würden sie heute leben – wohl wie freiheitliche Schriftsteller und Verleger unserer Zeit - es sei nur an Udo Walendy erinnert – hinter Gittern –, so wie manche von ihnen auch vor 1848.

Vor rund 200 Jahren wandte sich der Freiheitsgedanke der Deutschen – vor allem im deutschen Idealismus – gegen die Utopien und Auswüchse der Französischen Revolution mit ihrem falschen Gleichheitsdogma und lebensfeindlichen Internationalismus, den Wurzeln auch für die unser Jahrhundert so furchtbar beeinflussenden Ideologien des Marxismus und Bolschewismus. Im Neomarxismus der berüchtigten Frankfurter Schule um Max Horkheimer und Theodor Adorno erlebte diese Ideologie fröhliche Urständ und trieb mit der von ihr meisterhaft durchgeführten Perversion der Begriffe die Verwirrung der Geister auf die Spitze. So konnte zum Beispiel beim Historikerstreit 1986 ausgerechnet unter dem Mantel der Aufklärung ein Jürgen Habermas als derzeitiger Vertreter des marxistischen Frankfurter Instituts für Sozialforschung Denkverbote und Forschungsverbote fordern. Eine Folge solcher Begriffsverwirrung ist es, wenn heute mit der Berufung auf die Menschenwürde Wissenschafts- und Meinungsfreiheit eingeschränkt werden und die vorurteilslose Zeitgeschichtsforschung kriminalisiert wird. Damit werden mittelalterliche Inquisitionsmethoden wieder eingeführt, wird die Menschenwürde mit Füßen getreten, wird ein bedauerlicher Rückschritt zu längst für überwunden gehaltenen Zustände eingeleitet.

Und diese geistige Rebarbarisierung erfolgt in einem Lande wie Deutschland, von dem aus – wie leider viel zu wenig bekannt ist – die Freiheit in die Welt hinaus ging. Goethe stellte zutreffend fest, daß die Germanen der Welt die Idee der Freiheit geschenkt haben. Im Orient oder in der Antike war nämlich nur einer, der Herrscher, oder eine kleine Schicht von Menschen frei – im Gegensatz zum freien Germanien, wo zunächst jeder frei war, bis Einflüsse aus der Antike und das Christentum im frühen Mittelalter Einschränkungen brachten. In Religions- und Bauernkriegen, in Ketzeraufständen und föderalistischen bis separatistischen Bestrebungen hat sich der Gedanke der persönlichen und politischen Freiheit immer wieder – auch nicht nur zum Vorteil des Reiches – ausgewirkt. Der deutsche Idealismus brachte mit Kant, Fichte und Hegel die tiefere philosophische Begründung der sittlich gebundenen Freiheit als der ethischen Grundlage modernen Menschentums. Die preußischen Tugenden bieten ein Musterbeispiel freiheitlicher Lebensgestaltung im Dienst an einer Gemeinschaft. In der deutschen Jugendbewegung zu Beginn unseres Jahrhunderts kam diese freiheitliche und aus eigener Bestimmung getragene Lebenshaltung noch einmal zum Tragen und konnte weitreichende geistige Wirkung erreichen. Viel zu wenig ist bekannt, daß der so oft als reaktionär verschriene Bismarck im Norddeutschen Bund das allgemeine, geheime und gleiche Wahlrecht einführte, lange bevor andere Nachbarstaaten das nachahmten, wie er auch in der für alle Welt vorbildlichen sozialen Gesetzgebung der achtziger Jahre des vorigen Jahrhunderts die praktischen Voraussetzungen für ein freies, weil der größten Sorgen enthobenes Leben aller Schichten schuf.

Deswegen brauchten die Sieger 1945 die Freiheit wahrlich nicht nach Deutschland zu bringen, wie sie vorgaben Daß sie erst einmal alle Grundfreiheiten, einschließlich der freien Wahlen und Volksabstimmungen, einschließlich einer freien Presse und eines freien Rundfunks, abschafften, ist für den westlichen Liberalismus bezeichnend, wie auch die nachfolgende Umerziehung mit allen Machtmitteln der Besatzungsherrschaft.

Sittliche, das heißt an eine Gemeinschaft gebundene Freiheit und schrankenloser Liberalismus sind eben etwas völlig Verschiedenes. Der Mensch und seine volkliche Gemeinschaft bedürfen der Freiheit, gehen aber am Liberalismus zugrunde, wie Arthur Moeller van den Bruck schon vor mehr als 80 Jahren erkannt hat. Wir erleben heute einen alle Normen und Traditionen auflösenden, zerstörenden Liberalismus, während gleichzeitig die persönliche wie die volkliche Freiheit eingeschränkt werden. Alle früheren Feinde des Reiches und alle deutschfeindlichen Ideologien sind sich einig in dem Bestreben, diesen zersetzenden Liberalismus voranzutreiben und gleichzeitig die Freiheitsrechte zu beschneiden. Und die Massenmedien unterstützen diese an sich paradoxe Entwicklung noch, statt sich ihr verantwortungsbewußt entgegenzustellen. Sie lassen sich vom Großen Bruder mißbrauchen und fördern die Entwicklung zum Orwell-Staat, in dem dann wenige hinter den Kulissen bestimmen, was geglaubt und gemeint werden soll. Auf dem Bereich der Zeitgeschichte sind solche Verhältnisse fast schon erreicht. Und der normale Bürger erkennt das kaum und will nicht glauben, daß wir in dem scheinbar so freien Staat in mancher Hinsicht fast wie in einer Diktatur leben. Daß in letzter Zeit auch die offiziell noch unabhängige Justiz stark politisiert wurde und nach dem Fall Orlet kaum noch ein Richter den Mut haben kann, unabhängig und nicht nach dem Druck der Political Correctness zu urteilen, ist viel zu wenigen bekannt, und über die zahlreichen Buchbeschlagnahmungen und Bücherverbrennungen unserer Tage wird beharrlich geschwiegen. »Eine Zensur findet nicht statt«, steht unmißverständlich im Grundgesetz, doch in der Praxis wird sofort eingezogen, was gewissen Kreisen nicht gefällt, und Verleger wie Autoren erhalten hohe Strafen: ein klarer Verstoß gegen unsere freiheitliche Verfassung.

Angesichts solcher Zustände ist es um so wichtiger, für die Freiheit einzutreten, sie gegen die angeblich Liberalen zu vertreten, den Unterschied zwischen Freiheitlichen und den heutigen Liberalen herauszuarbeiten. Die lange als Volk der Dichter und Denker anerkannten Deutschen stehen hier wieder vor einer großen Aufgabe. Die Wirtschaft hat zwar eine zunehmende Bedeutung für die Zukunft, aber noch wichtiger sind, wie auch am Zusammenbruch des Ostens zu erkennen war, ihre geistigen Grundlagen, ist das Menschenbild, sind die Auffassungen von Freiheit und Gemeinschaft. Zulange ist man weithin Utopien nachgelaufen, hat man sozialistischen Weltverbesserern oder weltfremden Humanisten geglaubt. Bürgerkriege mit Massenvernichtungen und Massenvertreibungen waren bis in unsere Zeit die Folgen solch falschen politischen Handelns, das angeblich die Menschheit mit einem multiethnischen Rezept beglücken will und dabei die Wirklichkeit der Völker übersieht. Nur in Zwangsstaaten ist solches und – wie die jüngste Erfahrung etwa mit der Sowjetunion, der Tschechoslowakei oder Jugoslawien zeigt – auch nur für einige Zeit möglich.

Nur ein Teil dieser aktuellen Fragen kann auf unserem Kongreß angesprochen werden. Es sollen jedoch Schwerpunkte gesetzt werden, und ich hoffe, daß wir damit einen Beitrag zur Verteidigung eben dieser Freiheit leisten können. Möge der Kongreß in diesem Sinne auch für unser Volk wirken.

Freiheit –
diesseits von Rechts und Links

Otto Scrinzi

Die Frage nach dem Wesen der Freiheit beschäftigt das abendländische Denken, soweit wir es nachvollziehen können. Obgleich sich seine hervorragendsten Köpfe mit dieser Frage beschäftigt haben, ist sie letztlich unbeantwortet geblieben. Trotzdem scheint sie für jeden, der sich aus der ›selbstverschuldeten Unmündigkeit‹ befreit und in die klare Sphäre der Vernünftigkeit gerettet wähnt, eine erlebbare Gewißheit. Schillers Ausspruch: »Der Mensch ist frei, ist frei, und wär er in Ketten geboren«, gibt solcher erlebter Gewißheit hymnischen Ausdruck.

Am Beginn des von der Aufklärung entdeckten autonomen Menschen, der aus der Geborgenheit einer göttlichen Vorsehung und Ordnung in seine Selbstverantwortung entlassen sich fand, stand die Vergöttlichung der Vernunft. Lebt unsere Freiheit aus dieser Vernunft? fragen wir uns zweihundert Jahre, nachdem in ihrem Namen mehr als 40 000 Köpfe abgeschlagen worden sind und unzählbare für die Freiheit ihr Leben geopfert oder hingegeben haben. Einer Vernunft, von der schon Faust sinnierte, wir bräuchten sie »allein, um tierischer als jedes Tier zu sein«.

Oder ist Freiheit, um es in einem Bild auszudrücken, eine Sache des Herzens, ähnlich der Liebe? Nur dies könnte erklären, daß in ihrem Namen so viele Opfer gebracht und gefordert wurden. Denn der Vernunft zuliebe stirbt niemand! Schopenhauer, der letzte gründliche Nachdenker zur Freiheit hat in seiner – nicht preisgekrönten – Schrift über die Willensfreiheit gemeint: Wir könnten zwar, was wir wollen, aber was wir wollen, liege in unserem intelligiblen Charakter. Ein im Grunde blinder Wille triebe uns an: Freiheit liege in der uns zugemessenen Charakterstruktur. Unser Schuldigwerden sei Charakterschuld.

In den modernen Verhaltenswissenschaften ist vom ›Egoismus-Gen‹ die Rede. Eibl-Eibesfeldt spricht vom »vorprogrammierten Menschen«, und der englische Soziobiologe Matt Ridley schrieb das Buch *Die Biologie der Tugend*. Bei Arnold Gehlen finden wir in seiner *Moral und Hypermoral* ein Kapitel, das sich »Physiologie der Tugend« nennt. Freiheit also ein Stück Körperfunktion?

Hat Wittgenstein recht, wenn er Freiheit als eine »hartnäckige Illusion« bezeichnet und damit aus Selbstverantwortung Selbstbetrug machen will?

Nach dem franzöischen Molekularbiologen und Nobelpreisträger Jacques Monod treiben wir als Zigeuner am Rande des Universums zwischen Freiheit und Notwendigkeit. Ist Freiheit also die Gegenkraft aller auf kosmischer Gesetzlichkeit ruhenden Notwendigkeit? Gegen die kirchliche Lehre von der Prädestination, also der durch Gott verfügten Vorbestimmtheit unseres Daseins und der durch seine bevollmächtigten irdischen Vertreter gewährten Sündenvergebung, stellte Luther die Freiheit eines Christenmenschen, über welche er aber nur als Lehen seines Landesfürsten verfügen konnte, eine Freiheit aus zweiter Hand.

Ist Freiheit bloß ein ›Sammelbegriff‹, von dem Rivarol meint, er sei »die Wurzel fast aller seiner Irrtümer gewesen«? Trifft zu, was ein anderer französischer Moralist des 18. Jahrunderts, Chamfort, geschrieben hat: Das größte Bedürfnis eines Volkes ist, beherrscht zu werden, sein größtes Glück, gut beherrscht zu werden? Ist der Mensch im Grunde gar nicht freiheitswillig? Waren Freiheitskriege nur für eine Freiheitsideologie machtgieriger Einzelner oder von Minderheiten geführt? Hat die Revolution von 1848 die Völker also um ihr eigentliches Glück, gut regiert zu werden, betrogen? Kann die Idee der Selbstbestimmung von Völkern und die zum Hauptschlager des Liberalismus aufgeblähte Selbstverwirklichung sich auf ein mit uns geborenes Naturrecht berufen?

Anders gefragt: Ist menschliche Freiheit als Endergebnis einer langen stammesgeschichtlichen Entwicklung jenes Wesentliche, was uns von allen uns vorgängigen Geschöpfen abhebt und den oft erhobenen Anspruch, Krönung der Schöpfung zu sein, begründet?

Die Idee des Rechts sei Freiheit und die Idee der Freiheit Sittlichkeit, meinte Hegel. Hier finden wir Kants Idee von einer vor und jenseits aller Vernunft gegebenen Sittlichkeit fortentwickelt. Ihr zufolge beruht unsere Freiheit darin, daß wir uns vom Zwang unserer Triebe und elementaren Neigungen unabhängig machen und uns einem ›kategorischen Imperativ‹ unterwerfen. Damit jedoch geraten wir aus dem Regen der Freiheitsidee in die stürmische Traufe der Wertfrage. Gibt es allgemeinverbindliche Werte, und welche sind es?

Etymologisch hat die germanische Wurzel des Wortes ›frei‹ mit Freund, Friede, Freien zu tun. Im Gegensatz zum lateinischen *liber*, welches ›Befreitsein von etwas‹ meint, zielt der im Mittelpunkt des deutschen Idealismus stehende Freiheitsbegriff auf ein ›Frei-Wozu?‹. In diesem unterschiedlichen Urverständnis von Freiheit scheiden sich auch Nationalismus und Liberalismus als politische Ideologien.

Wer freilich aus der scheinbaren Geborgenheit des historischen Materialismus und den unwandelbaren Gesetzen der Ökonomie der geschlossenen Gesellschaft sich ins offene Feld einer verantwortlich handelnden, also sich selbst bestimmenden Gemeinschaft begibt, bedarf jenes Mutes, zu welchem offenbar die Tagung aufrufen will.

Wenn im folgenden Überlegungen über eine Freiheit diesseits von Rechts und Links angestellt werden, soll dies eine Absage an Vorstellungen sein, daß Freiheit erst jenseits von Rechts und Links begänne, ja nur dort überhaupt möglich sei. Wir wollen zu zeigen versuchen, daß unabhängig vom wechselnden Bild, unter welchem sich rechte oder linke Politik heute darstellen, Freiheit eine jedem politischen Handeln vorausgehende Kategorie ist und daß rechts und links nicht bloß historisch entstandene, beliebige Unterscheidungen sind, gar nur vom Zufall der Sitzordnung in der verfassunggebenden Versammlung des französischen Konvents abhängig.

Unabhängig von den laufenden innerparteilichen Grenzverwischungen und zwischenparteilichen Grenzauflösungen von Rechtsoder Linkszuordnungen bleiben rechts und links, wie schon ihre Wortbedeutung ausdrückt, nicht nur Orientierungshilfen in der räumlichen Welt, sondern Markierungen eines unterschiedlichen Weltverständnisses, trennende Elemente von Weltanschauungen.

In der scheinbaren Widersprüchlichkeit von Wortpaaren wie ›Freiheit und Notwendigkeit‹, ›Freiheit und Gleichheit‹, ›Freiheit und Ordnung‹, ›Freiheit und Naturgesetz‹, ›Anlage und Umwelt‹, ›Willkür und Maß‹, ›Individualität und Sozialität‹, ›Eigennutz und Gemeinnutz‹ wird uns deutlich, daß Freiheit kein Entweder-Oder, sondern ein mit uns geborenes Sowohl-als-Auch ist, eine ständige

Herausforderung, eine Verheißung, die täglich neu errungen werden müßte. Der Historiker Peter Berglar nennt die Entdeckung der persönlichen Freiheit eine »bitterschwere(n) und bittersüße(n) Last, welche Opfer, ja Tod bringen kann«.

Im Politischen wird Freiheit weitgehend gleichgesetzt mit Demokratie. Aber wie schon Tocqueville (Alexis de, 1805–1859) zur Zeit des Frankfurter Parlaments behauptete, kann die Tyrannei einer Mehrheit ebenso schlimm wie die eines Einzelnen sein. (Er hat offenbar die Gesinnungsjustiz der freiesten aller Republiken vorausgesehen.) Der große österreichische Rechtsgelehrte und Mitschöpfer der ersten republikanischen Verfassung, Hans Kelsen, hat schon vor zwei Lebensaltern vor dem inflationären Gebrauch des Demokratiebegriffes gewarnt.

Wo Demokratie aus einem Mittel zum Zweck verabsolutiert wird und Demokratismus die Rechtfertigung der Machtübernahme der postmodernen Gutmenschen abgibt, kann sie alle Züge der Tyrannis, also des Überwachungs- und Polizeistaates, annehmen. Freiheit ist nicht mehrheitsfähig, weil 51 Prozent für 49 Prozent den Freiheitsverlust erzwingen können.

Vor dem Irrtum sei gewarnt, wir stünden am Ende der Geschichte, und alle Konflikte lösten sich gewaltfrei im demokratischen Meinungsaustausch, wie Fukujama in seinem gleichnamigen Buch schreibt. Ebenso falsch scheint uns Anthony Giddens, einem Berater Tony Blairs, Ansicht, daß sich »die Gestaltungskraft der Politik erschöpft und die politischen Ideologien entleert« hätten. Die Zukunft liege in der Dialogisierung und Demokratisierung aller Lebensbereiche.

Unseres Erachtens stünde aber am Ende der fundamentalen Demokratisierung, welche die geistigen Tabu-Brecher aus der Frankfurter Schule gefordert und die 68er Generation gewaltsam in die Tat umsetzen wollten, das Chaos. Dies aber wäre zugleich das Ende jeder Freiheit. Daß die Überziehung der sogenannten direkten oder partizipatorischen Demokratie Sachlösungen unendlich verzögern oder gar unmöglich und ein Land unregierbar machen kann, führt uns der Aktionismus der Fundis der Grünenbewegung tagtäglich vor Augen.

Wenn der eben verstorbene Ernst Jünger, mit Carl Schmitt, Moeller van den Bruck und Ernst Niekisch einer der bedeutendsten national-revolutionären deutschen Denker der Zwischenkriegszeit, im vorletzten Kriegsjahr alle Ideologien wie Tünche abfallen sah, hat er einen heute fast eingetretenen Zustand richtig vorausgesehen. Doch war die totale Demokratisierung für ihn kein Ersatz der abtretenden Nationalstaaten. Er haßte die Demokratie ›wie die Pest‹. Zwar sah und begrüßte er die Heraufkunft des ›Weltstaates‹, doch glaubte der Verfasser des *Kampf(es) als inneres Erlebnis* nicht an eine pazifistische Weltdemokratie.

Der Mensch ist und bleibt Kraft seiner Freiheit zur Geschichte verurteilt. Alexander Demandt, der Berliner Altgeschichtler, spottet: Eine dauerhafte Geschichtslosigkeit erreichen wir nur, wenn wir den Nacheiszeit-Menschen, dem die Geschichtlichkeit zur Natur geworden ist, ersetzen durch den posthistorischen. Dem fügen wir hinzu, daß dies auch das Ende unserer Freiheit bedeuten würde, da wir durch Geschichtsbewußtsein, also Wissen um Vergangenheit und Zukunft, Kulturwesen geworden sind. Nicht zufällig beginnt unsere Kulturgeschichte mit Totenkult und Grabbeigaben. Bis zu diesem Zeitpunkt gab es nur eine Naturgeschichte des Menschen. Nur freie Menschen haben Geschichte.

Sklaven sind geschichtslos. Dazu noch einmal Demandt: Wer die Vergangenheit verneine, sage nur eine »Drittelwahrheit, weil die Zukunft zu zwei Dritteilen von den Vorräten zehrt, die sie der Vergangenheit entnimmt«.

Schon an diesem Punkt sei angemerkt, daß Mut zur Freiheit in der besonderen deutschen Gegenwartslage zuvörderst Mut zur Geschichte erfordert, ja solchen voraussetzt. Hellmut Diwald hat dazu in seinem Buch *Mut zur Geschichte* 1983 geschrieben:»Ein Volk, das sich seiner Vergangenheit berauben, seine Erinnerung verzerren und seinen Selbstwert verstümmeln läßt, entwurzelt seine Existenz.« Im übrigen bezeichnet er in dem Buch die politischen Begriffe rechts und links als »antiquarisch«, weil sie keine klare Sachbeschreibung abgäben.

Der im sogenannten Historikerstreit von den Gralshütern und Siegelbewahrern einer von den Siegern verordneten Zeitgeschichte so angefeindete Ernst Nolte meinte in einem Gespräch (*Dolomiten* 11.3. 1998) auf die Frage, was ihm besonders Angst mache:»Ja, ich fürchte das Versinken Deutschlands in eine sicher nicht grundlos einseitige Geschichtsbetrachtung, die dazu führen würde, dieser deutschen Geschichte nur negative Züge zuzuweisen und damit nicht nur zum deutschen, sondern auch zum europäischen Identitätsverlust beizutragen.«

Dazu wäre zu ergänzen: Wollte man Identität als die Freiheit zu sich selbst beschreiben, dann beginnt der Freiheitsverlust mit dem der Muttersprache und der vom Sieger geschriebenen Gegengeschichte.

Wenn wir unter ›Geschichte ein Geschehen‹ verstünden, welches außerhalb des für den ganzen Kosmos gültigen Gesetzes von Ursache und Wirkung, als Ergebnis freier oder willkürlicher Entscheidungen des Menschen abläuft, könnte es jenseits der Freiheit keine Geschichte geben und wäre die Anthropologie, die Lehre vom Menschen, eine bloße Unterabteilung der Zoologie.

Die Tatsache, daß die Himmelskunde (Astronomie) und die Weltentstehungslehre (Kosmologie) die ältesten Mythen und der eigentliche Anfang einer denkenden, ordnenden Welterfassung zu sein scheinen, macht es wahrscheinlich, daß die frühesten Menschen sich nicht als frei, sondern gesetz- und ordnungsunterworfen der Macht von Dämonen oder Göttern erlebt haben.

Der Anfang der Freiheit beginnt mir der Entdeckung einer die Welt, ja den Himmelsraum durchwaltenden Ordnung. So widersprüchlich dies fürs erste klingt: Nur im Gegenüber von Gesetz und Ordnung können wir uns als freiheitsfähig erkennen; in der Gesetzlosigkeit hebt Freiheit sich selber auf.

Mit der Entwicklung des Groß- oder Neuhirns, dem damit möglichen abstrakten Denken und der dann folgenden Sprache entsteht unsere ›Zweite Welt‹, die der Kultur, und nur dort kann Freiheit als Handeln in Erscheinung treten. Wir beginnen zu entdecken, was die Welt im Innersten zusammenhält, und daß wir selber ein Teil von ihr bleiben. Fortschreitend haben wir die Zwänge unserer Triebe zu bändigen und bloß instinkthafte Abläufe zu steuern gelernt. Als instinktreduzierte Geschöpfe wird wachsender Spielraum für motiviertes Handeln und Sich-entscheiden-Können gewonnen. Darin allein besteht unsere Freiheit. Hier tritt uns der Mensch als geselliges, später vergesellschaftetes Wesen erstmals als ›zoon politikon‹ gegenüber. Für Aristoteles liegt das Wesen der Politik im Handeln zur Herbeiführung eines geordneten Zusammenlebens der Bürger der Polis.

Die Soziobiologen, gern als Sozialdarwinisten und Biologisten verdächtigt, beschreiben diesen entscheidenden Übergang aus dem ›reinen Naturzustand‹ der Menschen als die Fortsetzung der Biologie mit anderen Mitteln. Wer sich dem öffentlichen Handlungsauftrag verweigerte, war zu Platons Zeiten ein ›idiotes‹. Seine heutigen Nachfahren nennen sich ›Aussteiger‹, ›Verweigerer‹, ›Nullgruppler‹; sie sind die Zuschauerdemokraten und stellen als Nichtwähler die stärkste Partei dar.

Welche Möglichkeiten gibt es, um die durch den Instinktverlust gewonnenen Freiräume auszufüllen, die Anpassung an unsere Um- und Mitwelt durch zweckgerichtetes und verantwortetes politisches Handeln sicherzustellen und die Selbstzerstörung durch einen schrankenlosen Egoismus zu verhindern? Es sind Sinngebung und Wertsetzungen. Aus ihnen leiten sich Ideologien als politische Handlungsanweisungen ab. Unter anderem wird so die Idee des Staates geboren.

Welches sind die Ziele? Im Spannungsfeld zwischen dem Freiheitsbedürfnis des Einzelnen und der Ordnungserfordernis des Ganzen muß ein Gleichgewicht gefunden werden, das eine möglichst ideale Annäherung an die angestrebte Wertordnung, das politische Programm, gewährleistet. Auf dem Weg dorthin lauern mannigfache Gefahren. Unter anderen, daß wir uns selber verfehlen, wenn unser Menschenbild in einen unauflösbaren Widerspruch zu unserer kreatürlichen Wesenheit gerät. Dann etwa, wenn der Liberale die Macht der Vernunft über- und die steinzeitliche Altlast, die jeder als stammesgeschichtliches Erbe bewältigen muß, unterschätzt.

Vor der Gleichsetzung von Vernunft und Tugend, wie Sokrates sie lehrte, Rousseau sie später aufgegriffen hat, hat Schiller gewarnt: »Bis daß den Lauf der Welt Philosophie zusammenhält, erhält sie ihr Getriebe durch Hunger und durch Liebe.« Am Ende triumphiert ein auf bloß materiellen Genuß ausgerichteter Individualismus. Er »legt vorerst nur den Quell der öffentlichen Tugend trocken; mit der Zeit greift er alle anderen an, zerstört sie und geht schließlich im Egoismus auf«, so Tocqueville.

Der verhängnisvolle Kreislauf des bloßen Produzierens und Konsumierens setzt ein, das ökonomische Denken verdrängt das politische. Die Dreifaltigkeit von Erzeugen-Verbrauchen-Genießen

(Berglar) hat ihre Herrschaft angetreten. Die bürgerliche Freiheit bleibt auf der Strecke: Der Bürger verspießert im Versorgungs- oder Wohlfahrtsstaat und tauscht Freiheit gegen Sicherheit ein. Das »frevelhafte Menschenbild«, wie Konrad Lorenz sagt, eines sich über die Mächtigkeit von Erbe und Anlage erhoben dünkenden Menschen kommt zu Fall, mit ihm eine Politik, die von der Macht der Vererbung, wie Jürgen Eysenck forderte, nichts weiß oder – was vor allem für die deutsche Gegenwart gilt – nichts wissen will.

Noch viel gründlicher verfehlt der Marxismus unsere menschliche Wirklichkeit. Mit ihm hat die Selbstverfremdung des Menschen ihren Tiefpunkt erreicht. Sein um die biologisch-genetische ebenso wie die transzendente Dimension verkürztes Menschenbild hat statt ins versprochene irdische Paradies in die Hölle der blutigsten Diktatur der bisherigen Weltgeschichte geführt. Nach Marx ist der Mensch ein Ensemble der gesellschaftlichen Verhältnisse. Das jeweilige gesellschaftliche Sein einer Epoche präge das Bewußtsein ihrer Menschen. Diesen spricht er jede schöpferische Freiheit ab. Marxens Augenmerk richtete sich nicht auf den Einzelnen, etwa den Arbeiter, über den er sich gelegentlich verächtlich und überheblich vernehmen ließ, sondern auf die Arbeiterklasse. Er ruft zur Rebellion »gegen die Herrschaft des Gedankens« auf, gleich ob sich dieser um Religion, Philosophie oder Ideologie dreht.

Diese radikalste Absage an die Idee der Freiheit wird in der sogenannten Feuerbach-Schrift von 1845/46 im Vorfeld der 1848er Revolution entwickelt. Nicht der Schritt von der Natur zu Kultur und damit zu schöpferischer Freiheit mache das Wesen des Menschen aus, sondern der Zwang zu materieller Warenerzeugung durch Arbeit. Das Eigentum an Boden und Produktionsmitteln und der Geldbesitz hätten zur Entfremdung, Ausbeutung und Klassenherrschaft geführt.

Das Ziel der marxistischen Weltveränderung – die Welterklärung war ihr Anliegen nicht – war daher nicht die Befreiung zur Freiheit, sondern zur Gleichheit. Diese aber schließt Freiheit, deren Wesentliches nicht zuletzt im Recht auf Ungleichheit besteht, aus.

Unbeeindruckt blieb Marx von den Erkenntnissen und Entdekkungen der großen Naturwissenschafter seiner Zeit, wie Darwin, Gobineau oder Haeckel, welche die Ausbildung von Rassen, Rängen und Ordnungen als ein Bauprinzip der Natur und des Menschen als einem Teil von ihr entdeckt und mit Mendel auch ihre Baugesetze faßbar gemacht hatten.

Marx übernimmt Proudhons (1809–1865) Gesellschaftsphilosophie. Eigentum sei Diebstahl, und erst mit seinem Auftreten seien Ungleichheit und Unfreiheit in die Welt gekommen. »Besitz öffnet die Tore für alle Mängel und Mißbräuche.« Ähnlich dachte schon J. J. Rousseau (1712–1778), für den der Fortschritt der Kultur den Urzustand der Menschheit in Glück, Unschuld und Freiheit beseitigt hatte.

Marxens inzwischen an der Wirklichkeit zerbrochene gesellschaftliche und historische Utopien schienen mit der vom US-Amerikaner Watson entworfenen »Lernpsychologie« eine späte wissenschaftliche Untermauerung zu erhalten. Ihr zufolge seien Bewußtsein und menschliches Verhalten zur Gänze das Ergebnis der jeweils individuellen Erfahrung; die Stunde der Geburt sei für jeden die Stunde Null, unsere ›Chancengleichheit‹ also vorgegeben, weil jeder mit leeren Händen anfange. Nur die Vorrechte einer Minderheit und die ungerechte Verteilung des Arbeitsertrages insgesamt verhinderten die Herstellung völliger und daher konfliktfreier Gleichheit. Unterschiede von Intelligenz, Leistungs- und Bildungsfähigkeit seien bloß die Folge unterschiedlicher Lernbedingungen.

Der Mensch sei ein Bündel von bedingten Reflexen; in seinem Denken, Fühlen und Handeln gebe es nichts stammesgeschichtlich Angelegtes, also Ererbtes. Jeder Einzelne erfinde sich gewissermaßen immer neu; allerdings seien die Grenzen dieses Selbstschöpfungsvorganges durch die vorgegebene Umwelt abgesteckt.

Alles menschliche Verhalten wäre demnach erlernt und sei, was von weittragenden Folgen sein würde, erlernbar. Später wird der Irrglaube an die unbegrenzte Machbarkeit des Menschen durch Lernen mit jenem vom Segen grenzenlosen und unaufhaltbaren Fortschritts ein verderbliches Bündnis eingehen.

Obwohl die modernen Verhaltenswissenschaften, die vergleichende Kulturmorphologie und -psychologie, vor allem aber die Humangenetik die Unhaltbarkeit aller Gleichheitsideologien – und damit auch Watsons Lernpsychologie – längst bewiesen haben, ist es ein besonderes Kennzeichen unseres Freiheitszustandes, daß diese Humanwissenschaften, mindestens im deutschen Sprachraum, nicht gesellschaftsfähig geworden sind. Wir bleiben vorerst zum Leben in und mit der Lüge der Gleichheit bei Geburt verurteilt.

In Abwandlung eines Wortes von Robespierre, die Revolution brauche keine Chemiker, könnte man für unsere Zeit sagen: Die Demokratie benötige keine Biologen. Ein allgemeiner Humanitarismus, der alle Zwischenglieder zwischen dem Einzelnen und einer abstrakten Menschheitsfamilie – Heimat, Volk, Vaterland – austilgen möchte, weil sie angeblich den oder die jeweils anderen diskriminieren, ist von einem nicht weniger abstrakten Demokratismus in Dienst genommen. Beide stehen unter moralischem und strafrechtlichem Denkmalschutz.

Im Zeichen dieser allgemein verordneten Menschenliebe – die Sieger von 1945 führten sie als mitsiegenden »Ideenvorrat«, so Arnold Gehlen, in ihrem Gepäck – werden die in der Gnade der späten Generation geborenen Söhne und Töchter angehalten, die Feinde ihrer Väter und Mütter zu lieben; mehr noch, Dresden und Hiroshima als die Feuerzeichen einer neuen Freiheit zu feiern.

Daß die folgenschwerste Niederlage des deutschen Volkes und seine über Jahrzehnte gehende Demütigung und Rechtsverweigerung als ›Befreiung‹ noch immer gültige Staatsräson der Bundesrepublik und mit geringen Abweichungen auch Österreichs ist, zeigt, welcher Mißbrauch mit dem Begriff der Freiheit getrieben werden kann. Die Unverjährbarkeit der Schuld, als Deutscher geboren zu sein, ist noch immer in den Feindstaatenklauseln der UNO-Satzungen festgeschrieben, Deutschland in der Staatengemeinschaft als Bösewicht und Friedensstörer gebrandmarkt.

Daß das nationale Österreich, inzwischen in das Lager eines Österreichpatriotismus abgeschwenkt, den die Rote Armee 1945 in die vielhundertjährige Reichshauptstadt Wien schleuste, von einem FPÖ-Abgeordneten im Europaparlament vertreten wird, der mit seinem Buch *Schuldig geboren* seine heutigen Wähler an den Pranger der Weltöffentlichkeit gestellt hat, zeigt die Folgen seines Abfalls von der gesamtdeutschen Geschichte.

Daß die heute für das deutsche Volk verantwortlichen Machthaber in Politik, Wirtschaft und Kultur sich überschlagen im Bemühen, das unter fortgesetzter Verweigerug eines Friedensvertrages auferlegte Plansoll ›Wiedergutmachung‹ und Vergangenheitsbewältigung ›überzuerfüllen‹, zeigt, wie man den faktischen Zustand nationaler Unfreiheit widerstandslos hinnimmt, und trotz achteinhalb Millionen kulturfremder Zuwanderer in beiden deutschen

Teilstaaten gelingt es der nationalen Rechten nicht, den Widerstand der Nation zu bündeln und in politische Aktionen umzusetzen.

Noch einmal zurück zu allgemeinen Überlegungen. Nach der Auseinandersetzung mit dem liberalen und marxistischen Menschenbild wären auch noch religiöse, für uns hieße dies christliche, Menschenbilder auf ihre Bewertung der Freiheitsidee abzufragen. Sie alle sind wesentlich endzeitlich ausgerichtet. Für sie sind alle Menschen, weil vor Gott, gleich. Der Mensch ist nicht die Frucht einer unendlich langen stammesgeschichtlichen Entwicklung, deren Lasten er sich bloß rational nicht zu entledigen vermöge. Er ist durch göttliche Schöpfung außer und über die Natur gestellt, die er sich untertan machen soll. Seine Freiheit ist durch das ihm offenbarte göttliche Gesetz begrenzt. Mit dem Griff zur verbotenen Frucht ist der Mensch erbsündig geworden. Auch nach der Widerrufung des Urteiles gegen Galilei sind die Kirchen wissenschaftsfeindlich geblieben. Nach ihrer wenig rühmlichen Rolle nach der deutschen Kapitulation haben sie sich, mindestens im deutschen Raum, aus der Politik zurückgezogen und beteuern, nicht ganz zutreffend, ihre Äquidistanz.

Die im Bündnis von Thron und Altar als Opium fürs Volk gescholtene Religion ist ›Privatsache‹ geworden. Mit ihr scheint auch die Moral privatisiert. Die Folgen sehen wir im Mißbrauch der ›Freiheit der Kunst‹. Hier heißt es nicht, erlaubt ist, was gefällt, sondern erwünscht ist, was provoziert: Schamlosigkeit der Sprache, Obszönität im Theater, Kult des Häßlichen, Krankhaften in der darstellenden Kunst: Zerstörung von Form und Maß!

Bei vielen weichenstellenden Entscheidungen, wie der Aufgabe des Rechtsschutzes des Ungeborenen, haben die Kirchen ihre Herde im Stich gelassen. Die für die Massenabtreibung – auf Gemeinkosten – verantwortlichen Parteien dürfen sich trotzdem weiter christlich nennen. Nicht Sünde, Gnade, Erlösung, Vorsehung, Auferstehen und Jüngstes Gericht bewegen das Kirchenvolk, Anpassung an sexistischen, fetischistischen und internationalistischen Zeitgeist und die Forderung nach mehr innerkirchlicher Demokratie sind auf der Tagesordnung. Die christliche Botschaft der Nächstenliebe verkümmerte zu einem schalen Aufguß linken Wohlfahrtsdenkens, sie wendet sich eher an die Franzosen als an den Nächsten.

Sollte das anbrechende Jahrtausend, wie Samuel Huntington glaubt, voraussagen zu können, im Zeichen des Kampfes der Kulturen stehen, wird dieser die pluralistische Welt der westlichen Wertegemeinschaft geistig ungerüstet finden. Auch wer in der Tradition von 1848 für die klare Trennung von Staat und Kirche steht, wird dieses Abschwenken der Kirchen in einen fast freimaurerisch anmutenden Kosmopolitismus mit humanitärer Tünche bedauern müssen. Im Zeichen des Kreuzes werden die rings um uns lodernden Flammen des Fundamentalismus nicht mehr gelöscht werden. Während sich die christlichen Kirchen leeren, wird der deutsche Lebensraum mit einem Netz von Moscheen und den Bethallen der verschiedensten Sekten überzogen.

Die Warnung vor dieser weltweit feststellbaren Entwicklung und den daher drohenden Gefahren zieht den Vorwurf des Rassismus, der Volksverhetzung oder des Rechtsextremismus an den Hals.

Dem Abbau des geistigen folgt jener des militärischen Verteidigungswillens. Das Abgehen von der allgemeinen Wehrpflicht, für welches die Militärs durchaus einsichtige Argumente hinsichtlich Schlagkraft und Logistik ins Feld führen mögen, ist ein Stück Hingabe von Bürgerfreiheit. Die Delegierung der Wehrhaftigkeit an den Berufssoldaten gegen Sold wird unaufhaltbar den nächsten Schritt nach sich ziehen: den Übergang zum Söldner. Der Rest kann in der Geschichte vom Untergang Roms nachgelesen werden.

Dem österreichischen Kaiser von der Akademischen Legion am 14. März 1848 abgerungen, nämlich die Bewaffnung des Bürgers in den Nationalgarden, soll nun dieses älteste Unterpfand republikanischer Bürgerfreiheit zu Grabe getragen werden.

Wie also steht es um unsere Freiheit hier und heute? Wir sind von der Annahme ausgegangen, daß Freiheit aller Politik vorausgehe, daß wir mit ihr erst den Weg zur Humanität eingeschlagen haben. Wir sind, trotz Menschenrechten, vom Ziele noch weit entfernt. Konrad Lorenz sieht uns als »Zwischenwesen« auf halbem Weg zwischen Tier und wahrem, das heiß freiem Menschen angelangt. Der weitere Weg scheint ihm bedroht. In seiner bekannten Schrift listet er »Die acht Todsünden der zivilisierten Menschheit« auf. Mindestens vierer sind auch wir Deutsche schuldig: der Verwüstung des Lebensraumes, des Wärmetodes des Gefühles, des genetischen Verfalles und des Abreißenlassens der Tradition.

Die fünfte Todsünde, unsere »Indoktrinierbarkeit« durch Umerzieher und Massenmedien, ist der Urgrund unserer babylonischen Gefangenschaft in Halbfreiheit.

An die Stelle des Mutes zur Freiheit ist die Angst vor ihr getreten. Dies scheint auch der letzte Grund dafür, warum wir uns – wie ein österreichischer Vizekanzler es ausdrückte – ohne Wenn und Aber der Europäischen Union verschrieben haben; um es in der Händlersprache zu sagen: mit D-Mark und Schilling.

In einem erstaunlichen Umfang haben wir uns an ein Leben aus zweiter Hand gewöhnt. Unser politisches, kulturelles und wirtschaftliches Denken übernimmt fast unreflektiert alle Programme der Sieger und Umerzieher. Man sehe sich dazu einmal die Schrifttumsnachweise der meisten heute veröffentlichten politischen, soziologischen, wirtschaftlichen und kulturpolitischen Bücher und Zeitschriften an.

Wiederholen wir noch einmal: Aufgabe der Politik ist es, ein ausgewogenes Verhältnis zwischen Freiheitsbedürfnis und Ordnungserfordernis zu erzielen und zu gewährleisten. Da nur in den mythischen goldenen Zeitaltern die Menschen aus freier Einsicht und ohne Gesetz und Richter das Gute und Rechte getan haben sollen, kann Freiheit nur durch Machtausübung unter der Herrschaft des Gesetzes herrschen (Hans Kuhn). Statt Mut zur Macht und Verantwortung zu fordern, wird fundamentale Demokratisierung und antiautoritäre Erziehung gepredigt. Ungeschoren bleibt der eigentliche Machtmißbrauch: die Legalisierung des Gruppenegoismus durch eine flächendeckende Verrechtlichung aller öffentlichen und privaten Lebensräume.

Der Freiheitsgrad unserer Gesellschaft steht im umgekehrten Verhältnis zur Zahl der bestehenden Gesetze. Es wußten schon die Alten: *summum jus, summa injuria,* ›je mehr Rechte, desto größer die Ungerechtigkeit!‹ Die Rechtssetzer und Rechtsanwender sind die eigentlichen Machtinhaber; ihnen haben sich die Sinnerzeuger und Börsenhändler der veröffentlichten Meinung zugesellt. Das Volk, von dem alles Recht auszugehen hätte, darf sie alle vier oder fünf Jahre wählen.

Das Ja, Ja oder Nein, Nein, ein Mann ein Wort, bei meiner Ehr, das Gewicht eines Handschlages klingt wie ein Märchen aus uralten Zeiten. Wir wandeln uns fast unbemerkt von einer Gemeinschaft von Menschen gleicher Abstammung, Sprache, Kultur und Geschichte zur multikulturellen Gesellschaft von Verfassungspatrioten. Wir gehen des Fundamentes übereinstimmender Sittlichkeit auf Grund ererbter oder überkommener nationaler Tugenden allmählich verloren. Die in dem jahrtausendealten Prozeß unserer menschlichen und volklichen Kulturation errungene Freiheit des Geistes droht Schritt für Schritt in einer Flut von Gesetzen, Verordnungen und Vorschriften unterzugehen. Liegt dies am schwindenden Willen oder am verlorenen Mut zur Freiheit?

Nun stehen wir in der fünften Generation nach dem Revolutionsjahr 1848, in dem Tausende von Menschen Freiheit und Leben für die Freiheit geopfert haben. Fast genau 150 Jahre sind seit dem Eröffnen der Deutschen Nationalversammlung in der Frankfurter Paulskirche am 18.Mai 1848 verstrichen.

Am 12.März fordern Wiens Studenten in einer Petition Freiheit für die Universitäten und Pressefreiheit; am 15.März stimmt der Kaiser der Errichtung der Nationalgarde, also der Bewaffnung der Bürger, zu; am 26. Juli hat Hans Kudlich, der schlesisch-böhmische Bauernsohn, als jüngster Abgeordneter im Reichstag die Aufhebung der bäuerlichen Untertänigkeit beantragt; am 31. März beruft der Deutsche Bundestag die Deutsche Nationalversammlung ein; am selben Tag erläßt Kaiser Ferdinand ein provisorisches freiheitliches Pressegesetz für Österreich.

Als Krönung soll der einige deutsche Nationalstaat in einem Verfassungsakt aus der Taufe gehoben werden.

Der Freiheitssturm hat gleichzeitig Preußen und fast alle anderen Länder des Deutschen Bundes erfaßt; Polen, Ungarn, Italien, Frankreich, Spanien folgen. Die Freiheitsliebe scheint alle Grenzen von Nationen, Klassen, Ständen und Parteien zu sprengen. Hier waren es königstreue Bürger, dort republikanisch gesinnte Studenten und Professoren, am dritten Ort rechtlose Bauern, Handwerker und ausgebeutete Arbeiter; und schließlich revolutionäre Demagogen, die einfach den Umsturz alles Bestehenden wollten.

Das Ende ist bekannt. Der Traum vom großen Reich der Deutschen zerschellt im österreich-preußischen Ringen um die Vormacht im neuen Großdeutschland. Im Dezember tritt der österreichische Erzherzog Johann vom Amt des Reichsverwesers zurück. Der preußische König lehnt es ab, die Kaiserkrone aus den Händen der von ihm verachteten Volksvertreter entgegenzunehmen. Gegen Ernst Moritz Arndt, der wie die Brüder Grimm, Wilhelm von Humboldt, Emil Ludwig Jahn, Hoffmann von Fallersleben und Tausende andere aufrechte Deutsche aus Amt und Würden gejagt oder unter Polizeiaufsicht gestellt war, wird er die Krone »ohne den Stempel des Gottesgnadentums« als »die Geburt des schrecklich kreisenden 48sten Jahres... schlimmer als eine Narrenknappe« schmähen.

Am 17. Juni 1849 werden die letzten 100 Abgeordneten des Rumpfparlaments, Ludwig Uhland an ihrer Spitze, von der württembergischen Kavallerie in Stuttgart auseinandergetrieben. Wer erinnerte sich nicht eines 17. Juni 104 Jahre später, an dem russische Panzer zum anderen Male die deutsche Freiheit niederwalzten. Doch wie einer der Märtyrer des 48er Jahres vor dem Erschießungspeloton ausrief:»Mich könnt ihr erschießen, aber meine Gedanken werden überleben.«

Die Freiheit hatte 1848 gekreist. Erst nach einer Generation sollte sie niederkommen. An die Stelle des Gottesgnadentums tritt der freiheitliche Verfassungsstaat; die Gewaltenteilung wird, wenn auch unzureichend, in die Tat umgesetzt, die Unabhängigkeit der Gerichte verbürgt, Geschworenengerichte werden gewählt, die Presse-, Lehr-, Versammlungs- und Religionsfreiheit in den Grund- und Freiheitsrechten einklagbar niedergelegt.

Gewiß haben freiheitliche Parteien – sie verstanden sich als liberale – dem ancien régime diese neuen politischen Freiheiten Stück für Stück in jahrelangen parlamentarischen Kämpfen abringen müssen; aber ihre Kernstücke stammten aus der Hinterlassenschaft der bürgerlichen Revolution von 1848. Daß sie gegenwärtig sowohl in der Bundesrepublik als auch in Österreich allmählich unter den Hammer kommen, daß unter Berufung auf 1848 eine neue ›Demagogenverfolgung‹ Platz gegriffen hat, Professoren ihrer Lehrkanzeln verlustig gehen, Wissenschaftler ihre Titel aberkannt bekommen, Verleger- und Publizisten mit Geld und Freiheitsstrafen belegt werden, eine Millionenpartei und ihr Obmann in Österreich in Geiselhaft gehalten sind, ist Tatsache. Mit einem Wort, die Verуntreuung der Ideen von 1848 ist hinter großen Worten die deutsche Wirklichkeit als Vollendung der Niederlage von 1945. Der dritte Dreißigjährige Krieg gegen unser Volk scheint am Ziel.

Nur eine Zahl sei zum Beweis angeführt: 1997 gab es in der BRD 7949 politische Strafverfahren und saßen im Lande der ›freiesten Verfassung‹ seiner Geschichte mehr Menschen wegen Gesinnungsdelikten hinter Gittern als in der DDR vor der Wende von 1989. Die österreichischen Verhältnissen unterscheiden sich nur wenig davon. Aber die deutsche Unfreiheit in Österreich hat einen anderen Namen. Die Unterschiede reichen ins Jahr 1848 zurück. Davon soll kurz die Rede sein.

Die bürgerliche Revolution – Marx, dessen *Kommunistisches Manifest* aus demselben Jahr stammt, distanzierte sich ausdrücklich von ihr – war in der damaligen k.u.k.Monarchie vom ersten Tage an neben ihren konstitutionellen und sozialen Anliegen auf die Wahrung der deutschen Identität der cisleithanischen Reichshälfte und Schaffung Großdeutschlands ausgerichtet. Ein Volk, ein Reich, ein Kaiser! Der deutsche Bevölkerungsanteil betrug ja nur knapp 36 Prozent. Über dem ›befreiten Wien‹ flatterte die schwarz-rot-goldne Reichsfahne. Neben oder eher vor die Ideen der Französischen Revolution trat der nationale Gedanke. National-liberale Parteien prägten das folgende halbe Jahrhundert. Nach deren Zerfall und nach dem Aufstieg der christlich-konservativen und sozialdemokratischen Parteien hat das sogenannte Dritte Lager das national-liberale Erbe treuhänderisch angetreten. Eine klassische liberale Partei hat sich auf österreichischem Boden nicht entwickelt. Das sogenannte Liberale Forum ist aus eher persönlichen Motiven aus der Freiheitlichen Partei 1993 durch Abspaltung mit sozialistischer Hilfe entstanden.

Die FPÖ, bisher die politische Vertretung dieses Lagers, ist dabei, ihre nationale Erbschuld unter dem Druck einer weltweit abgestimmten Ausgrenzungspolitik abzustreifen und sich liberalen und konfessionellen Ideen zu öffnen. Der Verband der Unabhängigen, die gern verdrängte Vorgängerpartei der FPÖ, hat 1949 aus dem Stand Erfolge einfahren können, und zwar mit einem klar deutsch-freiheitlichen Programm, welche die FPÖ nach Jahren des Rückganges und Stillstandes später wieder verbuchen konnte, zweifellos das überragende Verdienst Haiders.

Die ehemals linken Arbeiter Wiens, wo die FPÖ unter der Führung des leider vor zwei Wochen verstorbenen Burschenschafters Rainer Pawkowicz zur zweitstärksten Partei aufgestiegen ist, haben sich an dem inzwischen gestrichenen Bekenntnis zur ›deutschen Volks- und

Kulturgemeinschaft‹ offenbar weniger gestoßen als die vielen quer-
eingestiegenen Neu-Freiheitlichen der heutigen FPÖ-Führung.

So eindrucksvoll der Aufstieg der Partei auch ist, er ist zugleich
ein Abstieg in eine Allerweltsmitte, um die sich heute die demokratischen Futterkämpfe abspielen. Haider, ein erklärter Gegner
aller Ideologien, hier in den Fußstapfen von Poppers »offener Gesellschaft«, sucht die Freiheit, welche er meint (siehe sein erstes
Buch, dann in *Befreite Zukunft*), jenseits von rechts und links. Obwohl er bei passenden Gelegenheiten nicht versäumt, an die Tradition von 1848 zu erinnern, gehört die Abgrenzung gegen rechts
zu seinen regelmäßigen Pflichtübungen. (Vor wenigen Tagen hat
er Le Pen einen Rassisten gescholten, mit dem es jetzt und ein für
allemal kein Gespräch geben könne.)

Aus der nach Programm und Herkommen klassisch national-
freiheitlichen Partei ist inzwischen eine Bewegung mit beweglichen
Zielen eben jenseits von rechts und links geworden. Ihre gesamtdeutsche Tradition, ihr klares Volkstumsbekenntnis wurden unter
dem Anprall der militanten Antifaschisten und ihrer audivisuel-
len Helfer sturmreif geschossen. In zahlreichen Gesprächen, Auf-
tritten und Parlamentsreden hat Haider klargemacht, daß er die
deutsch-nationalen Altlasten entsorgt wissen will. Er übernimmt
im wesentlichen das Geschichtsbild der Sieger.

Brigitte Sob, langjährig in der Leitung des Freiheitlichen Bildungs-
werkes tätig, sieht die FPÖ auf dem Weg zu einer im Sinne von
Günter Rohrmoser konservativ-liberalen Erneuerungspartei in
Richtung eines »christlichen Europas«. Mit den Traditionen von
1848 habe sie endgültig gebrochen.

Der viel tiefere Bruch ist aber wohl in der Tatsache zu sehen,
daß die FPÖ 1993 einer zutiefst antiliberalen und aller abendländi-
schen Rechtstradition ins Gesicht schlagenden Novelle zum sogenannten Verbotsgesetz einstimmig zugestimmt hat. Dieses macht
den Karlsbader Beschlüssen alle Ehre und steht den berüchtigten
Demagogengesetzen des Vormärz in nichts nach.

Lassen Sie mich abschließend noch einen Gedanken entwickeln,
der am Vorabend der Aufgabe der eigenen Währungshoheit aus
unserer Sicht einer Abdankung nationaler Freiheit gleichkommt.
Es ist die Indoktrination, daß Globalisierung, die ökonomische wie
die politische, unser unausweichliches Schicksal sei: ein später Sieg

des historischen Materialismus im Bündnis mit dem Kapitalismus, letztlich die Kapitulation der Politik vor dem Geld. Nicht mehr Freiheit, sondern mehr Sicherheit und Wohlstand heißt die Parole. Der von der unsichtbaren Hand des Wettbewerbes und vom unsichtbaren Kapital gelenkte Markt ist zum obersten Gott der Demokratie erhoben worden. Auf seinem Altar soll vor allem der Nationalstaat, der Beelzebub aller Umerzieher und Umerzogenen, geopfert werden.

Fassen wir zusammen: Freiheit geht aller Politik voraus. Ihr Verständnis eignet sich nach wie vor als Kriterium für politische Zuordnungen. Rechts oder Links bleiben trotz aller parteipolitischen Grenzverschiebungen entscheidende Orientierungshilfen. Gemeinschaftsbezogene Freiheit steht rechts; links ist das freiheitsfeindliche Gleichheitsdenken zu Hause.

Parteien sollte man nicht nach ihrem zum Teil anachronistisch gewordenen Bezeichnungen, sondern nach ihrem Umgang mit dem Freiheits/Ordnungs-Problem bewerten.

Das deutsche Österreich des 48er Jahres wollte Freiheit im Rahmen der Nation, diese in einem Reich der Deutschen erstreiten. Es war eine überwiegend national-bürgerliche, weniger eine republikanisch-soziale Revolution wie in den übrigen Ländern des Deutschen Bundes. Das hat die innenpolitischen Strukturen beider Staaten bis heute unterschiedlich geprägt.

Freiheit bedarf der Rufweite des die gleiche Sprache redenden Volksgenossen. Sprache ist Bindung nach innen, aber auch Abgrenzung nach außen. Die Übernahme der fremden Sprache ist Unterwerfung ohne Krieg. Multikulturalismus ist häufig nicht Ausdruck von Toleranz, sondern Mangel an nationalem Selbstbewußtsein.

Das Ende der *Pax Romana* war nicht der ewige Friede, sondern der Anfang des Untergangs des römischen Reiches. Einer *Pax Americana* würde es nicht viel besser ergehen.

Eine Politik, die nicht vom stammensgeschichtlich und geschichtlich, das heißt volklich geprägten Menschen ausgeht, wird ihn verfehlen. Nicht materieller Biologismus noch harter Sozialdarwinismus ist der Schlüssel zur Zukunft, sondern die Achtung unwandelbarer kosmischer Gesetze.

Unsere Freiheit besteht darin, daß wir uns ins Notwendige – auch der eigenen Geschichte – schicken. Wer aus ihr austreten zu können glaubt, wird nicht frei, sondern gesinnungslos.

Freiheit braucht aber auch Mut und Entschlossenheit zur Macht. Dem Gesetz muß Anerkennung im Innern verschafft werden. Wer Söldner statt allgemeiner Wehrpflicht fordert, begibt sich früher oder später freiwillig in die Gefangenschaft der Wehrwilligen. Wer sich der Tyrannei des Marktes ausliefert, wird eine Zeitlang als ihr Sklave gut leben; übermorgen wird er arm und unfrei sein. Schlimmer als die Tyrannei des Marktes ist die der Gleichheit.

Die Bundesrepublik Deutschland und die Republik Österreich liegen in den Banden der behaupteten deutschen Alleinschuld an den beiden letzten Weltkriegen. Seit einem halben Jahrhundert sind die meisten deutschen Zeitgeschichtler bemüht, nicht diese Fesseln zu lösen, sondern sie fester zuzuziehen. Jede Freiheitsunterdrückung nimmt dort ihren Ausgang.

Befreiung ist nicht jenseits von Rechts oder Links zu finden, sondern nur in uns selber. Das freie Wort ist der Anfang, um aus unserer nationalen Erniedrigung auszubrechen.

Anders als vor den todbringenden Pelotonen von 1848/49 bedarf es dazu des Mutes vor den Pelotonen der Meinungsmacher, der demokratisch getarnten Gesinnungsjustiz, der Geschichtsverfälscher, der weltlichen und geistlichen Gutmenschen, der staatlich geförderten Sinnerzeuger. Ein Bruchteil der Tapferkeit und des Mutes, den die Nation im letzten Weltkrieg zum Schrecken, aber auch zur Bewunderung der Feinde Deutschlands bewiesen hat, reichte aus, unsere Ketten zu sprengen. Wer an die Macht vererbter, nicht angepredigter Tugenden glaubt, braucht nicht zu verzweifeln.

Die politische, gesellschaftliche und wissenschaftliche Ausgrenzung, in der zu leben wir Nationalen verurteilt scheinen, bewahrt uns vor der Teilhaberschaft an der herrschenden Korruption und wird uns frei für morgen machen. In dem mit demokratischen Gemeinplätzen, antifaschistischen Totschlagworten und mittels Gesinnungsjustiz geführten Krieg wird schließlich – wie 1848 – die deutsche Freiheit siegen.

Deutschland im Europa der Vaterländer

Reinhard Uhle-Wettler

Zur Lage: Das postdemokratische Zeitalter scheint unabwendbar

Das Buch *Ist die Erde noch regierbar?* des Politikwissenschaftlers Ye-
hezkel Dror wurde von den Mitgliedern des Exekutivkomitees des
Club of Rome eingehend diskutiert und als ein Bericht an den Club
of Rome angenommen. Darin analysiert der emeritierte Professor
an der Jerusalemer Universität und Berater internationaler Organisationen die globalen Probleme wie Überbevölkerung und Um-
weltzerstörung und kommt zu dem Schluß, daß nur eine künftige
Weltregierung sie bewältigen kann. Mit Liberalismus, Demokratie
und Marktwirtschaft könne die Welt nicht regiert, sondern nur
kaputtgemacht werden. Schon im Vorwort sagt er:»Ich bin jedoch
davon überzeugt, daß wir den Herausforderungen des Regierens
angesichts der akuten Veränderungen der allgemeinen Weltlage
nur begegnen können, wenn wir viele als ›selbstverständlich‹ angesehenen Auffassungen revidieren und uns sogar von ihnen trennen, soweit es die fundamentalen demokratischen Wertvorstellun-
gen betrifft.«
   Von der Unfähigkeit der Regierungen, ihre Pflichten zu erfüllen, über die Verabschiedung der Vorstellung vom ›mündigen Bürger‹ gelangt er zur Stärkung der Vereinten Nationen (UNO), zu
internationalen Kontrollbehörden, Sanktionen gegen säumige Regierungen bis hin zu der Aussage:»Regierungen müssen in der
Lage sein, auch gegen den Willen der Bevölkerung notwendige
Reformen durchzusetzen. Im Falle sozialer Unruhen sind auch
autoritäre Regierungen und ›konstitutionelle Diktaturen‹ zuzulas-
sen.«Das Auswahlsystem und Anforderungsprofil für Politiker und
ihre Ausbildung an Eliteschulen liegt ihm besonders am Herzen.
Angesichts der Probleme des Überlebens der Menschheit nimmt
er sich die Freiheit,»das Undenkbare zu denken« und propagiert
die *Raison d'humanité*. Diese steht allerdings im Widerspruch zur

herkömmlichen Staatsräson und geht von der Menschheit als einer geschlossenen Gemeinschaft aus, deren Überleben in Frieden und Gerechtigkeit zu sichern sei. Wir müssen nicht gleich den Verdacht der Diktatur der Humanität bemühen. Es liegt aber auf der Hand, daß die traditionellen Menschenrechte, und hier besonders die persönliche Freiheit, ganz offensichtlich mit dieser Konzeption nur bedingt in Übereinstimmung gebracht werden können.

Die vieldiskutierte Globalisierung von Wirtschaft und Finanzmärkten verstärkt das Problem. Sie kann im Sinne von Karl Marx mit der Herrschaft des Kapitalismus umschrieben werden, der die nationalen Regierungen zu bloßen Verwaltungszentren seiner Interessen degradiert. Verbinden wir nun gedanklich den weltweit unübertroffenen Einfluß US-amerikanischer Wirtschafts- und Finanzkraft, abgestützt durch eine entsprechende militärische Schlagkraft, mit jener Globalisierung und der angesprochenen Weltregierungstendenz, so ergibt sich daraus fast zwangsläufig die *pax americana* als plausible Beschreibung der weltpolitischen Lage wenigstens in der sogenannten westlichen Hemisphäre. Das bedeutet zwar noch nicht ›Weltregierung‹, trägt aber doch gewisse Züge davon, die erahnen lassen, daß hier mehr auf dem Spiele steht als Handel und Verkehr! Daher beginnen politische Überlegungen für Deutschland im Europa der Vaterländer zweckmäßig mit einem Blick auf die Supermacht Vereinigte Staaten von Amerika.

Pax americana: *Washington ist das neue Rom*

Die Politik der USA als Großmacht- und nationale Interessenpolitik zu erklären bedeutet, sich unverzüglich dem Vorwurf des Antiamerikanismus auszusetzen. Das liegt wahrscheinlich an der Unfähigkeit oder dem Unwillen unserer politischen Klasse, zwischen Familien- und Staatsethos zu unterscheiden, welche Arnold Gehlen in seinem Buch *Moral und Hypermoral* überzeugend beschrieben hat. Die ebendort abgehandelte Moralhypertrophie der Gesinnungsethiker verstellt den Blick für die Bedingungen der Politik und das tatsächliche politische Geschehen.

Konkret: Bob Woodward – das ist der Journalist, der den ›Watergate-Skandal‹ aufdeckte – zitiert in seinem Buch *The Comman-*

ders die Carter- Doktrin von 1980 aus dem Bericht zur Lage der Nation wie folgt:»Jeder von einer fremden Macht unternommene Versuch, Kontrolle über den Persischen Golf zu erlangen, wird als ein Angriff auf die lebenswichtigen Interessen der Vereinigten Staaten von Amerika gewertet. Ein solcher Angriff wird mit allen erforderlichen Mitteln, einschließlich militärischer Gewalt, abgewehrt werden.« Das hat mit ›freedom and democracy‹ weniger zu tun, als man die Welt glauben machen wollte.

Die mehrdeutigen Äußerungen der amerikanischen Botschafterin April Glaspie gegenüber Saddam Hussein vor Kriegsausbruch lassen darüber hinaus den Schluß zu, der Diktator sei in eine raffiniert gestellte Falle getappt! Daß er für die Weltöffentlichkeit ein Teufel in Menschengestalt sei, dafür sorgte eine von der US-Regierung beauftragte Public-Relation-Firma, die unter anderem das Märchen von den über 300 ermordeten kuweitischen Frühgeburten in einer Kuweiter Klinik erfand und verbreitete.

In der *FAZ* vom 10. März 1992 erschien nun ein Artikel mit der Überschrift:»Amerika will keine Rivalen zulassen.« Er beschäftigt sich mit dem Inhalt eines geheimen Strategiepapiers des Pentagons, das die *New York Times* in Auszügen veröffentlichte. Der Artikel berichtet folgende aufschlußreiche Grundsätze: Es sei zu fordern, daß die Vereinigten Staaten sich bemühten, irgendeine feindliche Macht daran zu hindern, eine Region zu beherrschen. Zu diesen Regionen gehören Westeuropa, Ostasien, das Gebiet der früheren Sowjetunion und Südwestasien. Mit Blick auf die Industrienationen müsse Amerika dafür sorgen, daß sie nicht die amerikanische Führungsrolle herausfordern oder versuchen, die etablierte politische und ökonomische Ordnung umzukehren. Außerdem gebe es, weniger sichtbar, die Integration Deutschlands und Japans in ein von den Vereinigten Staaten geführtes System kollektiver Sicherheit und das Entstehen einer ›demokratischen Friedenszone‹. Beide Länder seien von einer Politik der Aufrüstung, die auch nukleare Waffen einschließe, abzuhalten. Auch deswegen solle in Zukunft die Weitergabe von Massenvernichtungswaffen verhindert werden. Wären Deutschland und Japan erst einmal im Besitz nuklearer Waffen, könnten sie in einen globalen Wettbewerb mit Amerika eintreten. Es dürfe keine ausschließlich europäischen Sicherheitsvereinbarungen geben usw.

In einem weiteren Artikel der *FAZ* vom 17. 6. 1992 wird der Botschafter der Vereinigten Staaten in Deutschland unter anderem wie folgt zitiert:»Kimmit bezeichnete die Sicherheit Europas als weiterhin entscheidend für die Sicherheit der Vereinigten Staaten. Die Vereinigten Staaten seien und blieben eine europäische Macht.«

Eine besonders gründliche und sachkundige Untersuchung der US-amerikanischen Sicherheitspolitik verdanken wir Flotillenadmiral a. D. Jörg Reschke, veröffentlicht in *Der Mittler-Brief, Informationsdienst zur Sicherheitspolitik,* Nr.4/4. Quartal 1996. Die Studie analysiert im wesentlichen die öffentlich zugängliche ›National Security Strategy‹, die der amerikanische Präsident jährlich vorzulegen hat. Zusammengefaßt ergeben diese Berichte unter anderem folgendes Wesentliche:

1. Vitale nationale Interessen:

● das Überleben der USA als freie und unabhängige Nation;
● eine gesunde und wachsende US-Wirtschaft;
● die weltweite Ausweitung von Freiheit,demokratischer Institutionen und freier Marktwirtschaft, verbunden mit einem fairen, offenen Handelssystem;
● eine stabile und sichere Welt, frei von ernsthaften Bedrohungen für die Interessen der USA.

Zu den prinzipiellen Zielsetzungen gehören neben der militärischen Abschreckung, Bündnispolitik, Nonproliferation, Abrüstung, dem ungehinderten Zugang zu den Weltmeeren und zum Weltraum, das Sicherstellen des amerikanischen Zugangs zu fremden Märkten und das Sicherstellen des Zugangs der USA und ihrer Verbündeten zu ausländischen Energie- und Mineralressourcen.

Aus allen Präsidentenberichten zur nationalen Sicherheitsstrategie bis in die jüngsten Tage geht hervor:

● die Wahrung der nationalen Interessen;
● der weltweite Führungsanspruch;
● das Bemühen, fremde Märkte für die US-Wirtschaft zu öffnen sowie den Freihandel durchzusetzen;
● die Lasten der globalen Politik mit den Verbündeten zu teilen, also ›burdensharing‹;
● die Aufrechterhaltung militärischer Vormacht.

Abschließend sei aus der Studie Reschkes folgender Grundsatz zitiert: »Das Prinzip der freien Marktwirtschaft zählt zu den Grundwerten von Freiheit und Demokratie, denen sich die USA als ›nationales Interesse‹ in besonderem Maße verpflichtet fühlen.«

Unter dieser Flagge wird allerdings bedenkenlos nationale Machtpolitik betrieben, die sich möglichst einer indirekten Strategie über Stellvertreter bedient. So war gegen Jahresende 1997 verschiedenen Presseberichten zu entnehmen, daß die Amerikaner den Tutsi-Führer Laurent Désiré Kabila bei der Eroberung von Zaire politisch, finanziell und wohl auch militärisch unterstützen, um sich die Bodenschätze, vor allem Kupfer, Zink und Kobalt, zu sichern und den französischen Einfluß im Kongobecken zu beseitigen.

Die Folgerung aus alledem ist: Die USA betreiben nationale Interessenpolitik im Weltmaßstab unter der Flagge von Menschenrecht, Freiheit und Demokratie. Daraus ist inzwischen das größte und mächtigste Weltreich entstanden, das die Welt je gesehen hat. Der Atlantik ist das neue Mittelmeer und Washington das neue Rom. *Pax americana* in der atlantischen Welt und *USA rule the waves!*

Globalisierung: Der Kapitalismus schafft Chaos und Zerstörung

Es ist das Verdienst der *Spiegel*redakteure Hans-Peter Martin und Harald Schumann, das Problem öffentlich wirksam aufbereitet zu haben. Ihr Buch *Die Globalisierungsfalle* trägt den Untertitel: »Der Angriff auf Demokratie und Wohlstand«. Zitat aus dem Klappentext: »Drei aufwühlende Herbsttage in San Francisco, Ende September 1995: Die Machtelite der Welt, 500 führende Poltiker, Konzernchefs und Wissenschaftler diskutieren hinter verschlossenen Türen das 21. Jahrhundert. Die Einschätzung der Weltenlenker ist verheerend: Nur mehr ein Fünftel aller Arbeistkräfte werde in Zukunft benötigt. Der überwiegende Rest – 80 Prozent – müsse mit ›tittytainment‹ bei Laune gehalten werden, einer Mischung aus Entertainment und Ernährung am Busen (›tits‹) der wenigen Produktiven.« Und weiter: »Die Wucht der Globalisierung eint die Welt, doch gleichzeitig zerfällt diese eine Welt. Wie Anarchisten des 21. Jahrhunderts setzen Manager milliardenschwerer Investmentfonds und Weltkonzerne die Nationalstaaten matt.«

36

Wir finden in den täglichen Informationen der Massenmedien hinreichend Bestätigung für dieses Geschehen. In einem berauschenden Tempo schließen sich weltweit Großbanken, Versicherungskonzerne, Fluggesellschaften, Industrie- und Medienkonzerne sowie Investmentgesellschaften zu transnationalen Weltunternehmen zusammen, deren Charakter mit der Umschreibung ›Global-Player‹ eher verharmlost wird. Zitat aus *Die Globalisierungsfalle*: »Gerade die Geschwindigkeit, die Beschleunigung des Prozesses der kreativen Zerstörung ist das Neue am marktwirtschaftlichen Kapitalismus von heute, analysiert der amerikanische Ökonom Edward Luttwak, der dafür den Begriff des ›Turbokapitalismus‹ prägte.« Und ein weiteres Zitat: »Globalisierung, verstanden als die Entfesselung der Kräfte des Weltmarktes und die ökonomische Entmachtung des Staates, ist für die meisten Nationen ein erzwungener Vorgang, dem sie sich nicht entziehen können. Für Amerika war und ist es ein Prozeß, den seine wirtschaftliche und politische Elite willentlich in Gang gesetzt hat und aufrechterhält.« Angesichts der 18 Millionen Arbeitslosen in Europa, davon knapp 5 Millionen registrierte in Deutschland, erscheint jene von amerikanischen Wirtschaftsexperten vorausgesagte Entwicklung zu einer 20-zu-80-Gesellschaft durchaus realistisch.

Der 1997 verstorbene französisch-britische Milliardär James Goldsmith hat die Globalisierung in mehr philosophischer Weise beschrieben. Sein sehr lesenswertes Buch trägt den Titel *Die Falle*. Es trifft sich mit Günter Rohrmosers zeitkritischer Analyse *Der Ernstfall* insofern, als die Überlebensprobleme der westlichen Welt nicht vorrangig technologisch-wirtschaftlich, sondern vielmehr geistig-religiös begriffen werden. Zitat: »Der heilige Thomas von Aquin lehrte, daß die Vernunft dem Göttlichen untergeordnet sein müsse.« Und: »Diese Kombination aus Glaube an die Vernunft und humanistischem Hochmut, auf der die Aufklärung beruhte, ist der Ursprung der charakteristischen Weltanschauung der Moderne, die zwangsläufig zum Marxismus führte.«

Goldsmith empfiehlt ein Konzept des regionalen Freihandels, entsprechend der ursprünglichen Konzeption der Römischen Verträge, anstelle des Konzeptes des freien Welthandels, das durch den Vertrag von Maastricht festgeschrieben werde. Ein Schlüsselsatz lautet: »Die Maastrichter Verträge haben zum Ziel, einen länderübergreifenden, zentralisierten und bürokratischen Staat zu schaffen – eine homogene Union. Sie zerstören damit die Säulen, auf denen Europa errichtet wurde, seine Nationen.«

Teil des Konzeptes der Globalisierung ist die Liberalisierung der Finanzmärkte. Am 13. 12. 1997 haben, wie die *Welt am Sonntag* am folgenden Tage schrieb, 70 von 132 Mitgliedstaaten der Welthandelsorganisation (WTO) in Genf beschlossen, ihre Märkte für Finanzdienstleistungen im Frühjahr 1999 zu öffnen: »Die Übereinkunft bedeutet die bisher weitreichendste Liberalisierung in der Geldbranche. Der Vertrag, um den mehr als zehn Jahre verhandelt worden war, garantiert Banken, Versicherungen, Vermögensverwaltern und Börsendiensten einen besseren Zugang zu Märkten der jeweils anderen WTO-Länder.« Weiter ist zu lesen, der Vertrag sei ein historisches Ereignis. Er werde die Welt verändern. Die USA als weltweit größter Markt für Finanzdienstleistungen hätten hart verhandelt.

Demgegenüber erscheint der tapfere Kampf von Bolko Hoffmann, dem Herausgeber eines bedeutenden Börsenblattes, fast aussichtslos. In ganzseitigen Anzeigen, zum Beispiel in der *FAZ* vom 7. März 1998, kämpft er gegen den sogenannnten ›Eurowahn‹, für ein 300 Mrd D-Mark Konjunkturprogramm, für die Besteuerung des Großkapitals und den Erhalt der D-Mark. Die Überschrift der teuren Anzeige lautet: »Das Großkapital plündert die deutsche Volkswirtschaft aus.«

Das *Deutschlandjournal* 1997 der Staats- und Wirtschaftspolitischen Gesellschaft e.V., Hamburg, geht auf den Fragenkomplex der Globalisierung wie folgt ein: »Freiheitliche Demokraten sind im übrigen die natürlichen Gegner der schrankenlosen, unkontrollierten Globalisierung wie eines grenzenlosen Internationalismus. Sie müssen, um Volkswirtschaft und Volkssouveränität zu erhalten, gegen die seltsame Allianz der marxistischen Linken und einer transnationalen, unkontrollierbaren Großwirtschaft zu Felde ziehen. Dies ist der Ernstfall, der die nächsten Jahrzehnte bestimmen wird.«

Grenzenlose Globalisierung ist letztlich nichts anderes als die krebsartig sich ausbreitende Herrschaft des Kapitalismus, der alle bisherigen Strukturen und Ordnungen überwuchert und zum Teil zerstört. Ein Organismus aber, dessen natürliche Grenzen zerstört werden, ist nicht lebensfähig. Er stirbt ab. Konkret: Es muß alles daran gesetzt werden, die Globalisierung zu begrenzen, zu steuern und zu kontrollieren. Nur so kann sie sich demokratisch legitimieren. Technologie, die Globalisierung ermöglicht, bietet auch Instrumente zu deren Regulierung. Dazu gehören Grenzen, deren Durchlässigkeit zu regeln ist, dazu gehört der Schutz lebenswichtiger Strukturen der Volkswirtschaft zum Erhalt von Lebensgrundlagen und Lebensqualität, dazu gehören internationale Rechts- und Vertragssysteme, die regionale Unterschiede berücksichtigen und den Vorrang der Politik vor der Ökonomie sicherstellen, dazu gehört ein vor allem die uferlose Finanzspekulation zähmendes Steuersystem und ein international abgestimmtes Kartellrecht, das dem Kapitalismus Zügel anlegt, ohne seine positive Dynamik zu blokkieren. Schließlich ist eine Unternehmenskultur zu entwickeln, die den Gegensatz von Arbeitgebern und Arbeitnehmern entschärft. Die Energien einer künstlich am Leben gehaltenen sozialistischen Ausbeuterideologie sollten demzufolge für eine gemeinschaftliche Unternehmensstrategie freigesetzt werden.

Stets aber muß berücksichtigt werden, was Präsident Clinton zum Abschluß der ›Uruguay-Runde‹ nach über siebenjährigen Gattverhandlungen äußerte. Gemäß *FAZ* vom 16. Dezember 1993 sagte er, Amerika habe einen historischen Sieg bei der Öffnung von Märkten erzielt.

Halten wir fest, was es geistig zu verarbeiten gilt: Die USA sind der Motor der Globalisierung aufgrund nationalen Interesses. Es ist Aufgabe der Politik, die Globalisierung einzuhegen, um den Marsch in die nihilistische ›One-World-Gesellschaft‹ zu stoppen. Volk, Volkswirtschaft, Sozialstaat, Demokratie und Nation stehen auf dem Prüfstand. Eine 20-zu-80-Gesellschaft bedeutet unübersehbare soziale Spannungen, wie sie etwa von Karl Marx prophezeit wurden. Ein Massenproletariat im Weltmaßstab würde dem alten Schlachtruf folgen:»Proletarier aller Länder, vereinigt Euch!« Dann wäre der Aufstand der Massen nicht mehr aufzuhalten:»Völker hört die Signale! Auf zum letzten Gefecht!« Das wäre das Ende des Kapitalismus, doch sicher nicht der Anfang einer besseren Welt. Karl Marx aber hätte eine Messe verdient.

Die Canossa-Republik: Deutschland muß sich auf seine Wurzeln und die Kräfte des Volkes besinnen

Die Bundesrepublik Deutschland steckt in einer schweren wirtschaftlichen, politischen und geistigen Krise. Dies offenbaren vor allem das wachsende Millionenheer der Arbeitslosen, die Reformunfähigkeit des Parteiensystems sowie der Verfall der überlieferten geistigen und sittlichen Grundlagen. Eine unübersehbare Flut von Büchern und Studien beschreibt diesen Zustand im einzelnen. Die Titel deuten an, worum es geht. Beispiele *Scheitert Deutschland?*, Arnulf Baring; *Staat ohne Maß*, Hans Apel; *Staat ohne Diener*, Hans-Herbert v. Arnim; *Die Faschismuskeule*, Hans-Helmuth Knütter; *Wozu noch tapfer sein?*, Gerd Schultze-Rhonhof; *Das Ende des Individualismus*, Meinhard Miegel und Stefanie Wahl; *Sind Gedanken noch frei?*, Claus Nordbruch; *Die Republik dankt ab*, Konrad Adam; *Kartenhaus Europa*, Manfred Brunner (Hrsg.).

Die wichtigste philosophische Analyse unserer Zeit bietet Günter Rohrmoser mit dem Buch *Der Ernstfall*. In seinem Plädoyer für einen liberalen Konservativismus beschwört er Transzendenz und Christentum und geißelt »die konstitutionelle Unfähigkeit der politischen Klasse«, die anstehenden politischen Aufgaben zu lösen. Kurz: Alles Notwendige zur Krise unseres Landes ist gesagt und geschrieben. Der Ernstfall ist eingetreten, aber die politisch Verantwortlichen rührt das offensichtlich wenig. Großsysteme reformieren sich nicht aus eigenem Antrieb, sondern nur auf stärksten Druck von außen. Dieser muß, wie bei der friedlichen Revolution von 1989, vom Volke ausgehen, dem verfassungsmäßigen Souverän der Staatsgewalt.

Patrioten, welche die Krise des Vaterlandes bewältigen und das Staatswesen sowohl reformieren als auch grundsätzlich erhalten wollen, müssen das Volk mobilisieren. Nur mit seiner Hilfe können die verkrusteten Strukturen einer Republik aufgebrochen werden, die zu Recht als Parteienstaat kritisiert wird. Bewußtseinsänderung und Öffentlichkeitsarbeit sind daher angesagt, um die Massen zu erreichen. Das Volk wartet geradezu auf neue Signale und Führerschaft, denn es hat längst erkannt, daß es von der herrschenden politischen Klasse hinters Licht geführt und mit seinen wirklichen Problemen allein gelassen wird. Die geistige Konzeption der anzustrebenden Wende muß auf den reichen Wurzeln des Volkslebens aufbauen, dessen Kultur weltweit anerkannt ist. Sprache, Künste und Wissenschaften,Tugenden sowie Gemeinschafts- und Freiheitssinn sollen hier als Hinweis genügen.

Um sich nicht in Einzelheiten deutschen Leides zu verlieren, seien hier zwei grundsätzliche Probleme angesprochen, nämlich die entstellte deutsche Geschichte und die Systemfrage, die sich mit der Staatsform und der Verfassung Deutschlands beschäftigt.

Zunächst soll auf die jüngere deutsche Geschichte eingegangen werden, da nur ihre Revision vom auferlegten Schuldkomplex befreien und das erforderliche Selbstbewußtsein wiederherstellen kann.

In einem Artikel über die Krise der europäischen Demokratie und den inneren und äußeren Verfall der westeuropäischen Staaten vom 4. 3. 1974 beschreibt der *Spiegel* unter Hinweis auf die Tagebücher des Bundeskanzlers Willy Brandt dessen Ansichten wie folgt:

»Der Kanzler sieht die klassische parlamentarische Demokratie westlichen Musters am Ende. Nach seinem Urteil werden sie [also die klassischen parlamentarischen Demokratien, U.-W] mit ihren Problemen nicht mehr fertig und können deshalb nicht die Endform des demokratisch verfaßten Staates sein. In den Staaten Westeuropas sei ein Regierungswechsel von der einen zur anderen Partei kein wirklicher Machtwechsel mehr, sondern nur noch ein Schauspiel, *denn die wirklichen Machthaber säßen anderswo.* Wenn der westliche Systemverfall nicht aufgehalten werden könne, dann, so fürchtet Willy Brandt, sei der Parlamentarismus in Europa höchstens noch 20 oder 30 Jahre am Leben zu erhalten. Denn die Sozialdemokraten entwickelten sich unter dem Eindruck der Misere immer weiter nach links, die Nationen in ihrer Mehrheit aber tendierten nach rechts und wendeten sich den Konservativen zu. Diese jedoch, so Tagebuchschreiber Brandt, seien nicht in der Lage, die Probleme zu meistern, so daß am Ende der radikale Kommunismus oder Faschismus drohe.«

Wer sind nun jene wahren Machthaber, die der Kanzler beruft? Versuchen wir, hinter die Kulissen zu schauen, von denen die Rede in dem bekannten Ausspruch des Premierministers der Queen Victoria, Disraeli, ist. Er lautet:»Die Welt wird von ganz anderen Personen regiert, als diejenigen glauben, deren Blick nicht bis hinter die Kulissen dringt.«

Wir könnten es uns einfach machen und den Volksmund befragen. Der sagt ohne Umschweife:»Geld regiert die Welt!« Das genügt uns aber nicht zur Erklärung all der vielschichtigen Abläufe der Lebenswirklichkeit.

Hilfreich ist ohne Zweifel der Grundgedanke von Karl Marx, daß in jeder geschichtlichen Epoche die vorherrschende wirtschaftliche Produktions- und Austauschweise und die aus ihr mit Notwendigkeit folgende gesellschaftliche Gliederung die Grundlage bildet, auf der die politische und intellektuelle Geschichte dieser Epoche sich aufbaut und aus der sie allein erklärt werden kann.

Karl Marx beantwortet darüber hinaus unsere Frage nach den wahren Machthabern in seinem weltberühmten *Manifest der kommunistischen Partei* schon vor 150 Jahren ziemlich eindeutig. Er stellt fest, die Bourgeoisie habe sich seit der Herstellung der großen Industrie und des Weltmarktes im modernen Repräsentativstaat die ausschließliche politische Herrschaft erkämpft. Wörtlich im Manifest:»Die moderne Staatsgewalt ist nur ein Ausschuß, der die gemeinschaftlichen Geschäfte der ganzen Bourgeoisklasse verwaltet.« Das bedeutet: Die Geschichte des 19. und 20.Jahrhunderts ist im wesentlichen eine solche der Großwirtschaft und der Hochfinanz sowie der von diesen abhängigen Massen.

Demzufolge läßt sich die jüngere deutsche und europäische Geschichte ganz grob in folgende Phasen einteilen:

- *Vorphase: Vorbereitung des Machtkampfes um Europa und die Vorherrschaft in der westlichen Hemisphäre*
- ⇨ Entwicklung von Hochfinanz und Großwirtschaft im Weltmaßstab;
- ⇨ Entwicklung und Organisation der Arbeiterklasse im Zeichen des Internationalismus;
- ⇨ Aufbau der Kräfte zum entscheidenden Kampf um die Macht in Zentraleuropa gegen die bestehende Ordnung, insbesondere gegen die deutsche Vorherrschaft;
- ⇨ Erster deutscher Sündenfall durch die Lösung vom internationalen Finanzplatz London mittels Gründung der Deutschen Bank 1870 und der Reichsbank 1875;
- ⇨ Internationale Aktionen gegen das Reich.

- *Phase 1: Der Erste Weltkrieg und die Beseitigung der bestehenden Ordnung*
⇨ Vernichtung der Kaiserreiche Deutschland, Österreich und Rußland;
⇨ Demokratisierung Europas (hang the Kaiser!);
⇨ Verschuldung Europas in USA;
⇨ Sturz der Goldmark-Währung des Deutschen Reiches und dessen dauerhafte finanzielle Ausschaltung durch das Versailler Diktat;
⇨ Kriegsschuldartikel im sogenannten Friedensvertrag; Versuch eines Kriegsverbrechertribunals;
⇨ Sowjetkommunistische Revolution und deren Vordringen nach Deutschland; Umsturzversuche und Räterepubliken in Deutschland mit sowjetischen Agenten, Waffen und Geldern.

- *Phase 2: Der Zweite Weltkrieg und die pax americana*
⇨ Zweiter deutscher Sündenfall durch Ausstieg aus dem goldgestützten Weltwährungssystem wegen fehlender Goldreserven aufgrund der Versailler Ausplünderung; antikapitalistisches Warenaustauschprogramm der Nationalsozialisten zur ›Brechung der Zinsknechtschaft‹;
⇨ Bündnis des Kapitalismus mit dem Kommunismus;
⇨ Vernichtung des Deutschen Reiches;
⇨ Kollektivschuldthese, Umerziehung, Kriegsverbrechertribunale;
⇨ Verstümmelung und Aufteilung sowie dauerhafte Besetzung des Reiches; Versagen eines Friedensvertrages;
⇨ deutsche Währungsreform 1948;
⇨ Marshall-Plan zur Ankurbelung der europäischen Wirtschaft und Herstellung eines offenen Marktes;
⇨ Londoner Schuldenabkommen mit der Regierung Adenauer im Jahr 1953;
⇨ Aufstieg der Wall Street zum bedeutendsten Finanzplatz der Welt;
⇨ Schaffung eines internationalen Währungssystems in Bretton Woods, Gründung von Weltbank und internationalem Währungsfonds sowie der Vereinten Nationen, erstere mit Sitz in Washington D.C., letztere in New York;

⇨ Beendigung des Kolonialismus und Zerfall des britischen Weltreiches;

⇨ Fortentwicklung der Demokratisierung Europas; Verfall der tradierten nationalen und bürgerlichen Wertordnung;

⇨ Bildung von Medienkonzernen zur Lenkung der demokratischen Öffentlichkeit;

⇨ Aufstieg der USA zum größten Weltreich der Geschichte, pax americana;

⇨ der US-Dollar als Leitwährung der Welt.

● *Phase 3: Globalisierung*

⇨ Die revolutionäre Rolle der Bourgeoisie: »Die Bourgeoisie, wo sie zur Herrschaft gekommen, hat alle feudalen, patriarchalischen, idyllischen Verhältnisse zerstört«, so Karl Marx;

⇨ Wertewandel in Europa;

⇨ Verfall von Volk, Nation und Religion;

⇨ Sprachstrategien: Gesellschaft, Menschenrechte und Verbraucher anstelle von Volk, Pflichten und Staatsbürger;

⇨ Niedergang der Volkswirtschaft;

⇨ transnationale Großunternehmen, ›Turbokapitalismus‹;

⇨ Entmachtung des Staates und Privatisierung des Staatsvermögens;

⇨ Bürokratisierung der Demokratie;

⇨ Multikultur statt Kultur;

⇨ Schrankenloser Freihandel gemäß GATT / WTO sowie grenzenloser Geldverkehr;

⇨ Vereinigte Staaten von Europa;

⇨ Übergang zur Verwaltungsdemokratie;

⇨ Dritter deutscher Sündenfall: Aufstieg der D-Mark zur europäischen Reserve- und Ankerwährung;

⇨ europäische Währungsunion zur Abschaffung der D-Mark als »Frage von Krieg und Frieden« (Bundeskanzler Kohl).

Die künftigen Phasen lassen sich in Fortführung dieser Entwicklung mindestens erahnen.

● *Phase 4: die verwaltete Welt*

⇨ Ende des demokratischen Zeitalters;

⇨ Herrschaft internationaler Kommissionen, anonymer Verwaltungszentren, Pakt- und Bündnisorganisationen;

⇨ Interventionalismus,Weltpolizei;
⇨ maßgeblicher Einfluß unkontrollierbarer Großunternehmen, Bankenzusammenschlüsse, Versicherungs- und Medienkonzerne;
⇨ Ausbildung kapitalistischer Eliten und eines grundversorgten Massenproletariats: 20-zu-80-Gesellschaft.

● *Phase 5: die Stunde der Marxisten*
⇨ Kampf des Proletariats gegen die Bourgeoisie im Weltmaßstab bis zur Entscheidung,wie von Marx und Engels angekündigt;
⇨ Abschaffung des Privateigentums und der Klassengegensätze;
⇨ Einführung der kommunistischen Organisation und Beendigung der Herrschaft des Menschen über Menschen.

Dieses Denkmodell mit den erklärenden Stichworten soll dazu dienen, den eigenen Standpunkt zu prüfen. Möglicherweise speichert unser Gehirn, das ja nach dem ›englischen Guderian‹, Gen. Maj. J. F. C. Fuller, ein Laboratorium für die Zukunft sein soll, ein altes, überholtes Programm.

Historiker und historisch interessierte Laien sollte es anregen, die Geschichte wenigstens des 19. und 20. Jahrhunderts in erster Linie als eine solche der Wirtschaft und Finanzen zu betrachten. Da es uns heute zugleich um die Gestaltung von Gegenwart und Zukunft geht, sind die möglichen Phasen 4 und 5 den historischen angefügt.

Das Denkmodell kann uns schließlich auch eine Erklärung für die an sich merkwürdige Kollaboration der Neomarxisten und Antifaschisten mit der Bourgeoisie im Kampf gegen die Patrioten und die Konservativen liefern. Nach Friedrich Engels ist es ja das Interesse der Kommunisten, die Bourgeoisie so bald wie möglich an die Herrschaft bringen zu helfen, um sie so bald wie möglich zu stürzen.

Wer sich nun aber dem Auflösungsprozeß der alten Gesellschaft entgegenstellt wie die Mittelstände, kleine Industrielle, kleine Kaufleute, Handwerker und Bauern, die um ihre Existenz fürchten und die Bourgeoisie bekämpfen, ist nach Karl Marx nicht revolutionär, sondern konservativ, ja reaktionär. Er versucht, das Rad der Geschichte zurückzudrehen.

Natürlich gilt das besonders für Patrioten. Ihre erklärten Gegner sind unzweifelhaft die Internationalisten von Großwirtschaft und

Hochfinanz sowie von der marxistischen Linken. Beide können ihre Ziele nur durch Zerstörung der alten Ordnung und ihrer Traditionen verwirklichen.

Wer an diesem revisionistischen Denkmodell Anstoß nimmt, dem sei ein Wort Napoleons ins Gedächtnis gerufen. Er sagte: »Geschichte, das ist die Fabel der Übereinkunft!« Die obige historische Betrachtung soll dazu beitragen, die »Fabel der Übereinkunft« über die jüngere deutsche Geschichte, besonders den Untergang des Deutschen Reiches, zu widerlegen und den Mut zu der längst fälligen Revision der deutschen Geschichte anzuspornen.

Wesentlicher Teil dieser Revision ist die folgende Erkenntnis: Das nun zu Ende gehende 20. Jahrhundert ist keineswegs das Jahrhundert des europäischen Bürgerkrieges, oder der Ideologien, oder der Massenvernichtung.

Das 20. Jahrhundert ist vielmehr das Jahrhundert der Machtergreifung des Kapitalismus.

Dieser hat an allen Fronten gesiegt. Der Nationalsozialismus war dagegen ein weniger bedeutendes Zwischenspiel. Er hat den Vormarsch des Bolschewismus zwar gestoppt, den des Kapitalismus aber beschleunigt. Nach dem Zerfall der Sowjetunion und dem damit verbundenen vorläufigen Ende des Sozialismus breitet sich der Kapitalismus wie ein Flächenbrand auch über diesen Teil der Welt scheinbar unaufhaltsam aus.

Nach dieser historischen Betrachtung folgt die politische. Immer öfter wird mit Blick auf die politischen Verhältnisse in der BRD die Systemfrage gestellt, die schon den Altbundeskanzler Willy Brandt umtrieb. Die unverdächtige langjährige Bundestagsabgeordnete Hildegard Hamm-Brücher (FDP) ist ihm darin ebenso gefolgt (*Welt* vom 7. 7. 93) wie der intelligente SPD-Politiker Peter Glotz (*FAZ* vom 16. 12. 1997) und der Präsident des Bundesverbandes der deutschen Industrie (BDI) Hans-Olaf Henkel (*Die Woche* vom 11. 7. 97).

Dabei ist das Problem längst wissenschaftlich aufbereitet worden. Unter anderen sind die Veröffentlichungen des Soziologen Erwin Scheuch und besonders die Bücher des Staatsrechtlers Hans Herbert von Arnim bekannt geworden. Dessen Kritik an der gegenwärtigen Politik geht bis an die Grenze dessen, was weniger beachtlichen Persönlichkeiten aus dem patriotischen Lager strafrechtliche Verfolgung wegen Verunglimpfung des Staates und seiner Organe einbringen würde.

Seinem jüngsten Buch *Fetter Bauch regiert nicht gern* sind die folgenden Sätze entnommen:»In der Demokratie kommt letztlich allein das Volk als Leitlinie für richtige Politik und als Gegengewicht gegen Mißbräuche seitens der Machthaber und gegen die Gleichschaltung der kontrollierenden Institutionen in Betracht. Ist das Volk dagegen entmachtet – wie in der Bundesrepublik Deutschland – liegt es auf der Hand, daß niemand mehr die Eigeninteressen der politischen Klasse im Zaum halten kann. Hier zeigt sich, wie sehr die Allmacht der politischen Klasse nur die Kehrseite der Entmachtung der Bürger ist.« Und weiter:»Würde die politische Klasse – bei aller gebetsmühlenartigen Wiederholung der ›politischen Formeln‹ von der Demokratie – ganz bewußt das Ziel anstreben, den Staat ungestört zu mißbrauchen und das Volk auszubeuten, dann würde sie vorher wahrscheinlich eine ähnliche Entmündigung vornehmen, wie sie bei uns heute schon längst besteht. An die Stelle des Volkes ist die politische Klasse getreten.«

Es ändert sich dennoch nichts. Letztlich liegt das wohl am Grundgesetz, das solche Zustände ermöglicht hat. Ursprünglich als Übergangslösung unter maßgeblichem Einfluß der Sieger des Zweiten Weltkriegs und ohne ausreichende demokratische Legitimation zustande gekommen, hat es mittlerweile durch Gewohnheit Verfassungsrang erhalten. Der Artikel 146, nach dem das GG durch eine Verfassung, die vom deutschen Volke in freier Entscheidung beschlossen worden ist, seine Gültigkeit verliert, ist daher nie wirksam geworden. Vielleicht ist der tiefere Grund einmal darin zu sehen, daß dann unweigerlich der rechtliche Fortbestand des Deutschen Reiches zur Sprache gekommen wäre. Zum anderen ist zu befürchten, daß eine neue wirkliche Verfassung durch den Einfluß der mächtigen Linken die Lage nur verschlechtert hätte.

Allerdings sind solche Erwägungen demnächst vielleicht ohnehin überflüssig, denn es bahnt sich eine ›Volksfront‹ aus Sozialdemokraten, Bündnis 90/Grünen und Kommunisten (PDS) an, die nach aller bisherigen Erfahrung ihre politische Macht rücksichtslos etablieren und ausbauen wird. Verzweifelte Patrioten beschwören dies zunehmend hinter vorgehaltener Hand:»Links wählen!Es wird Zeit, daß das auf Grund sitzende Schiff vollends auseinanderbricht, damit endlich neu begonnen werden kann!« Tatsächlich erscheint die Vorstellung plausibel, erst der Zusammenbruch des Systems mache die Kräfte für den notwendigen Neubeginn frei. Natürlich ist die Systemfrage nicht zuletzt eine Frage nach der *res publica*, dem Gemeinwohl, das der Staat zu befördern hat. Ist er lediglich Koordinator und Verwalter einer aus Interessengruppen bestehenden Gesellschaft, so kann er schwerlich den Dienst des Staatsbürgers und schon gar nicht den des Staatsbürgers in Uniform fordern. Karl Feldmeyer hat dies in einem Artikel in den *Burschenschaftlichen Blättern*, Heft 1/98, überzeugend dargestellt. Nur wenn der Staat im Sinne des Grundgesetzes den Nutzen des Volkes mehrt und Schaden von ihm abwendet, kann er Gemeinschaft und damit auch Sinn stiften.

Den Repräsentanten des Staates fehlt nun aber offensichtlich der Mut, die reichen Wurzeln unseres Volkes zu reaktivieren, die Menschenwürde durch ein überzeugendes Menschenbild zu vergegenwärtigen und die überkommene Religion so zu fördern, daß der Grundkonsens unseres Volkes in ethischen und religiösen Fragen wiederhergestellt wird. So kommt es mangels ausreichender Bindungskräfte zur Orientierungslosigkeit und zum Hedonismus, dessen Kehrseite Kriminalität, Drogensucht, Abtreibung, Atheismus und andere Verfallserscheinungen des Gemeinwesens sind. Am Ende stehen Chaos und Anarchie. Alles ist erlaubt, auch die Gotteslästerung, denn Gott ist tot.

Unter Hinweis auf die 150. Wiederkehr der Revolution volks- und reichstreuer Deutscher erscheint es angebracht, sich auf die Kräfte des Volkes zu besinnen und von den Regierenden energisch die erforderlichen Maßnahmen zur Reparatur des Deutschen Hauses anzumahnen. Dazu gehört die Rehabilitation des geschundenen und verleumdeten deutschen Volkes durch Revision des lügenhaften, offiziellen Geschichtsbildes, mit dem die Sieger des Zweiten Weltkrieges Geschichtspolitik betrieben und Herrschaft ausgeübt haben.

Dazu gehört ferner der Abbau einer säkularisierten Bußethik, für deren staatliche Rituale der Staatspräsident von Estland das Schlagwort von der ›Canossa-Republik‹ geprägt hat. Dies ist in dem Buch *Die Überwindung der Canossa-Republik* des Hohenrain-Verlages (Tübingen, ²1997) nachzulesen.

In diesem Zusammenhang sei abschließend Arnold Gehlen zitiert. Er schließt sein Buch *Moral und Hypermoral* mit dem folgenden inhaltsschweren Absatz: »Und zuletzt: teuflisch ist, wer das Reich der Lüge aufrichtet und andere Menschen zwingt, in ihm zu leben. Das geht über die Demütigung der geistigen Abtrennung noch hinaus, dann wird das Reich der verkehrten Welt aufgerichtet, und der Antichrist trägt die Maske des Erlösers, wie auf Signorellis Fresco in Orvieto. Der Teufel ist nicht der Töter, er ist Diabolos, der Verleumder, ist der Gott, in dem die Lüge nicht Feigheit ist, wie im Menschen, sondern Herrschaft. Er verschüttet den letzten Ausweg der Verzweiflung, die Erkenntnis, er stiftet das Reich der Verrücktheit, denn es ist Wahnsinn, sich in der Lüge einzurichten.«

Letztlich gilt es, den Tempel unserer Heiligtümer, den jene Sieger schändeten und den die 68er Revoluzzer leergefegt und zerstört haben, auf seinen bewährten Fundamenten wiederzuerrichten und mit geretteten und neuen Weihegaben auszustatten.

Freiheit auf Abruf:
Telekratie und politische Rechtsprechung gefährden die Demokratie

Der bekannte Philosoph Hans-Georg Gadamer sagte in einer mehrteiligen Fernsehsendung: »Die Massenmedien sind der eigentliche Kampfplatz, auf dem sich unser Schicksal entscheidet.« Am 6. März 1998 konnten wir in einer Talk-Show des Norddeutschen Rundfunks auf N3 durch den Moderator wie folgt belehrt werden: »Die nächsten Wahlen (gemeint waren die Bundestagswahlen im September 1998) werden durch die Medien entschieden. Niemand widersprach.

Die beiden Aussagen zeigen, welcher Einfluß den Medien, zugewachsen ist. Das geht so weit, daß die von ihnen verbreitete öffentliche Meinung zum Teil das politische Geschehen bestimmt. Beispiel: Der genannte Sender brachte zum Abschluß der Tätigkeit des 2.Untersuchungsausschusses in der sogenannten ›Barschelaffäre‹ eine zusammenfassende. Darstellung der Ergebnisse. Die führenden Mitglieder des Ausschusses kamen ausgiebig zu Wort. Dem ehemaligen Ministerpräsidenten von Schleswig-Holstein konnte in der Hauptsache keine Schuld nachgewiesen werden. Das stand in völligem Gegensatz zum Ergebnis des 1.Untersuchungsausschusses. Der Beschuldigte ist also nach 7jährigen(!) Untersuchungen rehabilitiert worden. Auf die Frage des Moderators, wie denn praktisch dieselben Leute in derselben Sache im 1.Untersuchungsausschuß zu einem so entgegengesetzten Ergebnis, nämlich der Feststellung schuldhaften Verhaltens hätten kommen können, antwortete der stellvertretende Ausschußvorsitzende (FDP): »Wir standen damals unter einem ungeheuren Druck der öffentlichen Meinung«.

Rainer Zitelmann erbringt hierzu eine einleuchtende Beurteilung in seinem Buch *Wohin treibt die Bundesrepublik?* Ein Abschnitt des Kapitels über die Macht der Medien ist überschrieben mit »Souverän ist, wer bestimmt, was ein Skandal ist«. Der Barschel-Skandal hat das Leben des Ministerpräsidenten Barschel vernichtet.

Wir können diesem Beispiel aber nicht nur die Feststellung entnehmen, daß die Medienmacht zur Telekratie ausgeartet ist, die dringend der Beschränkung und wirksamer Kontrolle bedarf. Es gilt darüber hinaus das Bewußtsein zu verbreiten, daß wir ständig in der Gefahr der Desinformation durch die Medien leben. Wolf Schneider, einst unter anderem Chefredakteur der *Welt*, Fernsehmoderator und Leiter der Hamburger Journalistenschule, beschreibt diese Gefahr in dem Buch *Unsere tägliche Desinformation* mit dem bezeichnenden Untertitel »Wie die Massenmedien uns in die Irre führen«.

Kein Zweifel also, daß wir eher in einer desinformierten als in einer informierten Gesellschaft leben. Nehmen wir die Geburt unserer Medien aus den Lizenzen der Siegermächte des Zweiten Weltkriegs hinzu. Fügen wir dem die Tatsachen bei, daß die Verwaltungsgremien der öffentlich-rechtlichen Rundfunkanstalten nach Parteienproporz besetzt werden und daß sich schließlich nach wissenschaftlichen Untersuchungen der weitaus überwiegende Teil der Journalisten dem linken Spektrum zugehörig fühlt. Sodann ergibt sich die Erklärung für das Gelingen der Umerziehung unseres Volkes, die Kriminalisierung der deutschen Geschichte, die Pflege der deutschen Schuld, die Verleumdung der Patrioten wie der gesamten Rechten sowie für die durchschlagende Wirkung der Political Correctness, was insgesamt nichts weiter als die Einschränkung der Meinungsfreiheit durch Sprachregelung und Bevormundung darstellt. Telekratie ist also Herrschaft mittels Medien, und Information ist ein politisches Instrument. Jeder Fernsehzuschauer kann das mit einigem Bemühen selbst feststellen.

Das beste Beispiel ist die jüngste Medienkampagne gegen die Bundeswehr wegen angeblicher Neigung zu Rechtsradikalismus. Die politisch stets und über viele Jahrzehnte loyale und zuverlässige Bundeswehr wird anhand von aufgebauschten und zum Teil sogar völlig harmlosen Vorfällen verdächtigt, ein Hort des Rechtsradikalismus zu sein, wobei peinlichst vermieden wird, zu sagen, was denn darunter zu verstehen sei. Immerhin: Der Neonazi geht um, und ein hochnotpeinlicher Untersuchungsausschuß wird eingesetzt. Die Leitung reagiert in Panik und greift mit Versetzungen verdienter Kommandeure und anderen voreiligen Maßnahmen durch. Kenner der Armee fragen sich verdutzt, was hier eigentlich vorgeht, und allmählich verdichtet sich der Verdacht, es handele sich um ein raffiniertes Ablenkungsmanöver von dem, was tatsächlich droht: die Übernahme der politischen Macht in Deutschland durch ein Linkskartell, also die Vollendung des Marsches durch die Institutionen mit der Kür eines Bundeskanzlers und dessen Mannschaft aus dem Lager der 68er Revoluzzer!

Ein besonders ernstes Kapitel ist das Eindringen der Politik in die Rechtsprechung. Friedrich Grimm hat darüber ein beachtliches Buch geschrieben. Es trägt den Titel *Politische Justiz, die Krankheit unserer Zeit*. Im Grunde geht es dabei um die schleichende Aushöhlung des Grundgesetzes. Zwar wird das Recht, wenn es um wirklich existentielle Fragen des Volkes geht, der Politik folgen müssen. Die Regel aber ist, daß die Rechtsprechung unabhängig und frei von politischen Einflüssen zu sein hat. Artikel 97(1) GG sagt trocken: »Die Richter sind unabhängig und nur dem Gesetz unterworfen.« Die Wirklichkeit sieht leider anders aus. Klaus Hornung beschreibt sie in seinem Nachwort zu dem Buch *Sind Gedanken noch frei? Zensur in Deutschland* von Claus Nordbruch wie folgt: »Inzwischen hat die Political Correctness, zunächst ein Vorgang in Medien und Medienpolitik, auch auf die Rechtsprechung durchgeschlagen. In Deutschland gibt es faktisch wieder politische Justiz und richterliche Politik. Das Urteil des Bundesverfassungsgerichts von 1995, das hinsichtlich der Soldaten die Meinungsfreiheit (Artikel 5 des Grundgesetzes) weit vor den Persönlichkeits- und Ehrenschutz und vor die Fundamentalnorm des Artikels 1 unserer Verfassung rückte, kommt einem Dammbruch gleich, dessen Geröllmassen unseren Rechtsstaat unter sich begraben könnten. Nicht nur die wissenschaftliche Forschungsfreiheit ist heute in Deutschland in Gefahr. Die Monopolisierung des Wahrheitsanspruchs durch Meinungslenkung oder gar durch Strafgesetzbestimmungen muß die Freiheitlichkeit und Rechtsstaatlichkeit unserer Gesellschaft im Mark treffen.«

Wir alle erinnern uns noch an die bundesweite Richterschelte des Mannheimer Richters Orlet, an der sich sogar der Bundeskanzler beteiligte. Jener hatte dem Delinquenten Deckert, dem seinerzeitigen Vorsitzenden der NPD, in seinem auf Bewährung plädierenden Urteilspruch einige positive Charakterzüge bescheinigt.

In der Zeitschrift *Johanniterorden*, Heft 4/97, ist die Rede des Philipp Freiherrn von Boeselager, ehemals Offizier der Wehrmacht, abgedruckt. Er hielt sie anläßlich der Feier seines 80. Geburtstages. Nach Ausführungen über Wehrmacht und Bundeswehr geht er auf den Widerstand gegen das Unrecht des NS ein und führt unter anderem folgendes aus: »Um so mehr bestürzt es mich, daß dieses Vermächtnis der Männer des 20. Juli in Gesetzen, im Regierungshandeln und in der Rechtsprechung teilweise nicht mehr erkennbar ist oder sogar mißachtet wird, sei es das Recht auf Eigentum, sei es der Schutz des Lebens.« Gemeint ist das Eigentum der von den Kommunisten in der SBZ Enteigneten sowie der staatlich geduldete Massenmord an Ungeborenen.

Schließlich sei noch Günter Zehm zitiert, der kürzlich in der Zeitung *Junge Freiheit* unter dem Pseudonym Pankraz Folgendes feststellte: »Letztes Jahr wurden hier sage und schreibe 7949 Strafverfahren wegen Volksverhetzung abgewickelt.« So mag denn die von vielen Deutschen erhoffte Wende, die ihnen 1982 versprochen worden war, tatsächlich stattgefunden haben, aber eben in die falsche Richtung. Aus der offenen Gesellschaft ist eine geschlossene geworden, deren Totalitarismus freilich von denen, die sich angepaßt haben und im System leben, gar nicht wahrgenommen wird.

Von großer Bedeutung ist nun das weithin unbekannte Urteil des Bundesverfassungsgerichtes (1 BvR 434/87) vom 11. Januar 1994 in dem Verfahren über die Verfassungsbeschwerde des Herrn Walendy gegen die Aufnahme seines Buches *Wahrheit für Deutschland. Die Schuldfrage des Zweiten Weltkrieges* in die Liste der jugendgefährdenden Schriften. Einer der dem Urteil vorangestellten Leitsätze lautet: »Die Indizierung eines Buches als jugendgefährdend mit der Begründung, es enthalte zur Schuldfrage des Zweiten Weltkrieges eine falsche geschichtliche Darstellung, verstößt gegen Art. 5 Abs. 1 Satz 1 GG.«

Die klassisch zu nennende Urteilsbegründung des Ersten Senats enthält sodann für die Auslegung des Grundrechts der freien Meinungsäußerung grundsätzliche Ausführungen über:

- die Revision und den Wandel wissenschaftlicher Ergebnisse bzw. die Offenheit und Wandelbarkeit von Wissenschaft;
- den unvermeidlichen Zusammenhang von Werturteilen und Tatsachenbehauptungen;
- den Sinn von Meinungsäußerungen;
- das Geschichtsbild als Ergebnis einer Interpretation komplexer historischer Sachverhalte und Zusammenhänge;
- die fachwissenschaftlich umstrittene und allgemein schwer abschätzbare Wirkung anstößiger Lektüre;
- die Äußerungen zur Geschichtsinterpretation, die als Beitrag zur politischen Meinungsbildung in den Kernbereich des Schutzes gem. Art.5 Abs.1 GG fallen.

Wörtlich ist zu lesen: »Jeder soll frei sagen können, was er denkt, auch wenn er keine nachprüfbaren Gründe für sein Urteil angibt oder angeben kann.« Und: »Die freie Diskussion ist das eigentliche Fundament der freiheitlichen und demokratischen Gesellschaft.«

Die Kehrseite dieses Glanzpunktes deutscher Rechtsprechung ist die Tatsache, daß sich der Beschwerdeführer durch 3 Instanzen hat durchkämpfen müssen, bis er in der 4. und letzten Instanz nach Ablauf von nahezu 15 (!) Jahren zu seinem Recht gekommen ist.

Die Masse der Bürger wird soweit nicht gehen können, sondern vor den Zwängen politischer Rechtsprechung und der stickigen Luft des telekratischen Zeitgeistes kapitulieren. Die Bedrohung unserer Freiheit und des demokratischen Rechtsstaates durch politische Rechtsprechung ist offensichtlich.

Das Europa der Vaterländer:
Das Recht der Völker ist stärker als alle Verträge

Wir haben es erlebt: Niemand wollte die Wiedervereinigung, nicht unsere Nachbarn (so Willy Brandt), nicht die Regierungen (so Egon

Bahr). Das Volk hat sie dennoch erstritten. Diese Erkenntnis kann ein Kraftquell für die Zukunft sein. Was immer an Verträgen über die Köpfe des Volkes hinweg geschlossen wird: Es muß Bestand vor dem Völkerrecht haben. Von Versailles ist kaum etwas übriggeblieben. Mit den Vereinbarungen von Potsdam 1945 und dem sogenannten 2 + 4-Vertrag zur Wiedervereinigung wird es ähnlich gehen, soweit ihre Regelungen gegen das Selbstbestimmungsrecht des Volkes verstoßen. Und schließlich wird die Einigung Europas als bloßes Verwaltungskonstrukt keine Überlebenschancen haben.

Ohne die Zustimmung der Völker sind schon Napoleon und Hitler gescheitert. Bundeskanzler Kohls Maastricht-Europa wird in der jetzigen Form schon den ersten Sturm einer wirtschaftlichen Notlage oder gar einen Finanzkollaps aufgrund der allgemeinen Verschuldung kaum überleben. Was nicht organisch gewachsen und zusammengefügt ist, muß vergehen. Schon der Ansatz der deutschen Einigungsanstrengungen stimmt nicht, denn das Volk ist nicht gefragt worden. Das Postulat vom mündigen Staatsbürger entpuppt sich als schlichte Täuschung. Mit dem Argument der repräsentativen Demokratie wird die Mitwirkung des Volkes einfach ausgeschaltet.

Darüber hinaus ist das Vertragswerk der EU durch Umfang, Aufbau und Sprache so unübersichtlich und schwer verständlich, daß vermutlich nicht einmal Experten dasselbe voll erfassen und überschauen können. Eine Fülle von Protokollen, Erklärungen und Ausnahmeregelungen allein des Vertrages von Amsterdam vom 2. Oktober 1997 zur Änderung des Vertrages über die Europäische Union, der Verträge zur Gründung der Europäischen Gemeinschaften sowie einiger damit zusammenhängender Rechtsakte erweckten Eindruck, die Hintertür als Ausweg sei größer als der Eingang dieses europäischen Hauses. Der Normalbürger muß sich mit Schlagworten der offiziellen Propaganda zufrieden geben, denn wer nicht in der Sache steht, versteht schon die Sprache nicht.

Was wir alle erkennen können, ist, daß es sich hier um einen wirtschafts- und finanzpolitischen Vorgang handelt, der alle Kennzeichen eines obrigkeitsstaatlichen Verwaltungsaktes hat. Die Furcht der betroffenen Völker, ihre bisherigen Freiheiten würden einer riesigen, demokratisch nicht legitimierten Verwaltungsbürokratie überantwortet, ist berechtigt. Die erforderliche Angleichung der Rechts-, Sozial-

und Steuersysteme ist noch kaum vorangekommen. Unerträgliche Wettbewerbsverzerrungen und Ungerechtigkeiten durch Ungleichbehandlung werden kaum beherrschbare Konflikte in der Union verursachen und den erforderlichen inneren Frieden gefährden. Das Beispiel der Grenzöffnung nach dem Schengener Abkommen gibt einen Vorgeschmack darauf, was passiert, wenn eine im Grunde richtige Maßnahme ungenügend vorbereitet in Gang gesetzt wird. Schleuserbanden und organisiertes Verbrechertum haben nun nach Auskunft von Fachleuten der Sicherheitsorgane praktisch freie Fahrt.

Im übrigen hat schon seit Jahr und Tag eine umfangreiche Flucht in die Sachwerte sowie eine viele Milliarden betragende Kapitalflucht begonnen, denn die geplante Abschaffung der bewährten Deutschen Mark hat ein Klima des Mißtrauens geschaffen, dessen realer Grund die Argumente eines Heeres von Fachleuten aus Wissenschaft, Rechtswesen, Finanzwesen und Politik sind, die alle gegen das so geplante Einigungs- und Vertragwerk sprechen. Es wird immer offensichtlicher, daß die politischen Voraussetzungen dafür noch nicht erfüllt sind. Das Richtige in der falschen Reihenfolge und zum falschen, in diesem Fall zu frühen Zeitpunkt unternommen, muß mißlingen.

Auffallend ist, daß bei alledem die entscheidenden geistigen Grundlagen noch kaum diskutiert werden. Es wäre die Pflicht der politischen Klasse, dem Volk zu erklären, wie sie denn unter den Bedingungen der Maastrichter Verträge das verfassungsmäßige Wohl des deutschen Volkes zu wahren und seinen Nutzen zu mehren gedenken. Geschichte, Tradition, Familie, Volk und Nation können doch nicht einfach abgeschrieben werden. Haben sie sich doch gerade gegenüber der Superkonstruktion der Sowjetunion als stärker erwiesen und die Grundlage für die Neuordnung des zerfallenen Kontinents abgegeben. Sie sind demnach noch immer die wesentlichen Ordnungsfaktoren mit Bindekraft für politische Großorganisationen.

Das spricht für ein Europa der Vaterländer und den selbstverständlichen Erhalt seiner Völker und Nationen und ihrer Eigenart. Souveränität und Grenzen sind neu zu definieren und zu organisieren, aber nicht abzuschaffen. Die große Chance der Einigung darf nicht durch Ungeduld und Ehrgeiz erneut verspielt werden. Auf den Erfahrungen der jahrtausendealten Geschichte Europas ist aufzubauen. Das Heilige Römische Reich Deutscher Nation, die Donaumonarchie und die EWG der Römischen Verträge bieten Material genug für eine tragfähige organische Konzeption. Eigenart, Vielfalt, Tradition, Freiheit, Recht, Sozialstaatlichkeit und abendländische Wertordnung rangieren vor Nützlichkeitsdenken und Materialismus. Romanen, Germanen und Slawen gehen endlich gemeinsam in die Zukunft. Die Kraft und die Bereitschaft dazu kann nur aus den eigenständigen Wurzeln ihrer Völker, und nicht aus einer gesichtslosen verwalteten Massengesellschaft kommen.

Das sogenannte ›Brunnerurteil‹ des BVG hat 1993 klargestellt, daß die in Maastricht begründete Union ein Staatenverbund und kein Staat ist, der sich auf ein Staatsvolk stützen könnte. Insofern bleiben die Mitgliedstaaten ›Herren der Verträge‹ mit der Möglichkeit des Ausscherens aus der Integration. Legitimität beziehen die europäischen Institutionen von den demokratisch gewählten nationalen Parlamenten.

Heinrich Ritter von Srbik sagte 1929 bei der deutschen Philologentagung in Salzburg in dem Vortrag »Gesamtdeutsche Geschichtsauffassung«: »Es muß uns wieder ganz klar werden, daß Nationalidee, Europäertum und Menschheitsgedanke sich nicht ausschließen, sondern wie konzentrische Kreise sich umringen, wobei naturgemäß der nächste und teuerste Lebenskreis für uns die Gemeinschaft des eigenen Volkes ist.« (*Eckartschrift* Heft 67).

Und Kurt Hübner, Emeritus der Universität Kiel, führte vor wenigen Jahren in einem Vortrag über die geistigen Grundlagen eines Vereinten Europas Folgendes aus: »Nicht das Verschwinden der geschichtlich bestehenden Nationalstaaten ist für die Vereinigung Europas zu fordern, sondern nur die Aufgabe von Teilen ihrer Souveränitätsrechte, und zwar so, daß die Freiheit und Selbstbestimmung jeder einzelnen Nation und jeder der ihr zugehörigen Regionen nur in der Freiheit und Selbstbestimmung der anderen ihre Grenze finden darf.«

Eine deutsche Antwort:
Die organische Ordnung ist das Fundament des Lebens

Konstruierte Systeme der Gesellschaft sind gegen die Natur und auf Dauer nicht lebensfähig. Familie, Volk und Nation sind die natürlichen Bausteine eines Vereinten Europas. Nicht ›Nation oder Europa‹, sondern ›Nation und Europa‹ lautet die Devise! Organische Ordnung mit Wurzeln und Grenzen steht gegen Chaos und verwaltete Welt. Dem Scheitern des Sozialismus folgt zwangsläufig das Scheitern des Kapitalismus. Jene menschenunwürdige 20-zu-80-Gesellschaft der Propheten von jenseits des Atlantiks ist keine europäische Perspektive.

Das Entscheidende ist die soziale Frage. Deutschland hat hier seit Bismarcks Tagen Wesentliches beizutragen. Der Einfallsreichtum des europäischen Geistes wird die soziale Frage auf seine Weise und seinen Traditionen entsprechend lösen und so den Kapitalismus bändigen. Das wird allerdings schwere Kämpfe mit der Vormacht USA herbeiführen, die offenbar andere Wege gehen will. Es wird sich herausstellen, ob es gelingt, den Gedanken der Subsidiarität auch in einer Völkergemeinschaft durchzusetzen. Einheitlichkeit wäre das Ende der Freiheit.

Das Zusammenwachsen der Welt macht Politik schwieriger und zum Teil auch gefährlicher, denn Verbundsysteme sind höchst, etwa durch den Dominoeffekt, störanfällig. Unseren Nachkommen stehen harte und herausfordernde Zeiten bevor. Den Chancen entsprechen die Risiken. Dabei darf nicht vergessen werden, daß ja erst einmal das eigene Haus in Ordnung gebracht werden muß. Ohne nationale Identität wird es im übrigen keine soziale Identität geben, und Lebenssinn findet das Individuum nur in der angestammten Gemeinschaft. Das hat die Verhaltensforschung eindrucksvoll nachgewiesen. Es gilt daher, sich gegen die Fremdbestimmung einer verwalteten Welt und gegen das Menschenbild vom Konsumenten in einer Knopfdruckgesellschaft, deren Signale wie in einem kybernetischen Schaltkreis zu befolgen sind, zu wehren.

Das erfordert eine eigene, überzeugende Konzeption. Deren Fundament sind Familie und Freundeskreis, Heimat und Vaterland sowie Volk und Nation. In ihnen findet der Einzelne Identität, Geborgenheit und Lebenssinn. Die Kraft, für ihren Bestand zu kämpfen, geben Gottvertrauen und Tradition. Der selbstbestimmte freie Bürger, ausgestattet mit persönlichen Rechten und Pflichten, Träger von Verantwortung für die öffentlichen Angelegenheiten, die *res publica*, ist das Leitbild der Deutschen in einem Europa der Vaterländer.

Die Bundesrepublik Deutschland und ihr Staatsvolk

Dr. Felix Buck

Nachdem das lange Zeit die Diskussion beherrschende Thema der Währungsunion unter dem Motto der Eröffnung des Eurozeitalters zu einem gewissen Abschluß gekommen ist, meine ich, daß nunmehr dringend ein anderes Thema vorrangig auf die Tagesordnung gehört: Welche Überlebens-, welche Entwicklungsmöglichkeiten ergeben sich eigentlich für die Zukunft des deutschen Volkskörpers als Träger dieses Staates, in dem wir leben.

Dabei darf ich annehmen, daß viele unter Ihnen ebenso wie ich sich immer häufiger die Frage stellen, ist diese Bundesrepublik Deutschland in ihrer derzeitigen Erscheinungsform eigentlich mein Staat, mein politisches Zuhause, mit dem ich mich voll und ganz identifizieren kann? Was stellen sie dar, welche Bedingtheit besteht zwischen diesen beiden Begriffen, was gibt ihnen dabei unsere Verfassung vor?

Als ich 1935 vom Wehrdienst nach Hause kam, um an der damaligen Hansischen Universität zu Hamburg zu studieren, erlebte ich als erstes die Vorlesungen des Staatsrechtlers Ernst Forsthoff unter dem Titel: »Volk und Staat«. Die Bezeichnung deutete in ihrer Reihenfolge bereits an, was den Ausgangspunkt dieser Begriffsbeziehung darstellte. Staat und Volk, Volk und Staat befinden sich in einem dauernden Wandlungsprozeß des gegenseitigen Bedingtseins durch die Jahrhunderte der Geschichte hindurch.

Der größte Teil der Staatsrechtler stützt sich auf die rein rechtspositivistische Auffassung von Hans Kelsen in einer rein normativen Erfassung der Funktionen des Staates, der ihm zugesprochenen Souveränität nebst seiner Stellung im Völkerrecht.

Kelsens *Allgemeine Staatslehre* ist völlig frei von allen ideologischen, mythologischen, politischen, psychologischen und soziologischen Bezügen und führt zu einem rein juristischen Staatsbegriff. Die Folge: Der Staat wurde einfach als eine juristische Person deklariert. In heutiger Ausdrucksweise könnte man sagen: der Staat

ständen bleiben nach dem Reichsdeputationshauptschluß (1803) und später dem Wiener Kongreß 33 Einzelstaaten, 29 Landstände und die 4 Reichsstädte übrig. Sie bilden zusammen keine staatliche Einheit mehr, der deutsche Staatsgedanke jedoch überlebte in diesen souveränen Einzelstaaten dank des politischen Bewußtseins und des Willens des Volkes und seiner Führungsschichten.

In diese Phase der Endzeit der Ära des alten Deutschen Reiches sowie der unmittelbar anschließenden Zeit haben zwei weittragende Ereignisse hineingewirkt, die durch umwälzende geistige Ideen zu Bewegungen führen, die in völlig unterschiedlicher Weise die Geschichte Deutschlands nachhaltig beeinflussen.

Das eine ist der radikale Umbruch der weltweit ausstrahlenden Französischen Revolution und ihrer Nachwirkung in der napoleonischen Epoche. Das andere ist die schon früher im 18. Jahrhundert beginnende philosophische und später auch künstlerische Deutsche Bewegung der sogenannten Romantik.

Vereinfacht ausgedrückt führte die Französische Revolution mit ihrer napoleonischen Folgezeit zur Zerschlagung der einheitlichen deutschen Staatlichkeit, die Deutsche Bewegung zum geistigen Aufbruch des ganzen deutschen Volkes zur Überwindung der Fremdbestimmung und in Richtung auf ein freiheitliches und vereintes Zusammenleben des gesamten deutschen Volkes in einem gemeinsamen Staat. Daß dieser Aufbruch durch die gegebenen Zeitumstände, insbesondere durch die Reaktion der bestehenden Machtfaktoren, die ersehnten Ziele nicht erreichte, nimmt ihm nichts von seiner dauerhaften Bedeutung für das weitere deutsche Schicksal. Ohne ihn wäre die Niederringung des napoleonischen Frankreichs nicht möglich gewesen, ohne ihn wäre der gemeinsame Wille der Deutschen zu gemeinsamer einheitlicher Staatlichkeit nicht so unbeirrbar und mächtig geworden, daß der eingefleischte Preuße Bismarck zur Überzeugung gelangte, ihn, wenn auch nur in kleindeutschem Rahmen, verwirklichen zu müssen.

Die Französische Revolution, die zunächst den Charakter eines etwas blutrünstigen Volksfestes hatte, zog ihre geistigen Wurzeln aus den Ideen des Rationalismus, also aus der Auffassung, daß die Welt nach rein verstandesmäßig erfaßbaren Gesetzmäßigkeiten der Vernunft und der Logik strukturiert sei. So bei Descartes (1596–1650), der von der Mathematik herkam, mit dem berühmten Satz:

cogito ergo sum (Ich denke, daher bin ich). Spinoza (1632–1677) »Denken und Kausalität«, Erkenntnis durch Schlußfolgerung, Ablehnung der Offenbarung und damit eine durchgreifende Säkularisierung aller Ergebnisse.

Die aus dem Geist des Rationalismus entstandenen Lehren von Montesquieus Gewaltenteilung und J. J. Rousseaus Gesellschaftsvertrag (*contrat social*) bildeten die Ideengrundlage für die Französische Revolution. Die konsequente Weiterentwicklung und Umsetzung dieser Ideen, die den Keim zum unumstößlichen Wahrheitsanspruch in sich trugen, mündeten in der Schreckensherrschaft der Jakobiner. Das Christentum wurde durch einen Kult der Vernunft ersetzt, dem die Bevölkerung ganzer Landstriche zum Opfer fiel. Ihr folgte das Direktorium und anschließend die Alleinherrschaft Napoleons. Das berühmte ›lever en masse‹ war mehr eine Art Kunst des arrangierten Schaugeschäfts als eine tiefgreifende eigenständige politische Bewegung. Trotzdem hat der Gedanke der Befreiung des Bürgertums schließlich in ganz Europa zu dessen erfolgreicher Wirkung und Machtentfaltung im beginnenden Industriezeitalter beigetragen. Es war im Ergebnis eine Revolution zu Gunsten des Bürgertums, nicht etwa des Volkes insgesamt, die die Geburt des vom Bürgertum geprägten konstitutionellen Nationalstaats schließlich gebracht hat. Mit der Verabschiedung der französischen Verfassung von 1791 hatte sich die konstitutionelle Doktrin durchgesetzt und verbreitete sich über die nördliche Halbkugel.

Die Vorgeschichte für die geistige Entwicklung in Deutschland, wie sie vor allem von den Reformern in Preußen getragen wurde, während die süddeutschen Staaten sich sehr wesentlich dem französischen Modell anschlossen, beginnt mit der deutschen geistigen Revolution, wie sie in der Deutschen Bewegung zum Ausdruck kam, in der Epoche, die eher mißverständlich als sinnklärend als Romantik bezeichnet wird.

Ich beziehe mich im Folgenden im wesentlichen auf die Darstellung meines Freundes und Weggefährten in Tagen gemeinsamer politischer Aktivität, Professor Ernst Anrich, in seinem Werk *Die Entstehung der beiden Weltkriege*. Bisher erschienen sind zwei Bände, die vom Jahre 925 bis 1815 reichen und im wesentlichen das Aufsteigen der Epoche von 1648 sowie die wichtigsten Ansätze zu ihrer Überwindung darstellen. In dem Abschnitt über die Grundlagen dieser Epochenwendung (Bd. I, ab S. 265) gibt Anrich eine Darstellung in einer Tiefgründigkeit, Ausführlichkeit und Breite, wie sie meines Wissens an keiner anderen Stelle zu finden ist. Dabei berührt sie eines der wesentlichsten Elemente, vielleicht das entscheidende überhaupt, das die deutsche Entwicklung des 19. Jahrhunderts bis ins 20. hinein geprägt hat, und das, weil es sich um eine ausgeprägt eigenständige deutsche Entwicklung handelt, in der heute üblichen Betrachtungsweise der Historie mehr oder weniger stillschweigend übergangen wird. Ich kann mich hier nur auf Andeutungen beschränken, aber ich empfehle: Machen Sie sich die Mühe, sich intensiv mit diesem Werk zu befassen. Es ist nicht ganz leicht zu lesen, es kostet etwas Zeit und einige Konzentration, aber es gibt einen unersetzlichen Schlüssel zum Verständnis der Deutschen Geschichte. Es ist erschienen 1997 im Verlag Dorothee Anrich/Seeheim a.d. Bergstraße.

Anrich leitet das Kapitel mit dem Satz ein: »Diese entscheidende schöpferische Leistung der Gestaltschaffung des Neuen war ab rund 1755 vorgenommen worden von dem Königsberger Johann Georg Hamann (1730–1788). Dieses Neue herausschleudernd wie ein Vulkan.« Dieses Neue stellte sich etwa wie folgt dar: Die Entdeckung der Welt als Universum. Als eine Einheit von Rationalem und Irrationalem, Endlichem und Unendlichem. Der Mensch selbst ist eine organische Einheit. Seine Erkenntnis der Welt erfolgt daher nicht nur aus rationalen, sondern ebensosehr aus erlebenden und erfühlenden Kräften. Der Mensch ist ebenfalls ein unteilbares Ganzes, ein Individuum, mit seiner absoluten Eigenständigkeit und der dementsprechenden Würde. Aus dieser Fähigkeit, die Welt zu erfassen, erwächst ebenfalls die Fähigkeit zur Gestaltung in Poesie und Kunst.

Den Durchbruch seiner Ideen zum Anstoß und als Grundlage einer wirklichen Bewegung hatte Hamann seinem Schüler und Königsberger Landsmann Herder (geb.1744) und dessen vielfältigen freundschaftlichen Verbindungen – unter anderem zu Goethe – zu danken.

Konzentriert war bei Herder in seinem im wesentlichen bis 1780 reichenden Schaffen die Arbeit über die Vielfalt der Ausdrucksformen der Menschen und Völker in ihrer Sprache und ihrer darstel-

lenden Kunst. Dabei auch die volkliche Eigenständigkeit heraus-
stellend. Zum Beispiel war für Herder die antike Klassik eben das
ausschließliche Merkmal der eigenständigen künstlerischen Lebens-
empfindung der Griechen, nicht geeignet, einen allgemein gültigen Maßstab für die übrigen Völker zu setzen. Sehr im Gegensatz
zu dem Großteil der Vertreter der neuzeitlichen Klassik. Als ein
Element von höchster Bedeutung für die Erfüllung und Wirkung
der Bewegung war Herders Entdeckung der Geschichte als wesentlicher Erkenntnisquelle des Seins und damit der Pflicht, sich
der Geschichte gleichgewichtig neben der Philosophie zu widmen.
Das erfordert den Rückgriff auf alle kulturellen Äußerungen der
Völker in ihren Mythen, Liedern und Sprachformen bis zu den ältesten Dichtungen.

Für die weitere Entwicklung von entscheidender Bedeutung ist
die Begegnung und der Austausch Herders mit Goethe, der einen
Durchbruch in Goethe bewirkt, der sich in einer Äußerung zu dem
Aufstand in seinem *Götz* offenbart: ». . . er stand für die Herrschaft
des lebendigen Volksgeistes, der sich in der organischen Entwicklung der staatlichen und rechtlichen Verfassung des Volkes mani-
festiert.«

Es ist mir unmöglich, hier alle Einzelheiten des weiteren Weges
der Bewegung aufzuführen. Ich will nur Anrich folgend die Namen ansagen, die er für wesentlich und bedeutungsvoll hält. Pe-
stalozzi und Kant, dem er den Sturz aus der optimistischen Despo-
tie des Rationalismus zuschreibt. Später in der Klassik: Fichte,
Schiller, dann Schelling, Novalis, Schleiermacher, Schlegel und
Tieck, Hölderlin und Arndt, Görres und Savigny. Schließlich geht
es um den Eingriff der neuen Ideen in die Sphäre der Politik, das
heißt in die gedankliche Erfassung von Wesen und Aufgabe des
Staates. Nach der ersten Kritik der revolutionären französischen
Staatsidee durch den Engländer Burke ist es im Rahmen der deutschen geistigen Bewegung vor allem Wilhelm von Humboldt mit
seinen 1791 geäußerten Ideen über eine Staatsverfassung. 1792 erscheint von ihm die Schrift *Ideen zum Versuch, die Grenzen der Wirksamkeit des Staates zu bestimmen.*

Im weiteren Verlauf der Entwicklung schon mit den ersten praktischen Erfahrungen der Auswirkung der Französischen Revolution auf die nun entstandene französische Republik wächst das Aus-

maß der Deutschen Bewegung und verdeutlicht sich die Schlüssigkeit ihrer den französischen rationalistischen Gedanken entgegenstehenden Ideen. Mit dem Rückgriff auf die geistige und kulturelle Volkssubstanz entsteht unter dem wachsenden Druck der napoleonischen Besetzung ein immer stärker wachsendes deutsches Nationalbewußtsein mit dem Wunsch nach Freiheit und Selbstbestimmung und dem Zusammenleben in einer staatlichen deutschen Einheit. Wie Schiller es ausdrückte:»Das Deutsche Reich ist untergegangen, aber die Deutsche Nation wird bestehen.«

Aus der sich in den Jahren ab 1802 immer stärker abzeichnenden Bedrohung der Zerreißung Deutschlands, teilweise unter aktiver Mitwirkung der deutschen Fürsten, erwächst immer mehr die Notwendigkeit, aus der geistig philosophischen Entwicklung der Deutschen Bewegung zur Umsetzung in politische Wirksamkeit zu kommen. Und zwar zum Widerstand und zur Niederringung des Gegners wie zur Verwirklichung eines freiheitlichen Staates, der den Gegebenheiten des deutschen Volkstums entspricht. Es ist Arndt, der am stärksten zur Tat drängt und das im Frühjahr 1806 in *Geist und Zeit* in einer für das Volk begreifbaren Sprache zum Ausdruck bringt. Napoleon beginnt, die Gefahr, die ihm von der Bewegung her droht, zu begreifen, und befiehlt sofort nach der Auflösung des Reiches die Verfolgung der Verfasser, Verleger, Drucker und der verbreitenden Buchhändler aller gegen ihn gerichteten Schriften. Musterbeispiel ist der Fall Palm.

Bei Arndt klingt zum erstenmal ganz deutlich an, daß nach einem erhofften Sieg keinesfalls im alten Zustand weitergelebt werden kann, sondern, daß etwas Neues, Einheitliches und alle Deutschen Erfassendes geschaffen werden muß und daß das Volk sich über die Engstirnigkeit und den Eigennutz der Fürsten hinwegsetzen muß.

1807 erfolgt die Verlegung der Universität Halle, einer Hochburg der Bewegung, nach Berlin mit Einverständnis des preußischen Königs, der dazu sagt:»Der Staat muß durch geistige Kräfte ersetzen, was er an physischen verloren hat.«

In Berlin gelingt auch die engere Einbindung Fichtes. Die volle Umsetzung des Wirkens der Deutschen Bewegung in den Bereich der Politik erfolgt mit den preußischen Reformern Scharnhorst, Gneisenau, Clausewitz unter enger Mitwirkung der Österreicher

Stadion und des Erzherzogs Johann und als alle überragend und gleichzeitig alle zusammenfassend Stein, 1752 geboren als Sproß einer alten Reichsfreiherrenfamilie mit Stammsitz in Nassau an der Lahn. Er war 1792 Provinzialdirektor im Clevischen, ab 1795 Oberpräsident aller preußischen Gebiete in Westfalen. Er verfaßt eine scharfe Stellungnahme gegen die preußische Politik der Neutralität gegenüber Napoleon. 1804 kommt er an den preußischen Hof und wird Staatsminister für Zoll-, Handels- und Fabrikwesen.

Anrich gibt eine eingehende Schilderung aller der Deutschen Bewegung nahestehenden Persönlichkeiten mit dem Nachweis, daß sie trotz mancher Meinungsunterschiede alle ihrer persönlichen Grundeinstellung nach wie aus ihrer Erfahrung und Erkenntnis voll im Sinne der Grundideen der Deutschen Bewegung dachten und handelten. Das umfaßte vor allem die grundlegende Ablehnung der französischen rationalistischen Revolutionsideen.

Stein hat sich gründlich mit den Ideen von Adam Smith über eine liberale Wirtschaftsordnung und die Ablösung des Merkantilismus befaßt, selbst aber die Wirtschaft immer in der Bindung an die Verpflichtung gegenüber der Gemeinschaft des Volkes gesehen, also im Sinne einer wirklichen Volkswirtschaft. (Stein b.Anr. S. 492).

In der notwendigen Umformung des gesamten Staates sah Stein nicht nur die Änderung der Regierungsspitze als erforderlich, sondern bedachte auch den Gesamtumriß einer organischen Struktur als Grundelement des gesamten Staates – mit dem Ziel der Freiheit des Menschen, des Volkes und der Grundeinbettung im Volkstum des Staatlichen, des Geistigen und des Politischen, so etwa in der berühmten Nassauer Denkschrift vom Jahre 1807.

Anrich macht unmißverständlich deutlich, daß alle Gedanken über die Freiheit und Eigenständigkeit des Menschen und des Volkes in Deutschland schon vor der Französischen Revolution entstanden sind und von der Deutschen Bewegung weitergetragen und weiterentwickelt wurden.

Aber der praktische Durchstoß in die gestaltende Politik wurde erst durch den Vernichtungsschlag Napoleons bis in die äußersten Winkel Preußens wie Österreichs hinein ausgelöst.

Es ist die befreiende Tat Friedrich Wilhelms III., auf den Rat Hardenbergs, der Königin Luise und des Kabinettchefs Beyme, Stein im September 1807 an die Spitze der preußischen Regierung zu berufen. Stein ging mit folgender Zielsetzung an die Arbeit: vor allem die richtige Zuordnung von Volk und Staat zu erreichen; dazu die Bauernbefreiung, die früheren Pächter in Hof- und Grundeigentum zu bringen und die Untertänigkeit aufzuheben; die Veränderung der Staatsspitze im Sinne der Errichtung einer fachlichen Arbeitsteilung; eine neue Städteordnung auf der Grundlage der Selbstverwaltung, ebenso für die Gemeinden, Neuordnung des Schulwesens; ein repräsentatives System für die Volksvertretung, um allen entscheidenden Männern ein Stimmrecht zu geben. Stein bevorzugte die ›Nationalrepräsentation‹ über Stände und nicht über individuelle, aber anonyme Mehrheiten. Von einer gesunden funktionsfähigen Konstitution versprach er sich eine mobilisierende Kraft. Ihm gelang die Verkündung des königlichen Dekrets über die innere Umgestaltung des Staates in gleichlautenden Veröffentlichungen in der *Königsberger Zeitung* (29. 9. 1808) und dem *Hamburgischen Correspondenten* (5. 10. 1808). Im November desselben Jahres war die neue Städteordnung unter Dach und Fach. Ende November wurde Stein unter dem Druck Napoleons entlassen. Doch blieb ihm die Zeit, die Einrichtung des Staatsrats, der neuen Regierungsspitze, sowie die Berufung Humboldts für das gesamte Bildungswesen zu erreichen.

Die geistige Fortsetzung der Deutschen Bewegung fand ihren Weg insbesondere durch Fichtes *Reden an die Deutsche Nation* wie auch die Vorlesungen des Dresdners Adam Müller über Staatslehre. Über die Hochschulen gelangten Geist und Ideen der Deutschen Bewegung in die studentische Bewegung der Burschenschaften. Die insgesamt entstandene Bewegung hatte entscheidenden Anteil am Aufstand gegen die französische Herrschaft unter Napoleon und lebte fort in der Erhebung, die das ganze Volk zu seiner Befreiung ergriff.

Es ist hier nicht die Aufgabe, auf Einzelheiten der Befreiungskriege einzugehen. Es kommt mir darauf an, die Weiterentwicklung der politischen Gestaltungsideen, die aus der Deutschen Bewegung entstanden waren, zu verfolgen.

Nur soviel sei angeführt, daß der ewig vorwärtsdrängende Geist Steins auch aus seinem Exil in Böhmen und dem späteren Aufenthalt am Hof des Zaren Alexanders I. entscheidenden Einfluß auf die Entwicklung genommen hat, sowohl auf das große Signal zur Wende durch den Aufstand Österreichs als auch auf den Entschluß Alexanders zur Fortsetzung des Krieges auch nach der Vertreibung Napoleons aus Rußland und zur Zusammenarbeit mit York.

Das große Anliegen Steins wie der ganzen Deutschen Bewegung, die auch ihre Exponenten in Österreich hatte, bis hin zu Erzherzog Johann, nach dem militärischen Befreiungssieg auch die geistige und politische Befreiung des Volkes, dessen Hingabe den Erfolg erst möglich machte, zu erreichen, gelangte leider nicht zur Verwirklichung. Das Ziel eines einheitlichen organisch aufgebauten deutschen Staates, in dem das deutsche Volk als Staatsvolk entscheidend in die Gestaltung durch Mitbestimmung und Selbstverwaltung auf allen Ebenen eingebunden war, erwies sich nicht als durchsetzbar. Stein, obwohl Mitglied des Wiener Kongresses, konnte sich gegen die Kräfte, die noch im alten absolutistischen System wurzelten, vor allem unter der Führung des übermächtigen Metternich, nicht behaupten. Der dringend nötige Aufbruch in eine Neue Epoche der völligen organischen Umgestaltung wurde im operettenhaften Glanz des Wiener Kongreß-Theaters erstickt. Statt dessen war das politische Ergebnis: der Deutsche Bund, gegründet durch die Deutsche Bundesakte von 1815 als Bestandteil der Wiener Kongreßakte, ergänzt durch ein zweites Staatsgrundgesetz, die Wiener Schlußakte von 1820.

Ein Gebilde völkerrechtlichen Föderalismus unter österreichischer – das heißt Metternichscher – Führung. Es entstand ein rein legitimistischer und dynastisch orientierter Staatenbund, die Mitgliedstaaten mit absoluter eigener Souveränität bezüglich Unabhängigkeit sowie innerer und äußerer Sicherheit. Er bestand aus 29 Monarchien und 4 freien Städten. Dem Bundestag oder der Bundesversammlung gehörte demnach auch der König von England als König von Hannover an, insgesamt eine ähnlich illustre Versammlung, wie wir schon vom 1648er System kennengelernt haben. Der Bund besaß keine eigene Gesetzgebung und Jurisdiktion. Auch Bundesgesetze wie das Handelsgesetz von 1868 erhielt erst durch identische Landesgesetze Gültigkeit.

Es war klar, daß der einmal angestoßenen Bewegung im ganzen deutschen Volk eine derartige staatsrechtliche Lösung nicht gerecht werden konnte. Der Ruf nach Reformen, nach Umwandlung dieses völkerrechtlichen Verbandes in einen staatsrechtlichen und nach einer angemessenen Beteiligung des Volkes blieb nach wie vor unüberhörbar. Ein kleiner Teilerfolg ergab sich mit dem Preußisch-Deutschen Zollverein von 1834, jedoch ohne Österreich.

Unter Nachwirkung der französischen Revolutionsideen, die zur Herrschaft des Bürgertums geführt hatten, sowie des noch bestehenden Ideengefüges der Deutschen Bewegung und der geistig-seelischen Grundhaltung in den Befreiungskriegen entstand aus der Mitte des Volkes die aristokratisch-demokratische Einheits- und Freiheitsbewegung, die zur Paulskirchen-Versammlung von 1848/49 führte.

Auf Anordnung des Bundestages des Deutschen Bundes nach Wahlen in den Ländern wurde die Nationalversammlung am 18. 5. 1848 in der Paulskirche als Organ der Souveränität des Volkes konstituiert. Ihr Ziel war die Errichtung eines Bundesstaates. Zunächst waren ein Reichspräsident und eine provisorische Zentralgewalt unter einem Reichsverweser, Erzherzog Johann von Österreich, vorgesehen. Nach langen Debatten über letztlich ungelöste Probleme – klein- oder großdeutsche Lösung, Republik oder Monarchie, Direktorium, Präsident oder Kaiser – kam eine Entscheidung für das Angebot eines Erbkaisertums an den König von Preußen zustande. Nach deren Ablehnung durch König Wilhelm erfolgte die Verlegung nach Stuttgart und anschließend die Auflösung.

Dennoch war ein Verfassungsentwurf im Reichsgesetzblatt 1849 Nr. 16 erschienen. Die Hauptpunkte waren Bundesstaat, Reich und Länder je eigene Staatlichkeit, Verfassungsform aristokratisch-demokratische Scheinmonarchie, umfassende Freiheitsrechte, Parlament mit Staatenhaus und Volkshaus. Die Ideen Steins und der Deutschen Bewegung waren hierin allerdings kaum noch zu erkennen.

Nach den Ereignissen von 1866 ist der Bund aufgelöst und die Aufgabe der Verwirklichung einer einheitlichen Staatsidee an Preußen, und damit an Bismarck, weitergereicht. Das geschieht zunächst mit der Bildung des Norddeutschen Bundes 1867. Dabei erfolgte die Umwandlung des bisherigen völkerrechtlichen Staatenbundes in einen staatsrechtlichen Bundesstaat, dessen durch den König von Preußen im Namen der norddeutschen Staaten verkündetes

Grundgesetz die Beteiligung einer Volksvertretung vorsieht. Mit den süddeutschen Staaten wird ein Schutz- und Trutzbündnis sowie ein Zoll- und Handelsverein begründet und ihr staatsrechtlicher Beitritt zum Bund vorgesehen. Der wird 1871 in der Form des Bundesstaates Deutsches Reich durch Vertrag vom 1. Januar 1871 vollzogen und äußerlich dokumentiert durch die Proklamation vom 18. Januar 1871. Ihr folgt die Verfassung durch Reichsgesetz vom 16. April desselben Jahres. Die Grundelemente sind Kaiser, Kanzler, Reichstag und Bundesrat. Das Kaiserreich ist staatsrechtlich ein obrigkeitlicher Fürstenstaat, der Föderalismus ist Verfassungsprinzip, der Staat also ein echter Bundesstaat, dessen Spitze der Souverän ist.

Wenn auch von den großen Ideen der Deutschen Bewegung, die im Endergebnis auf einen organisch gegliederten Volksstaat zuliefen, im Grundgesetz des Reiches nicht mehr viel zu spüren ist, so ist doch unter unvoreingenommenen Staatsrechtlern die Meinung vorherrschend, daß angesichts der seinerzeit gegebenen politischen Wirklichkeit die Bismarcksche Verfassung ein Meisterwerk praktischer Staatskunst war. Der Bundesrat war kein parlamentarisches Oberhaus, sondern höchstes Regierungskollegium. Der Reichstag war keine allgemeine, dennoch eine echte und wirksame Volksvertretung, wie wir aus den großen Auseinandersetzungen mit Bismarck wissen.

Für die Gesetzgebung war eine Übereinstimmung von Reichstags- und Bundesratsmehrheit erforderlich.

Der Niedergang des Kaiserreiches mit der Niederlage im Ersten Weltkrieg und der anschließenden Revolution brachte das endgültige Ende des Obrigkeitsstaates, der Grundbestand des Reiches und damit seine Weiterexistenz als Deutsches Reich konnten jedoch gerettet werden.

Mit der Weimarer Verfassung wurde das Deutsche Reich ein Volksstaat. Das Volk wurde endgültig der Souverän. Ob es sich dabei allerdings in seiner Gesamtheit der Verantwortung für Fortbestand und Weiterentwicklung bewußt und sie auch zu tragen bereit war, ist zumindest aus heutiger Sicht eher zu verneinen. Das Delegieren an Repräsentanten schützte es vor den Folgen nicht, das dabei verursachte Schicksal selbst tragen zu müssen.

Die Weimarer Verfassung von 1919 deklariert das Deutsche Reich als unitarischen Bundesstaat, in dem die Reichsspitze unmittelbar die souveräne Staatsgewalt besitzt. Das Staatsvolk ist nicht etwa die Summe aller Landesvölker, sondern die nationale Einheit aller Deutschen ist höchstes Reichsorgan. Die Länder sind lediglich an der Bildung des Gesamtwillens beteiligt. Die Verfassungsform stellt eine konstitutionelle parlamentarische Volksrepublik dar.

Die Reichsangehörigkeit richtet sich unverändert nach dem überkommenen Gesetz von 1913, es bleibt also reichsdeutsches Personalitätsprinzip, das sogenannte *jus sanguinis*; das bedeutet, daß die deutsche Abstammung ausschlaggebend ist. Die Verfassung mißt den Grund- und Freiheitsrechten große Bedeutung zu, fordert aber gegenüber den Rechten auch Pflichten, etwa in Artikel 163/I: »Jeder Deutsche hat die sittliche Pflicht, seine geistigen und körperlichen Kräfte so zu betätigen, wie es das Wohl der Gesamtheit erfordert.« Artikel 153/III gibt eine Eigentumsgarantie mit der Verpflichtung, den Gebrauch zugleich in den Dienst für das gemeine Ganze zu stellen. Aus Schweizer Recht wurden Volksbegehren und Volksentscheid übernommen, aber begrenzt auf bestimmte Fälle.

Der Reichstag war politisch Volksorgan, staatsrechtlich Reichsorgan, aber keine juristische Person oder Behörde. Seine Mitglieder genossen freie Amtsausübung gegenüber Staat, Parteien und Wählern.

Eine starke Stellung hatte der unmittelbar vom Volk gewählte Reichspräsident im Falle von Notständen. Der Art. 48 erlaubte ihm praktisch eine diktatorische Form des Regierens durch Notverordnungen. Die Weimarer Republik geriet durch völlige Selbstblockade ihres Parteiensystems in die Regierungsunfähigkeit, die nur mit Hilfe des Artikels 48 umgangen werden konnte.

Als Hitler an die Regierung gerufen wurde, trat er also bereits in ein autoritäres System ein, das er dann später mit Hilfe des Ermächtigungsgesetzes in den Stand der Allgemeingültigkeit erhob.

Am Anfang der nationalsozialistischen Epoche konnte man der Auffassung sein, daß es das politische Ziel sei, etwa in Analogie zu den Gedanken der Deutschen Bewegung, das Deutsche Reich zu einem organisch gegliederten wirklichen Volksstaat zu machen. Ansätze gab es genug. Und Forsthoff hatte das in seiner eingangs erwähnten Vorlesung über Volk und Staat bereits angezeigt. Er sah die Entwicklung in der Ausgestaltung sogenannter konkreter Ordnungen mit eigener Rechtssetzung wie Familie, Gemeinde, Betrieb, Reichsnährstand und Wehrstand zusammengefügt in einer übergreifenden organischen Gesamtordnung von Volk und Staat, die man unter dem Allgemeinbegriff Volksgemeinschaft verstehen kann.

Zu einer staatsrechtlich geregelten Entwicklung, die in gesunder Evolution auch das verständnisvolle und verinnerlichte Mitgehen des Volkes bewirkt hätte, ist es nicht gekommen. Der Totalansturm nahezu der ganzen Welt gegen das Deutsche Reich und sein Volk hat eine Phase ausgelöst, die wegen der Übersteigerungen, der Selbstüberschätzung sowie der absoluten Konzentration auf die Person eines Mannes und dessen Durchsetzungswillen, und wegen der aufkommenden Hybris, allein Schicksal spielen zu wollen oder zu müssen, den Keim des Untergangs in sich trug. Die Überbeanspruchung der körperlichen und moralischen Kräfte des ganzen Volkes führte nicht nur zum militärischen und wirtschaftlichen Zusammenbruch, sondern hinterließ auch wegen des Versäumnisses der Setzung eines stabilen Verfassungsrahmens ein staatsrechtliches Chaos. Deswegen war es den Alliierten ein Leichtes, eine Weiterexistenz des Deutschen Reiches als obsolet anzusehen.

Erst als es im Laufe der vorhersehbaren Auseinandersetzung unter den Alliierten zumindest den West-Alliierten im Sinne ihrer Interessen zu liegen schien, besannen sie sich darauf, die Existenz Deutschlands als Ganzes anzuerkennen und sich zumindest verbal für dessen Verwirklichung einzusetzen.

Ich will hier nicht auf Einzelheiten der weiteren staatsrechtlichen Entwicklung eingehen. Mir kommt es nur darauf an, in großen Zügen die Umstände und den geschichtlichen Verlauf anzuzeigen, die die Rolle verdeutlichen, die das deutsche Volk als Träger eines Staates gespielt hat, zur Zeit spielt und in Zukunft spielen kann oder können sollte.

Die nächste Stufe, die eben jetzt und auf absehbare Zeit gilt, in dieser Rolle ist die der Deutschen als Staatsvolk in der Bundesrepublik Deutschland. Sie besaßen diese auch in der ehemaligen DDR. Da hier aber gegenüber der eingeschränkten Selbstbestimmung in der Bundesrepublik auch nicht der leiseste Anflug von Freiheit und Selbstbestimmung bestand, beschränken wir uns auf den Verfassungsrahmen der Bundesrepublik, der nun ja für die Deutschen im Bereich ihrer mitteldeutschen Länder mit gilt.

Die Väter der am 14. 8. 1949 eingerichteten Verfassung, die Mitglieder der Parlamentarischen Versammlung, hatten außer dem verhältnismäßig allgemein gehaltenen Rahmen der Alliierten sich gewissermaßen in Selbstverpflichtung zwei Maximen gesetzt. 1. keine Bestimmungen aufzunehmen, die auch nur im entferntesten eine Anlehnung an den NS-Staat darstellen könnten, 2. möglichst weitgehend auf die so hoch gelobte Weimarer Verfassung zurückzugreifen, mit Ausnahme des direkten Volkseinflusses wie bei der Präsidentenwahl und dem Volksentscheid sowie natürlich der diktatorischen Sonderrechte des Artikels 48.

Der Staatscharakter der Bundesrepublik wurde trotz der seinerzeit weiterbestehenden militärischen Besetzung der eines echten Staates, der die Voraussetzungen Staatsgebiet, Staatsvolk und Staatsgewalt erfüllte. Das Bundesvolk ist ein echtes Staatsvolk, es erfaßt laut Präambel das gesamte Deutschtum. Als Deutscher gilt auch, wer im ehemaligen Deutschen Reich bis zum 31. 12. 1937 Deutscher war.

Das Bundesvolk ist Staatsorgan und umfaßt alle staatsrechtlich handlungsfähigen Staatsbürger. Deutscher ist (GG 116) jeder Besitzer der deutschen Staatsangehörigkeit nach dem Gesetz von 1913, also unverändert nach dem Abstammungsprinzip. Es erscheint mir ganz wesentlich, deutlich festzuhalten, daß weder die Schöpfer der Weimarer Verfassung noch die Väter unseres Grundgesetzes auch nur im entferntesten daran gezweifelt haben, daß Deutschland als Staat ausschließlich von Bürgern deutscher Abstammung gestaltet werden soll.

Die Bundesrepublik ist ihrer Verfassung nach ein Volksstaat, ein Freistaat und ein Rechtsstaat, bezüglich der Staatsform eine Republik und staatsrechtlich ein Bundesstaat, der in GG 120 als demokratischer und sozialer Bundesstaat definiert wird, eine bindende Vorschrift, die das Gefüge der wirtschaftlichen und sozialen Ordnung des Staatsvolkes bestimmt.

Von der gesetzlichen Konstruktion her ist das Deutsche Volk der uneingeschränkte Souverän, der die Ausübung seiner Regierungsgewalt gewählten Repräsentanten überläßt. Die Parteien sind Rechtsgebilde privaten Rechts – wie Vereine –, die nach GG 21 lediglich bei der Willensbildung mitwirken. Die Abgeordneten sind nach GG 38 weisungsfrei und – positiv ausgedrückt – dem Wohl des gesamten Volkes verpflichtet.

Sowohl die Väter der Weimarer Verfassung als auch die des Grundgesetzes gingen uneingeschränkt vom Staatsvolk als dem bestimmenden und entscheidenden Organ des Staates aus. Und heute müssen wir uns fragen, was von dieser Stellung geblieben ist.

Als erstes wurde mit der sogenannten Aufarbeitung der Vergangenheit der Begriff Volk diffamiert und das Bekenntnis zum Volkstum als rassistisch gebrandmarkt und damit der Übergang zur Gesellschaft als ausschließlicher Richtgröße vollzogen. Mit der Auslöschung des Volksbegriffes als moralischer Größe entsteht auch eine Aushöhlung der Bedeutung des Staatsvolkes.

Ernst Forsthoff, über dessen Auffassung von Volk und Staat wir gesprochen haben, hat das Wesen der heutigen Industriegesellschaft eingehend und überdeutlich geschildert. (*Der Staat der Industriegesellschaft*, C.H. Beck, Schwarze Reihe Nr. 77, München 1971.)

Er weist auf die drohenden Gefährdungen hin, die den Staat mehr und mehr seiner Funktion als Schutzgehäuse seines Staatsvolkes berauben. Der Zerfall der Gesellschaft in reine Interessengruppen, seine Abhängigkeit von den technischen Realisierungen, denen er hilflos gegenüber steht, das Verhaftetsein in einem fortgesetzten Fortschrittsglauben, was letztendlich zum Zerfall einer echten staatlichen Einheit und einer fortschreitenden Unregierbarkeit führt, mit der Drohung im Hintergrund, schließlich von einer Diktatur aufgesogen zu werden.

Der größte Stoß gegen die Existenz eines aktiven Staatsvolkes erfolgte durch die sogenannte 68er Kulturrevolution. Sie wurde unter anderem aus dem Ideenkonglomerat der Französischen Revolution mit der Aufforderung gespeist, endlich der staatlichen und kulturellen Fixierung auf das deutsche Volk mit seinem Volkstum abzuschwören, seinen Sonderweg zu verlassen und sich dem modernen Weg, wie er in den Staaten des Westens vorexerziert wird, anzuschließen, etwa nach dem Motto: Es ist besser, ein guter Republikaner zu sein (wie das Beispiel des französischen Bürgers) anstatt ein seinem ›antiquierten‹ Deutschtum verhafteter Staatsbürger. Das steckt auch in der Diskussion über eine Änderung des Staatsangehörigkeitsrechts. Eines der unglaublichsten Argumente darin ist, daß wegen der schleichenden Abnahme der deutschstämmigen Bevölkerung unbedingt ein die Einwanderung erleichterndes Gesetz herbei müsse.

74

Beispielhaft ist eine Aussage Oskar Lafontaines (nach einem Zitat der *Mitteilungen der Gesellschaft für Kulturwissenschaft,* Januar 1998): »Wir wollen die ›Vereinigten Staaten von Europa‹. Deshalb müssen wir uns von diesem völkisch orientierten Nationenbegriff lösen. Dann haben wir auch die Grundlage für eine notwendig neu zu konzipierende moderne Einwanderungspolitik. . . Die Gründer der Bundespublik haben sich diesen Staat als ein Provisorium gedacht, das von Beginn an bestimmt war, eines Tages in einem größeren Nationalstaat aufzugehen. Ich stelle mir Deutschland immer noch so vor: bestimmt, eines nicht mehr fernen Tages in einem größeren Europa, in den Vereinigten Staaten von Europa, aufzugehen. Deutschland muß sich von einem Nationenbegriff lösen, der an die ethnische Abstammung gebunden ist und zu einem Nationenbegriff finden, der in der universalistisch-republikanischen Tradition der Aufklärung steht. Der Weg nach Europa führt, nach meiner Überzeugung über einen solchen Verfassungspatriotismus.«

Wird dem nicht der energische Widerstand des deutschen Staatsvolkes entgegengesetzt, führt das zwangsweise zu fortschreitender Ghettoisierung Deutschlands und letztendlich zur Verdrängung des deutschen Volkes in seinem eigenen Staat in eine Minderheitsposition. Der Staatsrechtler Giese sagt ganz klar: »Das deutsche Recht geht eindeutig aus dem Gemeinschaftsrecht der deutschen Stämme hervor und hatte eine völlig andere Entwicklung genommen als das französische. Die Nation des rein territorial aufgefaßten französischen Nationalstaats ist etwas völlig anderes als die ganz im deutschen Volkstum wurzelnde deutsche Nation.« Das Volk als Souverän, als entscheidende geschlossene Kraft zur Gestaltung ihres Staates als Lebensraum ist längst abgelöst durch die vom Grundgesetz zugelassenen, aber nicht in dieser Weise autorisierten Parteien. Sie verwandeln mit Hilfe der Medien die politische Landschaft in eine Unterhaltungssphäre mit Glamour und Thriller und einem Auswahlsystem nach Ted, in dem die Entscheidung für einen Schlagerstar wie Guildo Horn nahezu den gleichen Stellenwert hat wie die Wahl eines Kanzlerkandidaten.

Es ist ungeheuer wichtig es ist, die Anstöße für eine in die Zukunft führende Politik aus den Wurzeln der eigenen Geschichte zu ziehen. Warum herrscht Hitlers Phantom immer noch über der deutschen Gewissenslandschaft? Warum werden Friedrich II., der

75

Staufer wie der große Preuße, warum Bismarck ausgeblendet oder außerhalb ihres geschichtlichen Bedingungsrahmens gestellt und entsprechend diskriminiert? Warum werden immer wieder Vorbilder im Ausland, besonders in den USA, gesucht? Ich hoffe, daß ich mit der Erinnerung an die Deutsche Bewegung aufgezeigt habe, wo wir die Anregung und die Vergewisserung für unsere Zukunft finden können, den Weg eigenen deutschen Denkens und Handelns in Ablehnung einer uns im Grunde fremden rein rationalistischen und dualistischen Geisteshaltung, die Anerkennung und das Nachvollziehen eines auf die universale Vielfalt des Lebens ausgerichteten Denkens, mit dem Ziel eines in organischer Struktur gestalteten Zusammenlebens unseres Volkes in Einheit und Freiheit. Kurz, zu einem eigenen deutschen Weg in die Zukunft.

Das Geld, die Macht und das Elend der politischen Klasse

Anmerkungen zur Lebenserwartung des Kapitalismus in Deutschland

Dr. Dr. Thor v. Waldstein

Diesen Abend an der Spree werde ich nie vergessen. Es war der 2. Oktober 1990 gegen 22.00 Uhr – für 24.00 Uhr war der Anschluß Mitteldeutschlands an den Westen und die Ausrufung der ersten Großwestdeutschen Republik auf märkischem Sand angesagt –, als ich mit meiner Frau die Straße Unter den Linden in Richtung Brandenburger Tor entlang ging. Die seltsame Bier- und Würstchen-Atmosphäre an diesem Tage, die so gar nicht zu dem historischen Augenblick passen wollte und die sich so traurig unterschied von dem, was ich ein knappes Jahr zuvor in Berlin in dem wunderbarsten November meines Lebens erlebt hatte, mißfiel mir schon seit geraumer Zeit.

Als wir uns auf Höhe des Reiterstandbildes Friedrichs des Großen befanden, das Erich Honecker – in der irrigen Annahme, er könne den Marxismus preußisch verwurzeln – in den achtziger Jahren am historischen Ort wieder hatte aufstellen lassen, stach sie mir plötzlich in die Augen: eine überdimensionale, vielleicht 6 m bis 7 m hohe, mit Helium aufgeblasene Pepsi-Cola-Flasche. Meine schlechte Laune verwandelte sich binnen weniger Sekunden in grenzenlose Wut. So war das also. Dafür, für den koffeinhaltigen Geschmack von Freiheit und Abenteuer war man also in Halle und Dresden auf die Straße gegangen. Dafür hatten also offensichtlich in der Gethsemane-Kirche die Kerzen gebrannt. Und wer montags demonstriert hatte, dem war es nicht um »Deutschland – Einig Vaterland«, sondern offenbar nur darum gegangen, Bananen zu verzehren, durchs KadeWe zu bummeln und nach Lanzarote zu jetten.

Meinen ursprünglichen Plan, für dessen Durchführung ich mir in Ermangelung eines Taschenmessers bereits eine scharfkantige

Glasscherbe besorgt hatte, verwarf ich nach kurzem. Das unterschied ja gerade diese Cola-Flasche von Mauer, Stacheldraht und Minen. Diese konnte man bekämpfen und beseitigen, was der 9. November bewiesen hatte. Jener Cola-Flasche dagegen würde zwar bei einer Attacke die Luft ausgehen, sie wäre damit aber nicht beseitigt.

Das Problem war die Cola-Flasche in den Köpfen, die Illusion der Westdeutschen und nun auch der Mitteldeutschen, auf der abstrusen Idee eines repräsentativen Konsums einen Staat gründen und bewahren zu wollen.

Als wir dann um Mitternacht vor der Siegessäule standen, wo sich überwiegend Betrunkene in einer Mischung aus Fußballstadiongegröle und Sylvesterlaune würdelos zuprosteten, wurde mir klar, daß die lange Nacht der deutschen Ohnmacht mitnichten zu Ende ist. Das westliche Gefängnis war lediglich durch einen Osttrakt erweitert worden. Nach der 40jährigen beispiellosen Unterdrückung der Mitteldeutschen durch Stalinismus und Stasi würden diese bald begreifen, daß sie mit dem Kapitalismus einem Besucher das Tor in das geistige und historische Herz Deutschlands zwischen Oder und Werra geöffnet hatten, der alles, was sich dort unter der SED-Käseglocke noch an deutscher Tradition erhalten hatte, binnen weniger Jahre verätzen würde.

Wenn wir heute in das Antlitz des real existierenden Kapitalismus schauen, erblickt man eine ort- und seelenlose Fratze, die – im Wohlstand schwimmend – die fahlen und abgelebten Züge einer alternden Filmdiva angenommen hat. Wer wissen will, was sich hinter dieser Fassade der Glitzer- und Glamourwelt des Westens verbirgt, entdeckt Machtstrukturen, die den Kommunismus unseligen Angedenkens deswegen an totalitärem Charakter überragen, weil sie den Menschen nicht direkt unterdrücken, sondern sich vielmehr seine Schwächen gezielt zunutze machen.

Die nachfolgenden Ausführungen versuchen, in sechs Abschnitten einige wesentliche Elemente der totalen Herrschaft des Kapitalismus in Deutschland herauszuarbeiten. Diese beispielhaften Beschreibungen, die weder Anspruch auf Vollständigkeit noch auf Ausgewogenheit[1] erheben, sollen abschließend in fünfzehn Thesen zum Kapitalismus münden.

1. Die Macht der Vereinzelung

Das wesentliche Herrschaftselement des Kapitalismus ist die Zerstörung jeglicher natürlichen Gemeinschaftsordnung des Menschen. Gleichviel, ob Familie, Dorfgemeinschaft, Stamm, Volk oder Nation, alle gewachsenen Bande, in denen der Einzelne Halt finden konnte, wurden planmäßig zerschnitten, um das atomisierte Individuum um so gnadenloser der Herrschaft der Geldes ausliefern zu können. Fünf Finger ergeben in Deutschland schon lange keine Faust mehr, sondern sind eben nur fünf einzelne Finger.

Philosophisch bewerkstelligt wird diese Vereinzelung im wesentlichen mit einem asozialen Freiheitsbegriff, der nur *Freiheit wovon*, aber nie *Freiheit wozu* kennt. Das Nietzsche-Wort aus dem *Zarathustra*:

>»Frei nennst du dich?
>Deinen herrschenden Gedanken
>will ich hören und nicht,
>daß du einem Joche
>entronnen bist.«[2]

ist in Konsumistan von bedrückender Aktualität. Die Billardkugel-Gesellschaft des Westens, in der sich die einzelnen Kugeln nur noch berühren, um sich sogleich wieder voneinander abzustoßen, ist auf allen Ebenen geprägt von Widernatürlichkeit. Mobilität geht vor Identität, und der alltägliche Verrat am anderen eröffnet dem Schweinchen Schlau, das heute das Wirtschaftsleben beherrscht, den Weg zum Erfolg. Die permanente Kraft zur Selbstverleugnung, die die Individuen aufbringen müssen, um zu überleben, ist zugleich das Lebenselexier des Kapitalismus. Die Herrschaft des Geldes hat eine seelische Wüste[3] geschaffen, in der der Mensch, bar jeder Zugehörigkeit zu einer gewachsenen Gemeinschaft, auf sich selbst zurückgeworfen wird und als kollektives Wesen verdurstet.

Es gehört zu den besonderen geistesgeschichtlichen Tragödien der Neuzeit, daß die Freiheit des Individuums, die die deutsche Philosophie seit Kant der Welt geschenkt hatte, um die Gemeinschaft durch die Kraft des einzelnen zu stärken, von der Herrschaft des Kapitals dazu mißbraucht wurde, jegliche Gemeinschaft zu vernichten. Und so wurde der Mensch aus dem Subjekt, das zur Gemeinschaft in einem fruchtbaren Spannungsverhältnis steht, zu einem Objekt der Gesellschaft. Das Ursprüngliche im Menschen wurde vernichtet, und seine Gefühle wurden industrialisiert.[4]

Wenn man heute in einem wahrhaft unzeitgemäßen Text, dem *Kommunistischen Manifest*, liest, das Karl Marx und Friedrich Engels vor 150 Jahren in London in deutscher Sprache veröffentlicht haben, ist man erschreckt, wie sehr die dortigen Analysen am Ende des 20. Jahrhunderts ins Schwarze treffen:

»Die Bourgeoisie, wo sie zur Herrschaft gekommen, hat alle feudalen, patriarchalischen, idyllischen Verhältnisse zerstört. Sie hat die buntscheckigen Feudalbande, die den Menschen an seinen natürlichen Vorgesetzten knüpften, unbarmherzig zerrissen und kein anderes Band zwischen Mensch und Mensch übriggelassen als das nackte Interesse, als die gefühllose ›bare Zahlung‹. Sie hat die heiligen Schauer der frommen Schwärmerei, der ritterlichen Begeisterung, der spießbürgerlichen Wehmut in dem eiskalten Wasser egoistischer Berechnung ertränkt. Sie hat die persönliche Würde in den Tauschwert aufgelöst und an die Stelle der zahllosen verbrieften und wohlerworbenen Freiheiten die eine gewissenlose Handelsfreiheit gesetzt. [. . .]

Die Bourgeoisie hat alle bisher ehrwürdigen und mit frommer Scheu betrachteten Tätigkeiten ihres Heiligenscheins entkleidet. Sie hat den Arzt, den Juristen, den Pfaffen, den Poeten, den Mann der Wissenschaft in ihre bezahlten Lohnarbeiter verwandelt.

Die Bourgeoisie hat dem Familienverhältnis seinen rührend-sentimentalen Schleier abgerissen und es auf ein reines Geldverhältnis zurückgeführt. [. . .]

Die fortwährende Umwälzung der Produktion, die ununterbrochene Erschütterung aller gesellschaftlichen Zustände, die ewige Unsicherheit und Bewegung zeichnet die Bourgeoisieepoche vor allen früheren aus. Alle festen eingerosteten Verhältnisse mit ihrem Gefolge von altehrwürdigen Vorstellungen und Anschauungen werden aufgelöst, alle neugebildeten veralten, ehe sie verknöchern können. Alles Ständische und Stehende verdampft, alles Heilige wird entweiht, und die Menschen sind endlich gezwungen, ihre Lebensstellung, ihre gegenseitigen Beziehungen mit nüchternen Augen anzusehen.«[5]

Für die Zerstörung der Gemeinschaft und die weitgehende Bindungsunfähigkeit des westlichen Industrienomaden[6] gäbe es noch viele Anschauungsbeispiele, etwa den Verlust jeglicher Öffentlichkeit jenseits des massenmedialen Monopols[7] oder etwa das traurige Antlitz einer weitgehend grußlosen Gesellschaft, in der es die Menschen nicht nur bei einem Waldspaziergang, sondern sogar in der räumlichen Enge eines Aufzuges vorziehen, wortlos auf den Boden zu schauen, anstatt dem anderen ein freundliches ›Grüß Gott‹ zu entbieten.

Vielleicht ist aber das beste Beispiel für die Grausamkeit, mit der der Kapitalismus die natürlichen Regungen des Menschen zunächst kommerziell verfremdet und sodann vernichtet, das gestörte Verhältnis des westlichen Zeitgenossen zur *Erotik*. Werner Sombart hatte schon 1913 festgestellt, daß sich die Zerrüttung des Seelenlebens im modernen Geldmännlein nirgends so deutlich zeigt wie bei seiner Beziehung zu Frauen:

»Alle Lebenswerte sind dem Moloch der Arbeit geopfert, alle Regungen des Geistes und des Herzens dem einen Interesse: dem Geschäft zum Opfer gebracht. [...]

Zu einem intensiven Erfülltsein mit zarten Liebesgefühlen fehlt diesen Männern ebenso die Zeit, wie zu einem galanten Liebesspiel, und die Fähigkeit der großen Liebesleidenschaft besitzen sie nicht. Die beiden Formen, die ihr Liebesleben annimmt, sind entweder die völlige Apathie oder der kurze äußerliche Sinnenrausch. Entweder sie kümmern sich um Frauen überhaupt nicht, oder sie begnügen sich mit den äußeren Liebesgenüssen, die die käufliche Liebe zu bieten vermag.«[8]

Der Westmensch hat den Sinn für den Zauber der Liebe zweier Menschen zueinander weitgehend verloren. Die Unfähigkeit zu lieben entspricht dabei der Unfähigkeit, sich zu binden. Daß in jedem muffigen Zugabteil und in jedem kaltbestuhlten Eiscafé mehr Erotik in der Luft liegt als in den wohltemperierten Geschäftsräumlichkeiten der Beate Uhse GmbH & Co.KG scheint vergessen. Erotik blüht eben nur in einer Welt, die offen für Träume und Taten ist, die sich befruchten und verändern läßt, die die Hoffnung trägt, die wir mit Kindern in sie setzen.

Die heutige Ökonomiegesellschaft, in der der Einzelne ebenso verkümmert wie die Gemeinschaft, ist das Gegenteil hiervon. Denn im Kapitalismus heißt die einzig mögliche Form des Zeugens: Erzeugen. Und Erzeugnisse gibt es wahrlich schon viel zu viele.

2. Die Macht der Verbände

Daß im Kapitalismus alle Staatsgewalt vom Volke ausginge, daran glauben in diesem Lande nur noch Träger des Bundesverdienstkreuzes, Gemeinschaftskundelehrer und andere unbedarfte Geister. Erstaunlich ist indes, daß den wenigsten bewußt ist, wer statt ihrer bestimmt, was getan und vor allem was gelassen wird.

Dabei ist es gar nicht so schwierig, die Herrschaftslehre des Kapitalismus zu studieren. Geht man wie der Geldmensch von dem Primat des Wirtschaftlichen über alle anderen Lebensbereiche aus, kann es nicht verwundern, daß schließlich ökonomische Gruppeninteressen, organisiert in Verbänden, sowohl den Ton in der öffentlichen Auseinandersetzung als auch den Gang der praktischen Dinge bestimmen. Das Gemeinschaftswohl, die *res publica* der Deutschen, ist bei diesem Kampf der Verbände eine zu vernachlässigende Größe, bestenfalls ein Abfallprodukt.

Wer darüber rätselt, warum nach der Wende 1989 beispielsweise die einmalige Chance versäumt wurde, in den mitteldeutschen Großstädten moderne öffentliche Nahverkehrssysteme einzurichten, muß wissen, daß die Verkehrspolitik in diesem Lande nicht von dem Bundesverkehrsministerium in Bonn[9], sondern von den Vorstandsetagen der Automobilkonzerne in Stuttgart, Wolfsburg und München gemacht wird. Daß unser Land mittlerweile im Blech erstickt, interessiert die Absatzstrategen der Industrie schlicht nicht. Wer sich fragt, warum in der Gesundheitspolitik nahezu alles schief läuft, muß wissen, daß diese nicht Ergebnisse weiser Entscheidungen des Bundesgesundheitsministeriums[9] ist, sondern bestenfalls eine Art Waffenstillstand zwischen den pluralistischen Kampfgruppen von Pharmakonzernen, Krankenkassen und Ärztelobby. Diese Beispiele ließen sich unbegrenzt fortführen.

Wesentlich bleibt: Die politische Einheit geht im Verbändestaat nach und nach unter. Zwischen den Mühlsteinen des pluralistischen Interessenkampfes zerrinnen staatliche Autorität und Loyalität, Beamtentum und Soldatenstand, das Recht und schließlich der Staat selbst. [10]

Die Macht bleibt am Ende allein bei jenen, die über Geld verfügen, mit dem sie weltweit die Menschen und die Staaten oder dem, was von beiden im Kapitalismus übriggeblieben ist, vor sich hertreiben. Noch nie in der Weltgeschichte hat das Kapital[11] ein solch selbstgerechtes und demonstratives Machtbewußtsein an den Tag gelegt wie heute. Nach dem Zerfall des Kommunismus 1989/91, nach dem vermeintlichen »Ende der Geschichte«[12], tobt sich die Macht des Geldes, aller kulturellen, politischen und moralischen Beißhemmungen entbunden, in einer beispiellosen Weise aus.

Die Plutokratie, die Herrschaft des Geldes, ist der Wesenskern des Kapitalismus.

3. Die Macht des Vergessens

Der wohlstandsverstrahlte Neogermane lebt gnadenlos in der Gegenwart. Er ist ein durch und durch geschichtsloses Wesen, ein neuer Kaspar Hauser, unter vollständigem historischen Gedächtnisverlust nicht etwa leidend, sondern die eigene Geschichts- und Lagevergessenheit geradezu genießend. Er verleugnet den jahrhundertelangen Kampf seiner Vorfahren um den Bestand des Reiches, um sich um so hemmungsloser dem Land des widerlichen Lächelns, als das sich die 24-Stunden-TV-Welt heute darstellt, auszuliefern. Fragt man ihn, was seine Heimat sei, wird er sagen: ich liebe die Toskana[13]. Die historische Vergangenheit sieht er so schwarz wie die ökologische Zukunft. Als stets gut informierter Vasall des Marktes weiß er zwar, daß die Mehrzahl von Espresso Espressi heißt, mit den Namen Sedan und Langemarck kann er aber ebenso wenig anfangen wie mit denen von Hölderlin und Schopenhauer. Den ordentlichen Deutschen erkennt man in unseren Tagen vor allem daran, daß er keiner mehr ist.

Wer heute eine gut sortierte Buchhandlung betritt, suche die Abteilung ›Geschichte‹, und er wird feststellen: Neben wenigen Darstellungen über andere Epochen dominieren Bücher über das Thema ›33 bis 45‹. Dabei handelt es sich in der Mehrzahl nicht um historische Beschreibungen, sondern vielmehr um exorzistische Veranstaltungen, in denen laientheologisch geschulte Autoren die sogenannten ›Nazis‹ als exotische Barbaren vorführen und auf breiter Ebene den Ausstieg aus der deutschen Geschichte proben.

Bernard Willms hatte 1982 dieses »klägliche Bemühen, sich selbst aus dem nationalen Schicksal herauszuwinden«, nicht nur als »subjektiv charakterlos«, sondern auch als »objektiv sinnlos« bezeichnet.[14] Gleichwohl frönt der neue Deutsche, der keiner mehr sein will, dem historischen Traditionsabriß mit wachsender Begeisterung. Verseucht durch die wirre Geisteswelt heutiger Sozialkundelehrer, unternimmt man noch nicht einmal den Versuch, vergangene historische Epochen aus sich heraus verstehen zu wollen. Botho Strauß bezeichnet diese species als sogenannte »Katachronisten..., also jene kritischen Gemüter, die jegliches Ereignis der Vergangenheit aus heutiger Erkenntnis bewerten, Geschichte mit dem Zeitgeist kontaminieren, ... alles Ursprüngliche (beurteilen sie) nur nach seinen letzten Ergebnissen, seinen späteren Verirrungen und Verderbtheiten«.[15]

Daß bei einer solchen Arroganz gegenüber dem Lebensschicksal früherer Generationen Soldaten zu Mördern, Mütter zu Gebärmaschinen und Deserteure zu Helden werden, kann dann nicht weiter verwundern. Die willigen Vollstrecker des Geschichtsbilds der anderen haben vergessen, daß nicht nur Bäume Wurzeln haben.

4. Die Macht des Konsums

Wenn es jetzt wieder wärmer wird, kann man ihn wieder am Werke sehen: die Schwundstufe des Menschen, den Konsumbürger. Mit Plastiktüten bewaffnet, trottelt er – vorzugsweise an Samstagen – durch die Shopping-Zeilen[16] in den verfußgängerzonierten Kernen deutscher Großstädte. Von irgendwo angereist, bei sommerlichen Temperaturen kurz behost, ansonsten von dem betörenden Charme langer Trainingshosen umschlottert, sucht er die Öde seines Lebens durch den Erwerb meist belangloser Waren zu betäuben. In den Augen kann man jene gewisse Leere des modernen Freizeitmenschen[17] erkennen, welcher draußen die dramatischen Raffungen des Fernsehens vermißt und offensichtlich nicht weiß, was er nun spielen soll.

Im Westen verwechselt man das Leben mit einer Kette endloser Genüsse, von denen man glaubt, daß sie durch den Verbrauch von Materialien entstehen. Die Descartessche Maxime »cogito, ergo sum« (Ich denke, also bin ich) hat man schon lange aufgelöst in das Credo des Verbrauchers »consumo, ergo sum« (Ich verbrauche, also bin ich). Tatsächlich ist das Denken auf seiten des Konsummenschen weder nötig noch erwünscht. Er läßt in Werbeagenturen, Marketing-Zentralen und TV-Reklamespots für sich denken. Folglich ist es ein Ammenmärchen erster Güte, wenn heute immer noch, sogar an Universitäten, gelehrt wird, bestimmte Produkte würden erzeugt, um die Wünsche des Verbrauchers zu befriedigen. In Wahrheit hat es der Kapitalismus gar nicht mehr nötig, auf den Verbraucher einzugehen. Denn in der neuen postmodernen kapitalistischen Wirtschaft werden Bedürfnisse erzeugt, um das Angebot des Herstellers an den Mann zu bekommen. Aus dem Kunden, der einmal König war, wurde der Verbraucher, der gerne Sklave ist. Was produziert wird, muß schließlich auch konsumiert werden. Die stets gut gelaunte, ›lockere‹ ›Don't-worry-be-happy-Gesellschaft‹ hat sich schon lange dem Konsumdiktat der Mc-World[18], einer Art ökonomischem Super-Versailles, unterworfen.

Diese Knechtschaft unter den Verbrauchermaterialismus verschärft sich in dem Maße, wie derjenige, der sich ihm unterworfen hat, die Maßstäbe dafür verliert, was die Freiheit und die Würde des Menschen ausmacht. Mittlerweile werden in Deutschland bei Renovierungsarbeiten sogar Kirchen und historische Denkmäler von vollumspannenden Werbetransparenten bedeckt, auf denen irgendwelche Rasierwasser oder Frühstücksmargarinen angepriesen werden. Die deutsche Sprache wird bei der unablässigen Steigerung des Konsumabsatzes ebenso zerstört und zerstückelt, wie die großen Religionen dieser Erde durch den Dreck der TV-Welt gezogen werden. Die Kaufhäuser sind die neuen Kathedralen des Westens.[19]

Der Konsummensch läßt das alles über sich ergehen. In seinem Inneren ganz und gar »verhausschweint« (Konrad Lorenz), läßt er sein ganzes Leben medial formen. Er lebt nicht, er wird gelebt. Er wird als Mensch nicht gebraucht, sondern verbraucht. Von den unsichtbaren Fesseln des Marktes ist der *homo oeconomicus* so umgarnt, daß er glaubt, er müsse viel verdienen, um viel konsumieren zu können. Daß das West-Leben viel kostet und nichts wert ist, hat ihm noch niemand gesagt.

5. Die Macht der Gewalt

Bei der Skrupellosigkeit, auf die es im ökonomischen Konkurrenzkampf ankommt, kann es nicht verwundern, daß die Herrschaft des Kapitals einhergeht mit einer noch nie dagewesenen Herrschaft der Gewalt. Eine im Inneren zerstörte menschliche Gemeinschaft, in der das Geld das Recht beerbt hat, bringt zwangsläufig alle Facetten des Hasses hervor. Davon ist die Gewaltkriminalität nur eine. Entgegen einer weitverbreiteten liberalen Politlüge handelt es sich hierbei nicht etwa um eine bedauerliche Begleiterscheinung einer ansonsten intakten Gesellschaft. Richtig ist das Gegenteil: Das beständige Wachsen der organisierten und unorganisierten Kriminalität zeichnet wie ein Seismograph den Zerstörungsgrad der verbliebenen Ordnungsreste des Westens auf. Wer wissen will, was uns auf diesem Gebiet alles noch bevorsteht, sollte einen Blick in das Land werfen, mit dem uns nach Ansicht der herrschenden Klasse Großwestdeutschlands eine unverbrüchliche Wertegemeinschaft verbindet.

In den USA werden jährlich 650 000 Schüsse aus Handfeuerwaffen in der Absicht abgegeben, einen Menschen zu töten. Für junge Männer zwischen 15 und 25 Jahren ist dort die Todesursache Nr. 1 das Ermordetwerden, noch lange vor Verkehrsunfällen oder Krankheiten[20]. Die flächendeckende Durchziehung des öffentlichen Lebens von mafiotischen Strukturen, die die Vereinigten Staaten spätestens seit der Prohibition kennzeichnet und die auch bei uns zwischenzeitlich unvorstellbare Ausmaße angenommen hat, soll an dieser Stelle nur angesprochen werden.

War früher einmal Sicherheit – gerade für die Schwachen: Kinder, Frauen, Alte und Gebrechliche – *das* öffentliche Kennzeichen jeder Gemeinschaft, so hat sich der Schutz vor Kriminalität im Kapitalismus zu einer Ware wie jede andere entwickelt, eine Ware, die nur derjenige erwerben kann, der über Geld, und zwar viel Geld, verfügt, um sich sein privates Ghetto mit Stahltüren, Stacheldrahtzäunen, Videoanlage, Wachdiensten usw. zu zimmern. Wer sich das nicht leisten kann, kann nur darauf hoffen, daß es sich nicht lohnt, ihm den Hals abzuschneiden[21].

Die Bevölkerung – von einem Volk spricht der Kapitalismus nicht mehr – spürt das Herandräuen solcher bürgerkriegsähnlichen

Szenarien übrigens viel besser, als manche glauben. Die Konjunktur, die in den letzten Jahren Schützenvereine und asiatische Kampfsportclubs haben, läßt sich jedenfalls schwerlich allein mit Traditions- und Sportbegeisterung erklären.

Diese Tatsachen, die für sich schon traurig genug sind, werden nur noch überboten von dem institutionalisierten Un*willen* des Kapitalismus, der grenzenlosen Verrohung des menschlichen Zusammenlebens Einhalt zu gebieten. Tatsächlich holt sich ja der kriminelle Einzelkämpfer mit der Pistole nur das, was sich der ökonomische Einzelkämpfer in der Wolfsgesellschaft[22] ständig holt. Kategorien des Rechts wachen schon lange nicht mehr über die Unterschiede zwischen dem Faustrecht der Straße und der Willkür des Geschäftslebens.

Bei diesem Befund kann es nur noch arglose Bankangestellte schockieren, daß Kapitalismus und Kapitalverbrechen dieselbe etymologische Wurzel haben, nämlich: lat. *caput* = Haupt. *Kapitalismus* läßt sich zurückführen auf die *Haupt*summe bzw. *Haupt*schuld (*capitale debitum*), die von den Zinsen zu unterscheiden ist. Als *Kapitalverbrechen* wurden in vorliberalistischer Zeit jene Straftaten bezeichnet, die gegen das *Haupt* des anderen gerichtet waren (Mord, Mordversuch) und somit das eigene *Haupt* kosteten (*capitis poena*). Daß man heute als freier Verbraucher vierjährige Mädchen vergewaltigen und zerstückeln kann, um später nach geltendem Strafvollzugsrecht auf Steuerzahlerkosten gegen die ›Einschränkung‹ des eigenen Briefverkehrs durch die Gefängnisverwaltung prozessieren zu können, kennzeichnet den Verwesungsgeruch der westlichen ›Freiheit‹.

6. Die Macht der kinderlosen Greise

»Mit 66 Jahren fängt das Leben erst an«, hatte Udo Jürgens in einem seiner Schlager vor langen Jahren geträllert. Das war damals noch ironisch, zumindest grotesk gemeint. Heute kann man mit dieser Strophe eines der wesentlichen Strukturelemente des sogenannten Sozialstaates beschreiben: die Rücksichtslosigkeit des herrschenden Seniorenkults gegenüber den kommenden Generationen.

Daß in einem politischen Gemeinwesen die Majorität bei Leuten liegt, die den größten Teil ihres Lebens schon hinter sich haben, ist nichts Neues und auch nichts Verwerfliches. Neu ist indes, daß dieser Befund dazu mißbraucht wird, die Generationen auseinanderzudividieren, indem man eine aggressive Politik der Rentnerfreundlichkeit und Kinderfeindlichkeit betreibt.

Das entscheidende Korruptionsangebot, das der Kapitalismus dem heutigen Geldmenschen macht, ist die Aussicht, »den lästigen Aufwand für die Kinder zu sparen, ohne damit die Aussicht auf einen standesgemäßen Lebensabend zu verlieren. Im Gegenteil: Wer mit dem Strom schwimmt, wird gleich zweimal belohnt, zunächst durch ein höheres Berufseinkommen und später dann, im Alter, durch eine Rente, die um das Zehn- oder Zwanzigfache über dem liegt, was eine Mutter zu erwarten hat. Die Kinder müssen nicht nur für ihre eigenen Eltern aufkommen, sondern auch für eine unbekannte, aber ständig wachsende Menge von Leuten, die den Witz des Systems verstanden haben und da ernten, wo sie nicht gesät haben. In einer auf Selbstverwirklichung und den Genuß der Gegenwart eingeschworenen Zeit ist das eine Chance, die sich die wenigsten entgehen lassen. Diese Schieflage, die ganz entscheidend zum grotesk verzerrten Altersaufbau in Deutschland beigetragen hat, wird beständig weiter verschärft«.[23]

Wer Kinder hat, kann nicht rechnen. Diese einfache ökonomische Weisheit des modernen Kapitalismus hat sich herumgesprochen. Wenn ich heute mit meiner Frau oder auch einem Geschäftspartner in ein neues Lokal allein zum Essen gehe, bin ich ein gern gesehener und angesehener Gast. Betrete ich aber das gleiche Lokal mit unseren Kindern und ihrer Mutter, macht sich der Wirt schon beim Öffnen der Eingangstür Gedanken um meine Zahlungsfähigkeit und sehnt sich nach dem Zeitpunkt, an dem ich die Tür wieder von außen zumache.

Das sind die Ergebnisse einer Rentenpolitik, die seit Jahren gezielt ein Wählerklientel bedient, das nach der Devise lebt »Vor mir der nächste Karibik-Urlaub und nach mir die Sintflut«. Um die abbröckelnde politische Macht zu erhalten, ist daher für die herrschende Klasse nichts wichtiger, als diese gelebte Verantwortungslosigkeit in Wählerstimmen umzumünzen. Sozial ist, wenn der andere bezahlt (Milton Friedman), und der andere, das ist im Lande der Überschuldungsritter und Wechselreiter die kommende Generation und sonst niemand.

Die herandräuende Seniorendiktatur à la Blüm[24] gipfelt zwischenzeitlich darin, von jungen Arbeitnehmern Beiträge zur sogenannten ›Rentenversicherung‹ zwangsweise einzuziehen und ihnen gleichzeitig zu eröffnen, für ihr eigenes Alter müßten sie aber gefälligst selbst sorgen. Mit welchem Geld das geschehen soll, wird nicht gesagt.

Daß eine solche Politik, die »den Jungen nimmt, um den Alten zu geben, ohne darauf zu achten, was diese Alten zuvor für die Jungen getan haben«[25], die Zwietracht zwischen den Generationen sät, bedarf keiner Erläuterung. Es kann daher nicht verwundern, daß dieses engagierte Bemühen um den Standort Seniorenheim[26] ausgerechnet von jenen graumelierten 68ern ausgeht, die schon einmal den Haß zwischen den Generationen in Deutschland geprobt haben. Hatte es damals geheißen: »Trau keinem über 30«, handelt man jetzt nach der Devise »Trau keinem unter 60«.[27]

Wenn in den kommenden Monaten das Kampfgetöse der Bundestagswahl stärker wird, kann man sie wieder vernehmen: die abgedroschenen Zukunftsparolen des Establishments. »Daß Deutschlands Kapital nicht seine Bodenschätze sind, sondern der Einfallsreichtum und die Originalität, der Fleiß und die Entdeckerfreude seiner Einwohner, kann man in jeder Parteiversammlung hören. Daß diese Eigenschaften aber nicht gleichmäßig über die Spanne des Lebens verteilt sind, sondern aus höchst natürlichen Gründen ein Vorrecht der Jugend sind, das hört man selten oder nie.«[28]

Auf die Dauer freilich wird sich die Jugend ihr Recht und ihre Chancen von dem Greisenkartell des Kapitalismus nicht nehmen lassen. Ob das Ende einer Politik, die »den Rentnern ein warmes, den Eltern ein laues und den Kindern ein kaltes Herz zuwendet«,[29] durch Mehrheitsentscheidungen eingeläutet wird, darf füglich bezweifelt werden. Gerade an dieser Stelle entpuppt sich der Kapitalismus als eine Ansammlung von Gewitterwolken, die nach Entladungen schreien. Ob dieses Land indes das Quantum an Blitzschlag, das es benötigen würde, auch verträgt, weiß niemand. Klar ist nur, daß wir im 21. Jahrhundert vor Umbrüchen stehen, gegen die die Französische Revolution von 1789 und die Russische Revolution von 1917 noch als ausgesprochen lendenlahme Veranstaltungen erscheinen werden. In diesen Stahlgewittern wird nur der bestehen können, der auf der Höhe seiner Zeit und doch gegen seine Zeit lebt, ganz im Geiste Gottfried Benns, der einmal gedichtet hatte:

»So sprach das Fleisch zu allen Zeiten:
nichts gibt es als das Satt- und Glücklichsein!
Uns aber soll ein anderes Wort begleiten:
das Ringende geht in die Schöpfung ein.

Das Ringende, von dem die Glücke sinken,
das Schmerzliche, um das die Schatten wehn,
die Lechzenden, die aus zwei Bechern trinken,
und beide Becher sind voll Untergehn.

Des Menschen Gieriges, das Fraß und Paarung
als letzte Schreie durch die Welten ruft,
verwest an Fetten, Falten und Bejahrung,
und seine Fäulnis stößt es in die Gruft.

Das Leidende wird es erstreiten,
das Einsame, das Stille, das allein
die alten Mächte fühlt, die uns begleiten –:
und dieser Mensch wird unaufhörlich sein.«[30]

1. Nicht die wenigsten Schieflagen der (ver)öffentlich(t)en Meinung in Deutschland sind auf das ebenso einseitige wie einschläfernde Bemühen der benachrichtigenden Klasse zurückzuführen, staatstragenden Journalismus zu betreiben. Hat diesen Herrschaften noch niemand gesagt, daß der normale Zeitungsleser von Bordeaux bis Bombay bei seiner täglichen Lektüre nur eine Zeitung halten, nicht aber einen Staat tragen will?
2. Friedrich Nietzsche, *Also sprach Zarathustra* (1883), *Kritische Studienausgabe* (Colli/Montinari), Band 4, München 1988, S. 81.
3. Erschütternd aktuell die Beobachtung des preußischen Juden Hans-Joachim Schoeps, der es im Jahre 1951 fertigbrachte, gegen den Strom der in Amt und Würden befindlichen Remigranten und der übergelaufenen Ex-PGs nebst ihren alliierten Schutzengeln in der Erlanger Universität einen Festakt zum 250. Geburtstag Preußens zu inszenieren und der in seinem Buch *Die letzten dreißig Jahre*, 1956, resümiert hatte: »Das Zeitalter gehört den Kümmerlingen und der Jagd

der kleinen Leute nach dem kleinen Glück. Ein großes Spiel wagt niemand mehr. Hohe Gedanken und noble Gesinnungen werden rar. Man muß abseits der großen Landstraße auf die Suche gehen. Der Menschentypus, für den ich spreche, ist heute völlig isoliert und unverstanden. Das wird ertragen werden müssen. Aber eines bleibt dennoch: Der Appell des Königs von Preußen, der quer durch die Jahrhunderte hindurch seine Leute zum Dienst ruft, ist auch in Zeiten zu vernehmen, die ohne Sonne sind. Wenn ich für die Zukunft noch einen Wunsch habe, dann einen ganz unbescheidenen: daß ich gern noch einmal durch Potsdams Straßen gehen und das alte Glockenspiel der Garnisonkirche wieder hören möchte oder auf der Marienburg stehen, um den schwarzen Adler mit den zwei Farben im Winde flattern zu sehen, unter denen schon die Ordensritter Preußens für das Reich gestritten haben.«

4. Giselher Wirsing, *Das Zeitalter des Ikaros,* Jena 1944, S. 115 ff.

5. Karl Marx und Friedrich Engels, *Das Kommunistische Manifest* (1848) in: *Marx-Engels-Gesamtausgabe.*

6. Vgl. Reinhold Oberlercher, *Lehre von Gemeinwesen,* Berlin 1994, S. 84 ff.

7. Die Fernsehdiktatur läßt sich in Abwandlung eines alten römisch-rechtlichen zivilprozessualen Grundsatzes zusammenfassen in dem Satz »Quod non est in televisione, non est in mundo« (auf berlinerisch: »Was nich is in der Glotze, das is och wirklich nich«). Dem entspricht das Credo des Ergonormalfernsehgermanen: »Televideo, ergo sum« (Ich sehe fern, also bin ich). Daß in dieser TV-Scheinwelt nicht Clint Eastwood oder Leni Riefenstahl und schon gar nicht die Brillanz des japanischen heroischen Films dominieren, dafür bürgen Alfredissimo Biolek und die anderen Großwesire des öffentlich-rechtlich wie privat im selben Maße gleichgeschalteten Fernsehens, dessen aufwendige technische Zubereitung via Satellit und Kabel in einem bemerkenswerten Gegensatz zu der Erbärmlichkeit seiner Inhalte steht.

8. Werner Sombart, *Der Bourgeois – Zur Geistesgeschichte des modernen Wirtschaftsmenschen* (1913, Neuausgabe Reinbek bei Hamburg 1988, S. 176).

9. Die alte Lehrerweisheit aus der *Feuerzangenbowle:* »Am vielen Lachen erkennt man den blöööden Menschen« beherzigt in Telegenistan niemand mehr. Wenn die für Verkehr und Gesundheit (derzeit) zuständigen Minister bei ihren abendlichen Interviews immer so angestrengt lächeln, dann vor allem, weil sie wenig zu sagen haben. Wenn die von den Verbänden abgesegneten Gesetzesvorgaben der Industrie in ihren Ämtern in den Posteinlauf kommen, besteht allenfalls noch

Kostümierungsbedarf, damit ›draußen im Lande‹ der (falsche) Eindruck erhalten bleibt, Politik würde von Politikern gemacht. Tatsächlich wird ein Minister heute so von seinen Pflichten im alltäglichen
Intrigenspiel der angeblich herrschenden Klasse in Anspruch genommen, daß er für Politik gar keine Zeit hat. Vgl. Franz Werfel, *Eine blaß-
blaue Frauenschrift* (Buenos Aires 1941, Neuausgabe Fischer Verlag 1996,
S. 65): »Gleich den anderen höchsten Beamten des Staates hegte der
Sektionschef keine besondere Hochachtung für die Herren Minister.
Diese wechselten nämlich je nach Maßgabe des politischen Kräftespiels,
er aber und seine Kollegen blieben. Die Minister wurden von den Parteien empor- und wieder davongespült, luftschnappende Schwimmer
zumeist, die sich verzweifelt an die Planken der Macht klammerten.
Sie besaßen keinen rechten Einblick in die Labyrinthe des Geschäfts-
ganges, keinen Feinsinn für die heiligen Spielregeln des bürokratischen
Selbstzwecks. Sie waren nur allzuhäufig wohlfeile Simplisten, die
nichts andres gelernt hatten, als in Massenversammlungen ihre ordi-
nären Stimmen anzustrengen und durch die Hintertüren der Ämter
lästige Interventionen für ihre Parteigenossen und deren Familienan-
hang auszuüben.«
Das letzte aktuelle Beispiel für den gelebten Parlamentarismus à la
Süßmuth: Am 5. 3. 1998 hat der Deutsche Bundestag das Transport-
rechtsreformgesetz verabschiedet, die gravierendste Veränderung des
Handelsgesetzbuches (HGB) seit dessen Verkündung im Reichsgesetzblatt am 10. 5. 1897, ein Gesetz, das in grundlegender Weise die
rechtlichen Rahmenbedingungen vor allem des gewerblichen Trans-
ports in Deutschland verändert. Bei den drei der ›Verabschiedung‹
vorangegangenen ›Lesungen‹, die dieses Gesetz betrafen, wurde keine einzige Rede gehalten, eine Debatte fand schlicht nicht statt. Als
besondere Groteske kann gelten, daß einzelne Parlamentarier ihre
vorbereiteten schriftlichen Redemanuskripte am Ende bei der Bun-
destagsverwaltung ›zu Protokoll‹ abgaben (*Deutsche Verkehrs-Zeitung*
vom 26. 3. 1998). Und es soll noch Leute geben, die glauben, der Souverän säße im Parlament.
    10. Vgl. Carl Schmitt, *Staatsethik und pluralistischer Staat* (1929), in:
Carl Schmitt, *Positionen und Begriffe im Kampf mit Weimar-Genf-Versailles*
(1940), Berlin 1988, S. 133–145; ders., *Der Hüter der Verfassung* (1931),
Berlin [3]1985, S. 71 ff.
    11. Um zu erkennen, daß die ungehemmte Anhäufung von Kapi-
tal und Produktionsmitteln wider die Natur und sogar wider die Natur des Menschen (was leider nicht mehr dasselbe ist) ist, bedarf es
keines marxistischen Herzblutes. Man muß nur die kalte und ehrliche

Luft der philosophischen Einsamkeit lieben, die auch außerhalb der Gemeindegrenzen von Sils-Maria/Oberengadin weht: Georges Bataille, *Die Aufhebung der Ökonomie*, München ²1985, siehe insbesondere S. 72 ff.: Der verfemte Teil; kongenial dazu: Gerd Bergfleth, *Theorie der Verschwendung*, München ²1985.

12. Vgl. zu diesem ahistorischen Fukujama-Unsinn nur: Panajotis Kondylis, *Planetarische Politik nach dem Kalten Krieg*, Berlin 1992, und Helmut Simon, »Das Imperium Americanum im 20. Jahrhundert und sein Verhältnis zu den europäischen Mächten«, in *Deutsche Geschichte. Zeitschrift für historisches Wissen*, Bd. XXX, Berg 1997, S. 35–55.

13. Daß der Staat Italien eine Frucht des nicht übermäßig demokratischen Risorgimento ist, weiß die Toskana-Fraktion nicht. Im übrigen genügt ein Vergleich der Physiognomien eines Cavour oder eines Mazzini mit einem Lafontaine oder einem Joschka Fischer, um das unendliche geschichtliche Niveau-Gefälle zu ermessen. Der Rest ist Schweigen.

14. Bernard Willms, *Die Deutsche Nation*, Köln-Lövenich 1982, S. 192.

15. Botho Strauß, *Die Fehler des Kopisten*, München–Wien 1997, S. 111.

16. Über das Phänomen der sogenannten ›Shopoholics‹, also von Menschen, die ständig den aggressiven Kaufzwängen des Kapitalismus erliegen und durch den ununterbrochenen Erwerb von Tand sich und andere ruinieren, konnte man vielleicht vor zehn Jahren noch lächeln. Wer einmal das menschliche Elend, das sich hinter dieser Kaufsucht verbirgt, erlebt hat, kann nicht mehr lachen.

17. Aus dem Ethos der Arbeitserfüllung wurde die Armut der ›Leerzeitausfüllung‹ (Carl Schmitt, *Glossarium, Aufzeichnungen der Jahre 1947–1951*, Berlin 1991, S. 263). Ist es ein Zufall, daß der heutige Mensch, der – geistig wie körperlich – keine Gestalt hat und nicht weiß, was Freiheit ist, soviel von ›Freizeitgestaltung‹ spricht?

18. Benjamin R. Barber, »Djihad und McWorld – Der Mythos von der regulativen Kraft des Marktes«, in *Frankfurter Allgemeine Zeitung* vom 24. 7. 1996, S. 9; ders., »Kapital versteht nichts von den Genüssen des Lebens«, in *Frankfurter Allgemeine Zeitung* vom 8. 1. 1998, S. 32; Panajotis Kondylis, »Globale Mobilmachung«, in *Frankfurter Allgemeine Zeitung* vom 13. 7. 1996, S. 27.

19. Wie aus einem alten Samuraivolk ein Opfer des ›konfuzianischen Kapitalismus‹ wurde, beschreibt: Florian Coulmas, »Die Träume, die Waren und der Müll«, in *Frankfurter Allgemeine Zeitung* vom 18. 4. 1998.

20. Erfrischend überzeichnend und materialreich: Rolf Winter, *Gottes eigenes Land? – Werte, Ziele und Realitäten der Vereinigten Staaten von*

Amerika, Hamburg 1991. Daß ein ehemaliger *Stern*-Chefredakteur der Flakhelfergeneration in vorgerücktem Alter in solch rigider Weise die Eierschalen des bundesrepublikanischen Selbstbetruges abzustreifen in der Lage ist, läßt noch einiges erwarten; zu dem hierzu analogen Ausstieg aus den Lebenslügen des BRD-Kulturbetriebes immer noch unübertroffen: Hans Jürgen Syberberg, *Vom Unglück und Glück der Kunst in Deutschland nach dem letzten Krieg*, München 1990.

21. Der seit Thomas Hobbes eherne Zusammenhang zwischen Schutz und Gehorsam, ist *das* Kennzeichen eines Staates. Zerfällt dieser Zusammenhang, zerfällt auch der Staat. Der geschulte Blick des staatsrechtlichen Zoologen kann diese Entwicklung in den Landkartenfetzen, die einmal Deutschland waren, in den letzten 30 Jahren beständig verfolgen.

22. Dieser Begriff ist selbstredend politisch und nicht zoologisch gemeint. Bei Wölfen gibt es nämlich noch die Hegung des Krieges, die dem *homo sapiens* spätestes seit 1917 entglitten ist. Die wölfische Unterlegenheitsgeste, das Zeigen des schutzlosen Halses, das im Tierreich das Ende des Kampfes markiert, wird im Kapitalismus geradezu als Einladung aufgefaßt, um richtig zuzubeißen. Dazu paßt, daß das Buch zum Thema: Carl-Friedrich Berg, *Wolfsgesellschaft – Die demokratische Gemeinschaft und ihre Feinde* (Tübingen 1995) sich in die mittlerweile endlose Reihe der Bücher eingeordnet hat, die im Gegenhitlerland verboten sind und einer technisch verfeinerten Bücherverbrennung mittels Müllverbrennungsanlagen unterfallen. Diese orwellartigen Zustände steigern sich ins Unerträgliche, wenn der Herr Bundespräsident angesichts der verwalteten Verhältnisse in Deutschland auch noch glaubt, ein altes Kulturvolk wie die Perser in Sachen Meinungsfreiheit schulmeistern zu müssen.

23. Konrad Adam, *Die Ohnmacht der Macht – Wie man den Staat ausbeutet, betrügt und verspielt*, Berlin 1994, S. 55.

24. Nach einer luziden Beobachtung Ernst Jüngers aus dem Zweiten Weltkrieg sind »die Charaktere der Typen, die den groben historischen Vorgang tragen, . . . nach folgendem Rezept komponiert: technische Intelligenz, Dummheit, Gutmütigkeit, Brutalität zu je einem Viertel – das ist die Mischung, ohne deren Kenntnis man nie die Widersprüche der Zeit begreifen wird«. (ders., *Strahlungen*, Tübingen [5]1955, S. 490). Gegen dieses Rezept, bei dem Jünger die braunen Goldfasane vor Augen hatte, kann man angesichts der schwarzrotgrüngelben Talkshow-Fasane allenfalls einwenden, daß noch zwei weitere wichtige Gewürze fehlen: Mittelmäßigkeit und Unterwürfigkeit, die im fremdbestimmten Deutschland zur Jahrhundertwende offenbar glän-

zend harmonieren. Wenn dieses Personal à la Pflüger im Herbst wieder von mehr als zwei Drittel der Wahl*berechtigten* in seinen Pfründen bestätigt wird, dann muß der Schluß erlaubt sein, daß es die *classe politique* offensichtlich versteht, zwischen der Mittelmäßigkeit der Gewählten und der Mittelmäßigkeit der Wähler im wahrsten Sinne des Wortes eine Wahlverwandtschaft zu inszenieren.

25. Konrad Adam, *Für Kinder haften die Eltern – Die Familie als Opfer der Wohlstandsgesellschaft*, Weinheim / Berlin 1996, S. 72.

26. In einem ›Staat‹, in dem die Praxen der Gerontologen boomen und in dem die Kinderärzte nur noch dank unserer ausländischen Mitbürger überleben können, darf man sich nicht wundern, wenn nach und nach alles Leben veralzheimert. Wenn dann noch Anlageberater ihrer besorgten Kundschaft empfehlen, Aktien von Unternehmen zu erwerben, die den Greisenkult kommerzialisieren (Entsorgung von Oma und Opa in der Seniorenheim AG), weiß man, wie die Zukunft im Lande der grauen Panther aussehen soll.

27. Vgl. Botho Strauß, *Die Fehler des Kopisten*, München–Wien 1997, S. 87: »Ein hohes Ansehen genoß das Alter in Gesellschaften, in denen man früh starb. Wer überlebte, alt wurde, galt als der Bessere. Die demographische Entwicklung in unseren Breiten löst die *Aristokratie des Alters* für immer auf. Die schrecklichste aller Mehrheiten, die Massengesellschaft der Greise, die ohne Nutzen für irgend jemanden und, sofern es sich demnächst um meine Generation handelt, auch ohne nennenswerte Lebenserfahrung ihren endlosen Abendfrieden genießen, zehrt vom Blut der Kinder – viele bilden schon als Dreijährige den Gesichtsausdruck der künftigen Mehrheit aus: uralt.«

28. Konrad Adam, aaO. (Anm.24), S. 70.

29. Ebenda, aaO S. 73.

30. Gottfried Benn, »Knabenchor« (1931), in *Sämtliche Werke*, Gedichte Band I, Stuttgart 1986, S. 139 f.; Ernst Jünger schrieb am 11. 11. 1934 an seinen Bruder Friedrich Georg: »Das revolutionäre Stadium, in das wir eingetreten sind, kann nur durch tiefere Kräfte bestanden werden, als durch die rhetorischen, literarischen oder ideologischen – es prüft uns in der Substanz. Man muß jetzt das Blatt aufdecken und zeigen, wer man ist. In einem Zustand des üblen Spukes und des Betruges wird der Gedanke rein dadurch gefährlich, daß er richtig ist, und Geister, die das rechte Maß besitzen, wirken wie Spiegel, in denen sich die Nichtigkeit der Schattenwelt enthüllt. Ein logischer Gedanke, ein reines Metron, eine edle Tat, ja selbst die Nichtbeteiligung am Niedrigen – das sind heute die Dinge, die sich erheben wie drohende Waffen, die um so schärfer wirken, je weniger man sie

auf die Zeit bezieht.« (erstmals nach dem Tode Ernst Jüngers veröffentlicht in: *Criticón*, Nr. 157, Januar/Februar/März 1998, S. 21). Das berühmte, ebenso wunderbar-elitäre wie erschütternd-politikferne Diktum Ernst Jüngers aus dem *Abenteuerlichen Herz:* »Man kann sich heute nicht in Gesellschaft um Deutschland bemühen; man muß es einsam tun wie ein Mensch, der mit seinem Buschmesser im Urwald Bresche schlägt und den nur die Hoffnung erhält, daß irgendwo im Dickicht andere an der gleichen Arbeit sind.« (Erstfassung 1929, Neuauflage Stuttgart 1987, S. 94) kann damit zwar nicht *ad acta* gelegt werden, es verliert aber seine heute mißverständliche individualistische Tonlage.

Thesen zum Kapitalismus

1. Der Kapitalismus ist die Sintflut der Äußerlichkeit. Der moderne Mensch kaschiert mit all seinem Mammon und Tand nur seine innere seelische und geistige Unterernährung.

2. Der Kapitalismus ist die Wurzel der Zerstörung der natürlichen Lebensgrundlagen auf dieser Erde. Der maß- und ortlose Wachstumsfetischismus, dem der Westen sich auf Gedeih und vor allem auf Verderb verschrieben hat, hat die alte Indianerweisheit vergessen, daß man Geld nicht essen kann.

3. In dem Maße, wie der Kapitalismus dem Einzelnen seine Würde nimmt, zerstört er jede menschliche Gemeinschaft. Der Kapitalismus verkürzt die Vielfalt menschlichen Wesens auf das Wirtschaftliche, Nützliche und Triebhafte. Daß in einer solchen platten Zweckwelt der Minderwertige auf allen Feldern herrscht, kann nicht verwundern.

4. Neben einer charakterlichen Gegenauslese ist die wesentliche soziologische Folge des Kapitalismus die Massengesellschaft der kinderlosen Greise, die auf Kosten der kommenden Generationen ihrem endlosen Abendfrieden entgegendämmert. Diese gelebte Alzheimer-Verantwortungslosigkeit in Wählerstimmen umzumünzen, ist das Credo der heutigen *classe politique*. Unter anderem daran wird sie zugrunde gehen.

5. Das tragende Herrschaftselement des Kapitalismus ist die Vereinzelung. In der Billardkugel-Gesellschaft des Westens, in der sich die einzelnen Kugeln nur noch berühren, um sich sogleich wieder voneinander abzustoßen, wird der Mensch, bar jeder Zugehörigkeit

zu einer gewachsenen Gemeinschaft, auf sich selbst zurückgeworfen und verdurstet als kollektives Wesen.

6. Kapitalismus und Liberalismus sind siamesische Zwillinge. In der Weise, wie jener jede gewachsene Wirtschaftsordnung zerstört, verätzt dieser die natürliche Gemeinschaftsordnung des Menschen.

7. Politisch gekennzeichnet ist der Kapitalismus von der Herrschaft der Verbände. Bei ihrem tagtäglichen Gescharre ist das Gemeinschaftswohl des Staates, die *res publica* des Volkes, eine zu vernachlässigende Größe, bestenfalls ein Abfallprodukt. Zwischen den Mühlsteinen des pluralistischen Interessenkampfes zerrinnen staatliche Autorität und Loyalität, Beamtentum und Soldatenstand, das Recht und schließlich der Staat selbst.

8. Kapitalismus und Demokratie sind wie Feuer und Wasser. Entweder herrscht das Geld oder das Volk. Einen Mittelweg gibt es nicht.

9. Kapitalismus und Unrecht sind Brüder im Geiste. In dem Stil, wie der materiell Überlegene in das Warenregal von Schlaraffia greift, holt sich der Gesetzlose, was er braucht. Eine Ordnung des Rechts, die zwischen beiden unterscheiden würde, gibt es im vollendeten Kapitalismus nicht mehr.

10. Der Kapitalismus lebt vom Primat des Wirtschaftlichen über das Politische. Dadurch verschwindet aber nicht das Politische aus der Welt, sondern nur die Völker, die nicht willens oder fähig sind, dem Diktat der *gobal players* Paroli zu bieten.

11. Das Geld und das ökonomische Interesse, die heiligen Kühe des unheiligen Kapitalismus, tragen keine Gemeinschaft, am wenigsten einen Staat. Der Mensch ist in seinem Kern kein kalkulierendes, sondern ein von Gefühlen beherrschtes Wesen. Zorn und Hoffnung, Liebe und Verachtung, Trauer und Glaube an eine große Sache werden auch in Zukunft mehr zählen als die Börsenfieberkurve irgendwelcher Weltkonzerne.

12. Die ökologischen und sozialen Katastrophen des 21. Jahrhunderts, die der Kapitalismus zu verantworten haben wird, werden zu einer Renaissance der Völker und der Religionen auf dieser Erde führen. Daß in dieser kommenden Welt das Geld das Maß aller Dinge bleibt, steht nicht zu erwarten.

13. Im Gegensatz zum Kommunismus, der infolge ökonomischer Unfähigkeit implodiert ist, wird der Kapitalismus aufgrund politischer Unfähigkeit explodieren. Einen Gorbatschow des Westens,

der den Konkurs des Kapitalismus im 21. Jahrhundert schonend abwickeln könnte, wird es nicht geben.

14. Die Deutschen sind politisch ein geduldiges Volk, allerdings nur bis zu dem Tage, an dem sie diese Geduld verlieren. Das hat zuletzt der 9. November 1989 bewiesen, als die Mitteldeutschen als erste das kommunistische Joch abgeworfen haben. Die Deutschen haben auch das Zeug dazu, der kaltgekachelten Konsumwelt des Westens den dieser gebührenden 9. November zu bereiten. Sie müssen es nur wollen.

15. Die Kapitalismuskritik in Deutschland ist heute intellektuell verwaist. Die Gretchen-Frage für die politische Rechte in diesem Lande wird sein, ob es ihr gelingt, die Position des Antikapitalismus aus den Traditionsbeständen der beamteten APO-Opas herauszubrechen, um sie mit nationalen Inhalten aufzuladen. Entweder es kommen endlich die ›linken Leute von rechts‹, oder es kommen keine Leute von rechts.

Gedankenfreiheit?! Notwendige Anmerkungen zur praktizierten Meinungs- äußerungsfreiheit in Deutschland

Dr. Claus Nordbruch[1]

1. Was ist Meinung?

Der bloße Begriff ›Meinung‹ ist zunächst einmal ein hohler. Meinung selbst ist oft emotional und propagandistisch lenk- und formbar und widerspiegelt ein undurchsichtiges Konglomerat aus Erdachtem, Angelesenem, Anerzogenem, Erwünschtem, Gehaßtem usw. Halbwahrheiten, Diffamierungen, Verschweigen von Tatsachen usw. spielen im Meinungsbildungsprozeß zwar eine elementare Rolle, nur zum eigenverantwortlichen objektiven Urteilen tragen diese Faktoren herzlich wenig bei. Das Suggerieren sogenannter Meinungen hat nichts mit Gedankenfreiheit zu tun.

Nicht jede Äußerung des Individuums kann jedoch als Meinung gelten. Andere menschliche Kundgebungen sind beispielsweise die unwillkürlichen Ausdrücke des Schmerzes, der Trauer, der Freude oder der Überraschung. Weiters gibt noch keine Meinung jemand von sich, der fremdes Gedankengut, das heißt Gedankenarbeit Dritter oder Tatsachen, verbreitet, wie beispielsweise ein Nachrichtensprecher oder der Erzähler eines Witzes. Damit menschliche Äußerung als Meinungsäußerung akzeptiert werden kann, ist es notwendig, daß sie vom Willen des Äußernden gekennzeichnet ist.

Unter dem Begriff ›Meinung‹ wollen wir deshalb Stellungnahmen, Anschauungen, Einschätzungen, Auffassungen und Wertungen verstehen. Wir schließen uns hier insbesondere dem Urteil des Bundesverfassungsgericht an, das bezüglich Werturteilen ausdrücklich »wertende Betrachtungen von Tatsachen« einbezieht, wobei es unerheblich ist, ob diese Meinungen ›richtig‹ oder ›falsch‹, ›emotional‹ oder ›rational‹ begründet sind, da sie notwendigerweise subjektiv sind.[2]

Die Bildung einer eigenen Meinung, verstanden als Ergebnis eines rationalen Denkvorganges, erfordert eine umfassende Vergleichs- und Abwägungsbasis. Die gründliche Information, das Recht auf Meinungsempfang, ist der erste Schritt zur eigenen Meinung. Für die politische Meinungsbildung bedeutet dies eine prinzipiell unbeschränkte Informationsmöglichkeit. Ein kontrollierter Meinungsbezugsweg führt die Möglichkeit auf eine wirkliche, fundierte Meinungsbildung bereits *ad absurdum*.

2. Grober Geschichtsüberblick

In den dreißiger und vierziger Jahren des vergangenen Jahrhunderts überwachten sogenannte Konfidenten das politische, gesellschaftliche und kulturelle Leben Deutschlands. Diese Spitzel waren eingesetzt vom Mainzer Informationsbureau, das vom österreichischen Staatskanzler Klemens Fürst von Metternich gegründet und befehligt wurde. Unter anderem wurden Journalisten, Autoren, Schriftsteller, Verleger und Buchhändler überwacht. Es galt, oppositionelle Aktivitäten und kritische Stimmen unter Kontrolle zu halten. Die Errichtung eines solchen Konfidentensystems gründete auf der Überzeugung, daß man über oppositionelle Ideen und Pläne nur dann rechtzeitig und vollständig unterrichtet sein könne, wenn es gelänge, die Reihen der Opposition mit eigenen Leuten zu durchsetzen, um unmittelbar aus der Quelle schöpfen zu können.

Es wurden Verbotslisten erstellt, auf denen sich Schriften, Bücher und Zeitungen fanden, deren Besitz nicht erlaubt war. Zur Aufspürung solcher Literatur wurden neben der Schutzpolizei sogenannte Bücherrevisionsämter eingesetzt. Ferner sollten unter anderem Vereins- und Versammlungsverbote dafür sorgen, daß sich keine kritische politische Opposition entwickeln konnte.

Einschränkung, Knebelung, selbst die völlige Abschaffung von Meinungsfreiheit sind in Deutschland alles andere als unbekannt. Johann Wolfgang Goethes *Götz von Berlichingen* (1773) sowie Friedrich Schillers *Die Räuber* (1781) mußten anonym erscheinen, das heißt unter Angabe eines falschen Druckorts, ohne Verfasser- und Verlagsangabe und unter Umgehung der Vorzensur. Selbiges gilt für verschiedene Werke beispielsweise von Gotthold Ephraim Lessing, Christoph Martin Wieland, Heinrich von Kleist, Friedrich Maximilian Klinger, Georg Büchner, Gerhart Hauptmann, Ludwig Thoma und vielen anderen.

Obgleich 1919 in Art. 118 der Weimarer Reichsverfassung die Abschaffung der Zensur verankert und die Kunst als frei erklärt worden war, beriefen sich die Gerichte auf das 1926 verabschiedete *Gesetz zur Bewahrung der Jugend vor Schund- und Schmutzliteratur*, um nicht genehme Meinungen zu verbieten. Man hatte sich geflissentlich die Mühe zu erklären erspart, wie ›Schmutz- und Schundliteratur‹ eigentlich aufzufassen sei.

Im Mai 1933 erschien eine Liste von Büchern, die aus den Bibliotheken auszusondern waren. Fünf Monate später trat das Reichskammergesetz in Kraft, das den Reichsminister für Volksaufklärung und Propaganda, Dr. Joseph Goebbels, ermächtigte, die Angehörigen der Presse in einer Körperschaft des Öffentlichen Rechts zusammenzufassen. Den Abschluß dieser Entwicklung bildete das Schriftleitergesetz vom 4. 10. 1933.

Bei aller staatspolitischen Überwachung im Dritten Reich wird jedoch heute weitläufig die Tatsache unterschlagen, daß Goebbels vor allem bei den größeren und bei den im Ausland gelesenen Zeitungen nicht-nationalsozialistische Redakteure und Korrespondenten (weiter)arbeiten ließ, die durchaus Kritik liefern und ihr Augenmerk auf Mißstände legen konnten – freilich, solange sie sich nicht anti-nationalsozialistisch äußerten. Auch in Film und Funk vertrat Goebbels diese Politik. Es ging ihm weniger darum, unbedingt nationalsozialistische Regisseure, Moderatoren, Schauspieler usw. zu engagieren, sondern Fachleute, die Sendungen und Filme schufen, die das Volk gern sah und hörte. Als Beispiele solcher nicht-nationalsozialistischen Medienbeschäftigte zählen Sammy Drechsel, Sohn persischer Juden, der als Sportreporter bei deutschen Rundfunksendern, vor allem bei *Radio Berlin*, die Grundlagen seines späteren Berufswegs legte und natürlich Arnolt Bronnen, der mit anarchistischer bzw. marxistischer politischer Vergangenheit als Halbjude 1936 zum Chef des deutschen Fernsehens berufen wurde.

3. 1945 – Ein Neuanfang?

Nach der deutschen Kapitulation im Mai 1945 übernahmen die Alliierten die Herrschaft über ein in vier Besatzungszonen aufgeteiltes Rumpfdeutschland, deren Grundzüge in der Direktive JCS 1067 vom April 1945 festgelegt waren. In dieser Anweisung hieß es unter anderem, daß Deutschland nicht als »befreiter«, sondern als »besiegter Feindstaat« zu behandeln sei. Und so wußten die Siegermächte im Namen der Demokratie zunächst mit Maßnahmen aufzuwarten, die den Praktiken der mittelalterlichen Zensur nicht unähnlich waren. Unter dem Oberbegriff der Heilslehre von ›Entnazifizierung‹ und ›Umerziehung‹ setzten sie eine imposante Kontrollmaschinerie in Bewegung, die die Deutschen belehren, bekehren und möglichst für immer verändern sollte.

Bücherverbrennungen waren deshalb zunächst einmal angesagt. Allein im ersten Besatzungsjahr wurden rund 33 600 Buchtitel verboten und vernichtet. Die deutschen Medien unterlagen der totalen Zensur der Alliierten. Verleger oder Buchhändler erhielten eine Lizenz nur dann, wenn sie nachweislich unverdächtig, entnazifiziert und für die Demokratisierung engagiert erschienen. Verlagen wurde erst dann Papier zugeteilt, wenn eine Publikation von den Zensurbehörden genehmigt worden war.

Am 8. Mai 1949, dem vierten Jahrestag der Unterzeichnung der bedingungslosen Kapitulation, nahm der Parlamentarische Rat das von der Maxime der sogenannten wehrhaften Demokratie bestimmte Grundgesetz mit 53 gegen 12 Stimmen an. Geradezu wesentlich ist es, an dieser Stelle hervorzuheben, daß die demokratische Grundordnung der Bundesrepublik Deutschland vor allem von zwei elementaren Grundsätzen gekennzeichnet ist: erstens die Anerkennung der alleinigen Schuld Deutschlands am Ausbruch des Zweiten Weltkrieges sowie zweitens die Anerkennung des millionenfachen Mordes größtenteils politisch und rassisch Verfolgter während des Dritten Reiches.

Die Bundesrepublik Deutschland bestand gerade einmal 10 Jahre, da formulierte der Politikwissenschaftler Theodor Eschenburg diese bundesdeutsche Basis, auf der der westdeutsche Staat aufgebaut wurde, wie folgt: »Die Erkenntnis [sic!] von der unbestrittenen und alleinigen Schuld Hitlers ist vielmehr eine Grundlage der

Politik der Bundesrepublik.«[3] Auch der Zeitgeschichtler Sebastian Haffner teilt diese Ansicht. Mehr noch, wer am heutigen Status quo rüttele, der bedrohe gar die Grundlagen des europäischen Friedens. Weiters zerstöre derjenige die Grundfesten des Selbstverständnisses des deutschen Gesellschaftssystems, der Auschwitz leugne. Diese Ansicht vertrat 1994 auch der ehemalige Oberlandgerichtspräsident Richter Rudolf Wassermann (SPD): »Wer die Wahrheit über die nationalsozialistischen Vernichtungslager leugnet, gibt die Grundlagen preis, auf denen die Bundesrepublik Deutschland errichtet worden ist.«[4]

4. Gesetzliche Garantien

Art. 5 GG besagt unter anderem, daß jeder das Recht habe, seine Meinung in Wort, Schrift und Bild frei zu äußern und zu verbreiten und sich aus allgemein zugänglichen Quellen ungehindert zu unterrichten. Die Pressefreiheit und die Freiheit der Berichterstattung durch Rundfunk und Film würden gewährleistet. Eine Zensur finde nicht statt. Kunst und Wissenschaft, Forschung und Lehre seien frei.

Wir erinnern uns, wie wir ›Meinung‹ definierten: Es handelt sich hierbei um eine Äußerung, mit der der Äußernde einen Beitrag zur geistigen Auseinandersetzung leisten will. Dies ist grundgesetzlich geschützt. Eine bewußt unwahre Tatsachenmitteilung hingegen, also die verzerrte Darstellung der Wirklichkeit, die ›Verdrehung‹ der Tatsachen, wird, obwohl sie gerade eine bestimmte Meinungsbildung bezweckt, durch das Grundrecht auf freie Meinungsäußerung nicht geschützt, »weil sie der verfassungsrechtlich vorausgesetzten Aufgabe zutreffender Meinungsbildung nicht dienen könne«.

Nicht geschützt ist ferner die rechtswidrige Beschaffung von Informationen, wie zum Beispiel durch Erpressung oder unzulässiges Einschleichen in eine Redaktion. Ebenfalls nicht geschützt ist jemand, der zu nachtschlafender Zeit auf Hinterhöfen einer Wohngegend Volksreden schwingt – auch wenn sie noch so motiviert und fundiert sind und brillant dargebracht werden, oder in der Stoßzeit auf einer verkehrsreichen Kreuzung Unterschriften für ein Begehren sammelt – und sei dieses noch so unterstützenswert. Des weiteren werden weder die Lüge noch das unrichtige Zitat vom Grundrecht der Meinungsäußerung gedeckt. Auch ein erfundenes Interview kann nicht zur wirklichen Meinungsbildung beitragen und ist deshalb nicht grundgesetzlich geschützt.

Das Zensurverbot bezieht sich auf alle Formen der Meinungsäußerung, hierin eingeschlossen sind beispielsweise das Halten von Vorträgen, Theateraufführungen und Schaustellungen, wobei unter Zensur, dem ehemaligen Richter beim Bundesverfassungsgericht und augenblicklichen Bundespräsidenten Roman Herzog zufolge, lediglich die Vorzensur als »einschränkende Maßnahmen vor der Herstellung oder Verbreitung eines Geisteswerks«[5] zu verstehen ist. Das Zensurverbot im Sinne des Art. 5. Abs. 1 Satz 2 GG umfasse lediglich die Vor- oder Präventivzensur, hierunter sei also der staatliche Eingriff *vor* der Herstellung oder Verbreitung eines Geisteswerkes, insbesondere das Abhängigmachen von behördlicher Vorprüfung und Genehmigung seines Inhalts, zu verstehen. Eine *Nach*zensur stehe folglich sehr wohl in Einklang mit dem Grundgesetz.

5. Die Bundesprüfstelle für jugendgefährdende Schriften

Nur vier Jahre nach Verabschiedung des Grundgesetzes ratifizierte der Bundestag die dem Weimarer Schund- und Schmutzgesetz verwandten *Gesetzlichen Bestimmungen zum Schutze der Jugend*. Diesen Bestimmungen zufolge darf eine Schrift nicht in die Indizierungsliste aufgenommen werden

1. allein wegen ihres politischen, sozialen, religiösen oder weltanschaulichen Inhalts,

2. wenn sie der Kunst oder der Wissenschaft, der Forschung oder der Lehre dient,

3. wenn sie im öffentlichen Interesse liegt, es sei denn, daß die Art der Darstellung zu beanstanden ist.

Das offenkundige Problem liegt auf der Hand: Wer bestimmt, was sittlich gefährdend ist? Und aufgrund welcher Qualifikation oder Berechtigung entscheidet wer, wann die Art einer Darstellung zu beanstanden ist?

Am 14. Juli 1953 trat das *Gesetz über die Verbreitung jugendgefährdender Schriften* in Kraft. Dieses sollte Kinder und Jugendliche vor

104

solchen Medien schützen, die ihren sozialethischen Reifungsprozeß negativ beeinflussen könnten. Der Begriff ›jugendgefährdend‹ ist schwammig. Wie wir im folgenden sehen werden, besitzt ›jugendgefährdend‹ in der Bundesrepublik Deutschland einen generellen Charakter und ist nicht mehr, wie dies noch im Mittelalter üblich war, vorrangig als religiöse oder moralische Umschreibung zu verstehen, sondern ist insbesondere als politisches Stigma zu begreifen.

Darüber hinaus erfolgt die Qualifizierung bzw. Abqualifizierung als ›jugendgefährdend‹ willkürlich: Jeder gesunde, um den Schutz von Kindern und Jugendlichen wirklich besorgte Mensch wird kaum etwas gegen die Indizierung von Medien mit den bezeichnenden Namen wie zum Beispiel *Analsex, Eine herrliche Vögelei, Fickrausch, Stöße in die Hämorrhoiden* oder *Ficken, bis die Vorhaut platzt* einzuwenden haben. Allerdings sieht Elke Monssen-Engberding, Vorsitzende der Bundesprüfstelle für jugendgefährdende Schriften, davon ab, beispielsweise den Schwulen-Comic mit dem herzergreifen Namen *Dicke Dödel I: Bullenklöten* zu indizieren, da sie, die Frau Vorsitzende, den *Stuttgarter Nachrichten* vom 7. 7. 1995 zufolge, dem Kunstvorbehalt in diesem Fall größeres Gewicht als dem Jugendschutz einräumen würde.

Die Bundesprüfstelle für jugendgefährdende Schriften (BPjS) wurde bereits 1954 gegründet und untersteht heute dem Bundesministerium für Familie, Senioren, Frauen und Jugend. Die BPjS kann nur auf Antrag tätig werden. Anerkannte Antragsteller sind neben den Bundes- und Länderministerien seit 1978 auch sämtliche Jugendämter, seit der deutschen Teilvereinigung sind dies rund 800. Geht ein Antrag zur Prüfung eines etwaigen jugendgefährdenden Mediums bei der BPjS ein, entscheidet in der Regel ein sogenanntes 12er Gremium über die Zukunft des jeweils vorgelegten Prüfungsobjekts. Ein solches Medium ist keineswegs nur auf Bücher, Flugblätter und Zeitschriften begrenzt, sondern erstreckt sich auf Schallplatten, Schallplattenhüllen, Compactdiscs, Computerspiele, Videofilme bis hin zu Spielen aller Art, inklusive Brettspielen. Entscheiden sich die Moralhirten dieses Gremiums für eine Indizierung eines Mediums, wird diese Entscheidung im *Bundesanzeiger* bekannt gemacht, der vom Bundesjustizministerium herausgegeben wird.

Es ist hervorzuheben und ganz besonders deutlich zu machen, daß von der BPjS indizierte Bücher und Schriften Medien sind, für die nicht mehr geworben werden darf. Sie dürfen auch nicht mehr öffentlich verkauft werden. Selbst die bloße Nennung des Titels eines indizierten Werks ist verboten. Die Verkaufsmöglichkeiten sind somit überaus bescheiden. Indizierte Schriften sind faktisch nur unter dem Ladentisch zu erhalten – und damit auch für Erwachsene praktisch nicht mehr zugänglich. Trotz dieser faktischen Vernichtung des entsprechenden Mediums besteht die BPjS darauf zu behaupten, daß es sich bei einer Indizierung keinesfalls um Zensur handele, da die Indizierung nicht das generelle Verbot eines Mediums zur Folge habe. Dieser Suggestion widersprach das Bundesverwaltungsgericht bereits 1967: »Die Indizierung einer jugendgefährdenden Schrift kommt [...] fast ihrem Verbot gleich. Sie bedeutet einen schweren Eingriff in die Rechte des Verfassers und Verlegers. Darüber hinaus stellt sie eine empfindliche Beschränkung des Informationsrechtes der Erwachsenen dar.« Tatsächlich sind mit der Indizierung obendrein auch noch Stigmatisierung und Rufschädigung des Autors und zu guter Letzt auch die Verdopplung der Mehrwertsteuer verbunden, Faktoren, die von der BPjS geflissentlich verschwiegen werden.

Es ist niemals ›das Volk‹ oder ›die Öffentlichkeit‹, die Anstand an einer Schrift nehmen und diese anzeigen. Diesen all zu oft denunzierenden Teil übernehmen immer Individuen oder Gruppen, die sich als Sittenwächter berufen fühlen, oder Institutionen, die vorgeben, von dem edlen Motiv getrieben zu sein, das Interesse der Jugend zu schützen. Es ist also nicht die Mehrzahl mündiger Bürger, sondern ein selbsternannter Vormund, der über Sittlichkeit oder die sozialethische Gefährdung der Jugend entscheidet. Man muß nicht erst in einen deutschen Bahnhofskiosk gehen, um festzustellen, wie strikt beispielsweise gegen Pornographie in Wirklichkeit vorgegangen wird. In Wahrheit geht es darum, unliebsame Meinungen in Wort, Schrift und Bild zu unterbinden, die der Lehrmeinung und damit den Interessen der Macher in Politik und Kultur in Deutschland widersprechen, und zwar derart, daß sie ihre Grundlage gefährdet sehen. Es handelt sich somit nicht um wirklich jugendgefährdende Schriften, sondern vielmehr um das Meinungskartell und gewisse politische und wirtschaftliche Interessengruppen gefährdende Schriften.

In §1 Abs. 2 GjS heißt es, daß eine Schrift nicht allein wegen eines politischen, sozialen, religiösen oder weltanschaulichen Inhalts in die Liste aufgenommen werden dürfe. Im gleichen Tenor zitiert die *Neue Westfälische* am 23. Juni 1979 den Leiter der Bundesprüfstelle, Rudolf Stefen: »Aus politischen Gründen darf nicht indiziert werden.« Bezeichnenderweise macht er dieses Gebot bereits im nächsten Satz wieder zunichte. Stefen fährt nämlich fort, daß der Gesetzgeber bei NS-Material sehr wohl eine Ausnahme mache. Wie ist eine derartig einseitige Einschränkung möglich? Aufgrund des Engagements Herbert Wehners, der – Ende 1977 von einer Polenreise zurückgekehrt – die Regierung im Parlament fragte, was sie denn gegen die in Deutschland kursierende ›faschistische Propaganda‹ zu unternehmen gedenke, kam der antifaschistische Stein ins Rollen. Flugs besann sich Familienministerin Antje Huber darauf, daß es da seit Jahren einen wahren Dschungel von Dokumentationen, Schriften, Schallplatten, Werbematerial und Bildbänden über das Dritte Reich gab, den man mit der Zensuraxt etwas sichten sollte. Auch der Rechtsgelehrte Eckhard Jesse bestätigt, daß die Zeit Ende der siebziger Jahre für die Arbeitsweise der Bundesprüfstelle »als ein ›turning point‹ gelten« kann, da seither ein »entschieden schärferes Vorgehen gegenüber rechtsextremistischer Literatur festzustellen«[6] ist. Dies gehe auf die oben genannte Initiative Herbert Wehners zurück, was von Rudolf Stefen ausdrücklich bestätigt wurde.

6. Metternichs Erben

Am 30. August 1987 sagte der CDU-Generalsekretär Heiner Geißler in einem Interview mit dem *Deutschlandfunk*: »Wenn rechts sich irgend etwas entwickeln würde, dann darf man nicht denselben Fehler machen, wie ihn die Sozialdemokraten gemacht haben gegenüber den Grünen, indem man nämlich eine solche Partei aufwertet, indem man bestimmte Themen für richtig und wichtig erklärt. Die CDU hat in den 60er Jahren gegenüber der NPD vorgemacht, wie es richtig gemacht werden muß. Wir haben gegenüber der NPD klar erklärt: Das ist eine Nazipartei, die kann ein anständiger Bürger nicht wählen. Dadurch haben wir sie politisch praktisch auf 0,5% gebracht. Wenn sich etwas bewegt, dann muß man die Inhalte bekämpfen, dann darf man ihnen nicht nachlaufen.«[7] Nota bene, in den sechziger Jahren hat uns die CDU gezeigt, wie man's richtig machen muß! Ein merkwürdiges Verständnis von einer pluralistischen und freiheitlichen Demokratie, in der es gilt, oppositionelle Gruppierungen zu diffamieren, um sie unwählbar zu machen.

Im gleichen Licht ist die Anfang der siebziger Jahre durch die Sozialdemokraten erlassene Gesetzgebung zu den Berufsverboten zu verstehen. Das strafrechtliche Berufsverbot ist seit dem 1. 1. 1975 in § 70 StGB geregelt. Hiernach kann jemandem die Ausübung seines Berufs, Berufszweiges, Gewerbes oder Gewerbezweiges für die Dauer von einem Jahr bis zu fünf Jahren verboten werden, der unter Mißbrauch seines Berufes/Gewerbes oder unter Verletzung der mit ihnen verbundenen Pflichten eine rechtswidrige Tat begangen hat. In den meisten Fällen sind dies Übertretungen hinsichtlich der Paragraphen im StGB: Beleidigung, Verrat, Befürwortung von Straftaten, Verunglimpfung, Nötigung, Verherrlichung der Gewalt und Volksverhetzung. Das Berufsverbot kann sogar »für immer angeordnet werden, wenn zu erwarten ist, daß die gesetzliche Höchstfrist zur Abwehr der vom Täter drohenden Gefahr nicht ausreicht«. Jemand, der ein derartiges Handeln befürwortet, hat den Charakter und die Bedeutung eines freiheitlichen Staates nicht verstanden. Er verwechselt ein auf der Mehrheit *aller* Meinungen gegründetes Staatswesen mit einem auf den Meinungen der großen Interessengruppen fußenden Staat. Einen solchen nennt man aber oligarchisch.

Es ist seit den siebziger Jahren still geworden um Berufsverbote. Freilich, es gibt sie noch. Nicht mehr so explizit vielleicht und nicht mehr so medienspektakulär in Szene gesetzt. Mehr im verborgenen, aber genauso effektiv in Form von Entscheidungen über Einstellungen, Beförderungen, Rezensionen, Preisverleihungen, Einladungen zu bzw. Aufnahmen in elitäre Kreise bis hin zur Verleihung von Orden- und Ehrenzeichen. Sanktionen gegenüber Oppositionellen reichen in Deutschland von teilweise empfindlichen Geldstrafen bis zum Ausschluß aus Berufsverbänden oder zur schweren Beeinträchtigung oder gar Vernichtung der beruflichen Existenz in Form von Nichtbeförderung, Stellenumsetzung, Abschiebung auf unwichtige Posten, Entlassung oder eben Erteilung eines Berufsverbots.

Vor allem auf dem Gebiet der Publizistik sind diese inquisitorischen Maßnahmen heute mehr denn je spürbar. Betrachten wir uns hierzu einige Beispiele:

1979 hatte das Bundesministerium für Jugend, Familie und Gesundheit bei der ihm unterstehenden Bundesprüfstelle einen Antrag auf Indizierung des Buches *Der Auschwitz-Mythos* von Wilhelm Stäglich, einem promovierten Juristen und Richter am Hamburger Finanzgericht, mit der Begründung gestellt, es bestreite »die systematische Judenvernichtung in Auschwitz« und liefe »damit dem Gedanken der Völkerverständigung zuwider«. Weiters wurde dem Buch auf unwissenschaftliche Weise sein wissenschaftlicher Charakter abgesprochen. Grund genug für die BPjS, das Buch mit der Begründung zu indizieren, die Studie desorientiere Kinder und Jugendliche sozialethisch.

Es blieb jedoch nicht nur bei der Indizierung des Buches. Vielmehr kam es noch zu einem Gerichtsverfahren, da *Der Auschwitz-Mythos* den Tatbestand der Volksverhetzung gemäß §130 StGB erfülle. 1982 wurde das Werk von Stäglich schließlich beschlagnahmt und eingezogen. Eine umgehende Revision wurde vom Bundesgerichtshof verworfen, die Verfassungsbeschwerden des Verlegers und des Autors nahm das Bundesverfassungsgericht mit der Begründung auf Aussichtslosigkeit nicht an. Doch damit noch nicht genug: Am 24. März 1983 erkannte die Universität Göttingen Stäglichs Doktorwürde mit der Begründung ab, er habe seinen Doktorgrad mißbraucht. Pikanterweise stützte sich hierbei die Rechtsprechung auf das Reichsgesetz über die Führung akademischer Grade vom 7. 6. 1939 (*Reichsgesetzblatt* I, S. 985) und die dazu ergangene Durchführungsverordnung vom 21. 7. 1939 (*Reichsgesetzblatt* I, S. 1326), demzufolge ein akademischer Grad wieder entzogen wird, wenn sich sein Träger zum Führen eines solchen Grades als unwürdig erweist. Sowohl das Buchverbot als auch die Aberkennung der Doktorwürde wurden von ›unabhängigen‹ Gerichten bestätigt.

In entwaffnender Einfachheit und Logik äußerte sich ein mündiger Bürger in einer der größten deutschen Tageszeitungen und stellte den Stäglich-Skandal ohne Umschweife bloß: »Kein Ernstzunehmender bezweifelt, daß Juden im Dritten Reich verfolgt wurden. Wer sich mit diesem Thema auseinandersetzt, muß in einem Rechtsstaat aber doch wohl untersuchen dürfen, was glaubwürdig, was unglaubwürdig und was gar technisch unmöglich ist. Wenn Gesetze die historische Forschung zu diesem Komplex verbieten, wenn Sachverständige bei Strafandrohung nicht aussagen dürfen, dann kommt man doch zwangsläufig zu der Vermutung, daß an den Deutschland so schwer belastenden Beschuldigungen vieles nicht der Nachprüfung standhalten würde.«[8]

Als direkte Folge des oben genannten Entscheides stimmte der Bundestag am 20. 5. 1994 einem »Auschwitz-Lüge-Gesetz« zu, in dem es im §130 Abs. 3 ausdrücklich heißt: »Mit Freiheitsstrafe bis zu fünf Jahren oder mit Geldstrafe wird bestraft, wer eine unter der Herrschaft des Nationalsozialismus begangene Handlung der in §220a Abs. 1 [›Völkermord‹] bezeichneten Art in einer Weise, die geeignet ist, den öffentlichen Frieden zu stören, öffentlich oder in einer Versammlung billigt, leugnet oder verharmlost.« Bundesjustizminister Edzard Schmidt-Jortzig gab in diesem Zusammenhang am 10. 3. 1996 in der 3-SAT-Fernsehsendung *Bei Ruge* eine bezeichnende Stellungnahme ab: »Unsere Sicht von Meinungsfreiheit ist in der Tat anders als in den USA, das wissen Sie ja auch und haben vorhin schon darauf hingewiesen. Wir werden – und das finde ich einigermaßen bedrückend – binnen kurzem von den USA wegen unserer Bestrafung der Auschwitzlüge eine förmliche, hm, na, nicht 'ne Anklage, eine förmliche Rüge über die Vereinten Nationen bekommen, weil wir auf diese Art und Weise Meinungsfreiheit einschränken.«[9]

Aufsehen erregten die Umstände der angeordneten Streichungen wesentlicher Absätze aus dem Geschichtswerk *Geschichte der Deutschen* des Erlangener Historikers Hellmut Diwald, das im Propyläen-Verlag 1978 erschienen war. In diesem Buch hatte der Autor auf den Seiten 163 bis 165 einige weitverbreitete Geschichtsfälschungen im Zusammenhang mit deutschen Konzentrationslagern und der sogenannten ›Endlösung‹ richtiggestellt. Obgleich Diwald persönlich kein Wort zurücknahm und sogar die Verbindung zu seinem ihn bedrängenden Verlag abbrach, ließen die Verleger die kommenden Ausgaben ›überarbeiten‹ und strichen die der Lehrmeinung entgegengestellten Absätze. In seinem 1983 erschienenen Buch *Mut zur Geschichte* setzte sich Diwald mit diesen Praktiken der Zensur auseinander und warf vielen seiner Kollegen zu Recht Einseitigkeit und Verrat am wissenschaftlichen Ethos vor.

Übrigens handelt es sich bei dem inquisitorischen Verhalten des springereigenen Verlages keinesfalls um eine Ausnahme: Der Band der Propyläen-Reihe *Geschichte Deutschlands*, in der der Historiker Karlheinz Weißmann das Dritte Reich behandelte, wurde im Juli 1996 vom Markt genommen. Bezeichnende Begründung: Die Thesen des Historikers seien umstritten. Nun schreibt der offensichtlich linientreue Hans Mommsen das Kapitel.

1989 wurde der weltbekannte englische Historiker David Irving vom *Sender Freies Berlin* zu einer Gesprächsrunde in der Fernsehdiskussion ›Berliner Salon‹ mit deutschen Zeitgeschichtlern, unter ihnen Eberhard Jäckel und Arno Mayer, eingeladen. Als Themenschwerpunkt war das sogenannte Leuchter-Gutachten gewählt worden, zu dem Irving das Vorwort geschrieben hatte und das bezüglich der offiziellen Versionen zur Judenvernichtung im Dritten Reich zu der herrschenden Lehre entgegenstehenden Ergebnissen kommt. In diesem Zusammenhang ist es erwähnenswert, daß das Bundesministerium der Justiz am 13. 3. 1990 unter dem Geschäftszeichen II B 1 a - AR - ZB 1528/89 die Meinung vertritt, daß es sich bei dem *Leuchter-Report* um eine »wissenschaftliche Untersuchung handelt«. Eine Woche nach Eingang der Einladung wurde Irving auf Drängen seiner Gesprächspartner wieder ausgeladen. Der bis zu diesem Zeitpunkt international als renommiert angesehene britische Historiker ist seit dem bei den deutschen Gedankenaufsichtsbehörden in Ungnade gefallen.

1995 sollte im Piper-Verlag die deutsche Übersetzung von John Sacks *An Eye for an Eye* unter dem Titel *Auge um Auge* erscheinen. Der Verlag hatte das Buch des jüdischen Autors bereits in Zeitungsanzeigen beworben, zog es aber dann mit der Begründung zurück, man dürfe, so Verlagsleiter Viktor Niemann, zum 50. Jahrestag der Befreiung von Auschwitz keine Mißverständnisse provozieren. Die 6000 Exemplare der Erstauflage wurde deshalb kurzerhand eingestampft. Dieses beschämende Verhalten fand seinen berechtigten Widerhall, zum Beispiel in einem Leserbrief in der *FAZ* am 21. 2. 1995: »Die Argumentation des Piper-Verlages zur Nichtauslieferung des Buches von John Sack ist schon eine erstaunliche Konstruktion. Diskussionen müssen also gelenkt werden, und zwar in die richtige Richtung. Geht man davon aus, daß der Bürger durch die tägliche Flut an Berichten zur Vergangenheitsbewältigung inzwischen schon so verwirrt ist, daß er nicht mehr in der Lage sein sollte, historische Fakten zu erkennen und zu beurteilen? Ich denke, daß man das Vorgehen des Piper-Verlages als das bezeichnen soll, was es ist: Zensur.«

Das Buch erschien im selben Jahr dann im Kabel-Verlag. Daß Anfang 1996 das Buch in einem schlesischen Verlag (Gleiwitz) in polnischer Sprache erschienen ist und in Polen keinen Negativrummel verursachte, ist ein überdeutlicher Indikator für den Grad der Informationsfreiheit in Deutschland.

Die politisch korrekten Gesinnungsprüfer haben jegliche Scham verloren und schlagen zwischenzeitlich mit ihrer Faschismuskeule wie wild auf alles ein, was national, sozialpatriotisch, nationalliberal oder konservativ ›stinkt‹. Im Oktober 1997 hat der Börsenverein des Deutschen Buchhandels der *Jungen Freiheit* die Aufnahme in den Verband mit der Begründung verweigert, sie erscheine im Verfassungsschutzbericht Nordrhein-Westfalens. Die Existenz des JF-hauseigenen Buchdienstes dürfte damit ihr Ende gefunden haben. In einem internen Schreiben des Geschäftsführers vom 10. 10. 1997 heißt es: »Wir können deshalb einstweilen unser Angebot nicht aufrecht erhalten [...], da dies nur mit enormem finanziellen und organisatorischen Aufwand verbunden ist. Erst die Aufnahme in den Börsenverein sichert die Vergabe einer ›Verkehrsnummer‹, die wiederum Voraussetzung ist für die Belieferung der JF durch die großen Buchgrossisten.«

Der augenblicklich jüngste gesinnungspolitische Skandal, den sich der freiheitlichste Staat, der jemals auf deutschem Boden existiert hat, leistet, sind Inquisitionsmaßnahmen, die dem alten Metternich vor Rührung die Tränen in die Augen schießen lassen. Das offizielle Verzeichnis deutschsprachiger Verlage aus Köln, im Volksmund kurz ›Banger‹ genannt, führte seit Jahrzehnten auf rund 1000 Seiten sämtliche Verlage Deutschlands, Österreichs und der Schweiz. Künftig wird ein gehöriger Teil fehlen, denn sämtliche nationalen und konservativen Verlage werden seit der neuesten Ausgabe nicht mehr aufgenommen. Sie existieren einfach nicht mehr.[10] Der Schaden für die Meinungsfreiheit ist nicht abzusehen, ebensowenig wie der wirtschaftliche Verlust, der den Betroffenen zugefügt wird. Und wer sagt, daß es morgen nicht schon archäologische, anthropologische oder religiöse Verlage sind, die verboten oder verschwiegen werden, weil sie vielleicht kritische Auffassungen gegenüber der Lehrmeinung vertreten?

7. Der Historikerstreit

Im Juni 1986 brach unter deutschen Historikern und anderen Geisteswissenschaftlern ein Streit über grundlegende Methoden bezüglich der Behandlung der jüngsten deutsche Zeitgeschichte aus. Vorweg ist festzustellen, daß das geistige wie politische Leben der Bundesrepublik Deutschland – wie bereits oben erwähnt – entscheidend von der Umerziehung der Alliierten geprägt worden ist (Deutschlands Alleinschuld = Fundament der BRD).

Der Historiker Ernst Nolte, Professor an der Freien Universität zu Berlin, veröffentlichte in der *Frankfurter Allgemeinen Zeitung* in einem Aufsatz unter der Überschrift *Vergangenheit, die nicht vergehen will* seine Gedanken einer künftig präziseren Geschichtsschreibung. In diesem Aufsatz vertrat Nolte eine Meinung, die das bis dahin fast unberührte Tabu der Nachkriegsgeschichtsbetrachtung in Deutschland angriff. Nolte meinte, die jüngste deutsche Vergangenheit sei zu einem Schreckbild gemacht worden, das vor allem durch einseitige Schuldzuweisung und Nichtberücksichtigung historischer Ereignisse gekennzeichnet sei.

Etwa zur gleichen Zeit erschien das Buch *Zweierlei Untergang. Die Zerschlagung des Deutschen Reiches und das Ende des europäischen Judentums* von Andreas Hillgruber. In diesem Buch verurteilte der Kölner Geschichtsprofessor – ähnlich wie sein Kollege Nolte – die einseitige westdeutsche Geschichtsschreibung. Diese gebe Ereignisse verkürzt wieder und vernachlässige eine allumfassende Beurteilung der Geschehnisse, die man jedoch von einer geisteswissenschaftlichen Auseinandersetzung erwarten können muß. Insbesondere rührte Hillgruber an dem Tabu der Forschung nach den Motiven und der Schuld der Alliierten am Ausbruch des Zweiten Weltkrieges und zerstörte das Bild der friedliebenden und uneigennützig handelnden Gegner Deutschlands.

Zum Gegenangriff gegen diese Ketzer zu blasen, fühlte sich der neo-marxistische Philosoph Jürgen Habermas berufen. Der letzte noch lebende Gründer der ›Frankfurter Schule‹, die er gemeinsam mit Horkheimer und Adorno ins Leben gerufen hatte, eröffnete

113

das Feuer mit seinem in der *Zeit* am 11. 7. 1986 veröffentlichen Artikel »Eine Art Schadensabwicklung – Die apologetischen Tendenzen in der deutschen Zeitgeschichtsschreibung«, den er ausdrücklich als Kampfansage verstanden wissen wollte. Verständlich, daß das »Produkt der re-education«, als das Habermas sich einmal selbst bezeichnete, den Zweifel an der Grundsubstanz der Umerziehung nicht kampflos geschehen lassen konnte. Unterstützung fand das Umerziehungsprodukt unter anderem in dem SPD-Bundestagsabgeordneten Freimut Duve, der sich noch zehn Jahre zuvor mit Heinrich Böll dafür stark gemacht hatte, Mut zu zeigen und sich zu seiner Meinung zu bekennen. Freilich nur zur ›richtigen‹ Meinung, wie die Kontroversen im Historikerstreit ans Tageslicht bringen sollten.

Der Nichthistoriker Habermas konnte (natürlich) keine der von Nolte und Hillgruber vorgebrachten historischen Gedankengänge widerlegen. Dies überraschte auch nicht, zumal es auch nicht das Wesentliche war; denn Habermas witterte »in erster Linie ein für das bisherige linke geistige Klima in Westdeutschland gefährliches allgemeines System hinter den neuen Tönen der Historiker«.[11] Und dieses ›System‹, die Revision der deutschen Geschichtsschreibung, galt es mit allen Mittel zu bekämpfen. Oder wie es Michael Behrens und Robert von Rimscha ausdrücken: Die 68er Revolutionäre waren »zur Verteidigung ihrer Geschichtsinterpretationen in Stellung gegangen. Sie wollten nicht akzeptieren, daß Interpretation, Revision und Neuinterpretation ein normaler Vorgang in der Geschichtswissenschaft ist«.[12] Seine Tirade schloß das Umerziehungsprodukt mit dem Bekenntnis ab: »Wer die Deutschen zu einer konventionellen Form ihrer nationalen Identität zurückrufen will, zerstört die einzige verläßliche Basis unserer Bindungen an den Westen.«

Die Angriffe von Habermas wehrte Joachim Fest in seinem Aufsatz »Die geschuldete Erinnerung – Zur Kontroverse über die Unvergleichbarkeit der nationalsozialistischen Massenverbrechen« in der *Frankfurter Allgemeinen Zeitung* vom 29. 8. 1986 ab. Hier verteidigte er den Historiker Nolte und kritisierte »die Rituale einer falschen Unterwürfigkeit«, ohne die eine Geschichtsbetrachtung in Deutschland nicht möglich sei.

Die vermeintliche Retourkutsche kam vom Stuttgarter Zeitgeschichtler Eberhard Jäckel, der in der Vergangenheit vor allem dadurch brillierte, daß er erstens die öffentliche Auseinandersetzung mit dem britischen Historiker David Irving in Berlin scheute und zweitens die Mär der Hitler-Tagebücher als »historische Tatsache« emporgehoben hatte. Er hielt in seinem Artikel am Kernpunkt der Umerziehung fest: »Das Einmalige der nationalsozialistischen Verbrechen läßt sich nicht leugnen.« Basta.

Professor Günter Zehm indes erkannte, worum es tatsächlich ging: »Habermas und die Marxisten verteidigen nicht nur das Nachkriegsdogma der sogenannten Kollektivschuld, sie möchten auch, daß diese Kollektivschuld auf die kommenden Generationen übertragen wird. Im Grunde geht es in der ganzen ›Diskussion‹ gerade um diesen Punkt. Da die bisherige ›Schuldgeneration‹ politisch abtritt und allmählich wegstirbt, versucht man nun, den Enkeln und Urenkeln den Schuldbazillus einzuimpfen [...]. Erstens will man die Deutschen durch das Dogma ewig klein und häßlich halten, damit sie weiterhin physisch und psychisch erpreßbar bleiben. Zweitens setzt man auf den Neurotisierungseffekt. Ewiges Schuldbewußtsein macht neurotisch, und Neurosen münden oft in Selbstzerstörungswut. So hofft man über den Umweg deutschen Selbsthasses doch noch endlich zum großen Kladderadatsch zu kommen, in dem man die traditionellen Lebensverhältnisse verbrennen und endlich der ›wahre Sozialismus‹ entstehen kann.«[13]

Die erste Folge für Nolte war, daß sich die Deutsche Forschungsgemeinschaft bemüßigt sah, ihn von einem gemeinsam mit dem Jerusalemer Zionistischen Zentralarchiv seit über sechs Jahren laufenden wissenschaftlichen Vorhaben auszuschließen. Hierbei ging es um die Herausgabe der Briefe und Tagebücher des Begründers und führenden Vertreters des Zionismus, Theodor Herzl, zu dem Nolte seitens der Deutschen Forschungsgemeinschaft ausdrücklich gebeten worden war. Anfang 1987 ließen die israelischen Herausgeber ihren deutschen Finanzier wissen, daß sie mit Nolte nicht länger zusammenzuarbeiten gedachten und ihn als Exponenten des Historikerstreits nicht länger duldeten. Die Deutsche Forschungsgemeinschaft parierte artig, entließ Nolte und ersetzte ihn durch Herbert Strauß, den Leiter des Berliner Zentrums für Antisemitismusforschung.

Mitnichten sollte dieser Personenaustausch, dieser Wechsel einer unliebsamen Person gegen einen willigen Mitarbeiter, die letzte Konsequenz im Historikerstreit sein. Am 6. Oktober 1994 ließen sich die Herausgeber der *Frankfurter Allgemeinen Zeitung*, Johann Reißmüller und Günther Nonnenmacher, in beschämender Art und Weise Nolte wissen, daß er sich mit seinen Äußerungen »weiteres Veröffentlichen im politischen Teil der Frankfurter Allgemeinen Zeitung verbaut« habe. Mit anderen Worten ist es in der ›Zeitung für Deutschland‹ nicht möglich, fundierte Standpunkte für Deutschland zu vertreten.

Und es gab noch eine direkte Folge des Historikerstreits. Nachdem der ›Böse‹ bestraft worden war, mußte der ›Gute‹ seine Belohnung bekommen. Diese ließ zwar einige Jahre auf sich warten, war aber deswegen nicht weniger bedeutsam. Für sein »mutiges und prinzipienfestes Auftreten gegen revisionistische Historiker in Deutschland, die die Einzigartigkeit des Holocaust relativieren wollen, und all seine Bemühungen, das deutsche Geschichtsbewußtsein zu erhalten und zu stärken«, wurde das Produkt der Umerziehung, Habermas, im April 1995 von der Universität Tel Aviv zum Ehrendoktor ernannt.

8. Nach dem Einspielen wird es ernst

»Das Jahr 1994 war geprägt von diversen staatlichen Eingriffen in die Meinungsäußerungs- und Pressefreiheit«, mit dieser erschütternden Äußerung beginnt Lutz Tillmanns, Geschäftsführer des Deutschen Presserats, seinen lesenswerten Aufsatz[14]. In diesem Artikel belegt Tillmanns zunächst einmal die mannigfaltigen Staatsaktionen gegen Redaktionen und Journalisten. Die wesentlichen Beispiele mögen im folgenden genannt werden: Im Januar durchsuchten Polizei und Staatsanwaltschaft die Redaktionsräume des Magazins *Focus,* um herauszubekommen, wie es zu der vorausgegangenen Veröffentlichung von Fahndungsdokumenten bezüglich des in Bad Kleinen getöteten RAF-Mitglieds Wolfgang Grams kommen konnte. Während dieser Durchsuchung kopierten die Beamten sämtliche Festplattendaten, wobei widerrechtlich auch unveröffentlichte Recherchen und Daten von Informanten übertragen wurden. Diese Staatsaktion am Anfang des Jahres 1994 sollte eine Reihe ähnlicher Taten folgen. Im Februar wurde ein Journalistenbüro in Geldern durchsucht, im März kam es unter anderem zu Beschlagnahmen in der *RTL*-Lokalredaktion München, in den Redaktionsräumen der *Jungen Welt* und zu Durchsuchungen von Redaktion, Wohnung und Auto eines Redakteurs der *Stuttgarter Zeitung*, im Mai wurde Photomaterial in der Redaktion der *Abendzeitung* beschlagnahmt, im Juni wurde die Redaktion der *Augsburger Allgemeinen* durchsucht, wobei es zu Beschlagnahmen kam, usw. usw.

1996 wurden – wie alle paar Monate – die Geschäfts- und Privaträume des Eigentümers des Verlages für Volkstum und Zeitgeschichtsforschung, Udo Walendy, durchsucht. Disketten wurden überspielt, Bücher, Zeitschriften, Aktenordner und Sicherungsdisketten beschlagnahmt. Normale Härte. In einem Rundschreiben vom 28. Februar 1996 an seinen Leserkreis teilt Walendy seine ihm aufgenötigte Kapitulation mit: »In einer für mich und meine Familie so außerordentlich eskalierten Situation, da die Verhältnismäßigkeit der Mittel offenbar nicht mehr gewahrt wird, dürfte es mir wohl auf Grund behördlicher Einwirkung nicht mehr möglich sein, die von mir vorgesehene und von Ihnen, wie ich aus vielen Gesprächen weiß, erhoffte Arbeit fortzusetzen. Wissenschaft setzt Freiheit der Forschung voraus. Das für das Frühjahr traditionsgemäß vorgesehene Lesertreffen kann ich aus Verantwortungsbewußtsein auch Ihnen gegenüber nicht durchführen.«

Bereits 1979 hielt die Mehrheit deutscher Journalisten, Redakteure, Abteilungsleiter und Intendanten, dem Bielefelder emnid-Meinungsforschungsbüro zufolge, ihre journalistische Freiheit für gefährdet. Mehr Selbstzensur und weniger Meinungsvielfalt, mit anderen Worten Unterdrückung unliebsamer Meinungen, zeichneten zunehmend das Bild der Pressefreiheit. Fünfzehn Jahre später, am 24. 2. 1994, beschwert sich der Deutsche Journalisten-Verband in einer Pressemitteilung darüber, daß die herrschende politische Klasse, SPD und CDU, die Pressefreiheit aushöhlten. Wohnungsdurchsuchungen bei Redakteuren, erkennungsdienstliche Erfassung freier Journalisten, Beschlagnahme von Redaktionsmaterial aus renommierten Tageszeitungen und Zeitschriften nahmen seit Anfang der neunziger Jahre derart überhand, daß sich die Gewerkschaft der Journalisten im Interesse der Freiheit der Presse endlich dazu aufraffte, sich zu wehren. Am 14. 3. 1994 heißt es in einer weiteren Pressemitteilung: »Justizbehörden und Politiker gefährden die Pressefreiheit in der Bundesrepublik: In jüngster Zeit haben sich die Übergriffe von Staatsanwaltschaften gegen Journalisten und Redaktionen in Presse und Rundfunk gehäuft; das Redaktionsgeheimnis wurde grob verletzt, das Zeugnisverweigerungsrecht der Journalisten ausgehebelt. Parallel dazu drohen Politiker mit Einschränkungen der Pressefreiheit. Gesetzesinitiativen zur Verschärfung der Landespressegesetze – wie zum Beispiel im Saarland – tragen zu einem Klima bei, in denen solche Übergriffe eher möglich werden. Der Deutsche Journalisten-Verband sieht durch diese Aktionen und Initiativen von Justiz und Politik eine Grundlage der demokratischen Verfassung, das Informationsrecht der Medien und aller Bürger/innen, gefährdet.«

Pikanterweise brachte die Deutsche Bundespost etwa im selben Zeitraum eine Sonderbriefmarke heraus, die der Freiheit der Meinungsäußerung in Wort, Schrift und Bild gewidmet ist. Um des Hohnes Krönchen aufzusetzen, noch dies: Die damalige Justizministerin Sabine Leutheusser-Schnarrenberger versuchte gegen das Votum aller 16 deutscher Bundesländer, den Aufdruck ›Deutschland‹ auf dieser Briefmarke zu verbieten, da es »nationalistische Tendenzen« fördere.

9. Sünder

1993 taten Journalisten im Saarland das, was man von ihnen – und dies gilt für den gesamten Berufsstand – wohl erwarten darf: Sie recherchierten und trugen durch eine Vielzahl von Artikeln zur Meinungsbildung des Volkes bei. Nur auf diese Weise wurde beispielsweise bekannt, daß der saarländische Ministerpräsident Oskar Lafontaine doppelte Pensionssätze bezieht. Recherchierende Journalisten entdeckten zudem aber auch, daß sich der rote Oskar gern in Stripperbars, Nachtklubs und in ähnlichen roten Etablissements amüsiert, was des Normalbürgers gutes Recht ist. Nur steht Lafontaine als Ministerpräsident eines Bundeslandes und Bundesvorsitzender der SPD durchaus im Interesse des öffentlichen Lebens. Wesentlich jedoch ist, gerade wenn bei Politikern und nicht nur diesen, der dringende Verdacht besteht, daß sie nicht mehr genügend zwischen dem von ihnen bekleideten Amt und ihren privaten Interessen zu unterscheiden vermögen, mündige Bürger sehr wohl ein Recht haben, Näheres zu erfahren. Privates Verhalten von Repräsentanten des Staates beschäftigt die Medien zu Recht dann, wie der ehemalige Präsident des Bundesverfassungsgerichts Ernst Benda urteilt, »wenn es um die Ausnutzung einer amtlichen Stellung zum Erlangen privater Vorteile geht«. Genau dies taten die Journalisten und deckten auf.

Der Rote Oskar fand das nun weniger lustig. Vielmehr behauptete Lafontaine, daß die Presse einen »Schweinejournalismus« betreibe, und regte im Saarland aus diesem Grunde ein neues Pressegesetz an. Im Mai 1995 beschloß die im Saarland herrschende politische Klasse das *Gesetz zur Änderung des Saarländischen Pressegesetzes*. Damit können in Zukunft Betroffene in eigener Sache Gegendarstellungen ohne Rücksicht auf ihren Wahrheitsgehalt in Medien veröffentlichen, ohne daß die Redaktionen ausreichend dazu Stellung nehmen dürfen.

Die Kollegen von der CDU fanden an den von der SPD ins Leben gerufenen Maßnahmen Gefallen. So beschloß der Hamburger CDU-Parteitag bereits einige Wochen später ein neues Grundsatzprogramm, in dem die gewagte Forderung aufgestellt wird, daß alle Bürger einen gesetzlich geregelten Auskunftsanspruch gegen Presseorgane, Rundfunk und Fernsehen über die sie betreffenden gesammelten Informationen erhalten müssen. Natürlich geht es hierbei wieder einmal weniger um das Wohlbefinden des Bürgers, sondern um die Absicherung der Vertreter der herrschenden Klasse, denn, nach dem christdemokratischen Gesetzesentwurf, können beispielsweise Politiker, die ahnen, daß über sie berichtet werden soll, schon bei einer Anfrage durch einen Journalisten Rechtsmittel einlegen und die Redaktionsarbeit blockieren.

Als amtierender Präsident des Deutschen Bundestages hielt Philipp Jenninger anläßlich des fünfzigsten Jahrestages der sogenannten Reichskristallnacht vom 10. 11. 1938 eine Rede, in der er die psychischen Gründe zu erschließen versuchte, die zu den Verhaltensweisen vieler Deutscher in dieser historischen Nacht geführt haben. In seinen Ausführungen enthielt sich Jenninger der bekannten parlamentarischen Selbstbeschuldigungen und Selbstanklagen. Er ging vielmehr davon aus, daß die damalige deutsche Generation in ihrer übergroßen Mehrheit weder aus Narren noch aus mutmaßlichen Mördern bestand. Auf dieser Grundlage versuchte der Präsident auf redliche Weise Ursachenforschung zu betreiben, die er mit rhetorischen Fragestellungen auflockerte. Unter anderem sagte Jenninger: »Die Jahre von 1933 bis 1938 sind selbst aus der distanzierten Rückschau und in Kenntnis des Folgenden noch heute ein Faszinosum insofern, als es in der Geschichte kaum eine Parallele zu dem politischen Triumphzug Hitlers während der ersten Jahre gab. Wiedereingliederung der Saar, Einführung der allgemeinen Wehrpflicht [...], Besetzung des Rheinlandes, Olympische Sommerspiele in Berlin [...]. Für die Deutschen, die die Weimarer Republik überwiegend als eine Abfolge außenpolitischer Demütigungen empfunden hatten, mußte dies alles wie ein Wunder erscheinen [...]. War er nicht wirklich von der Vorsehung auserwählt, ein Führer, wie er einem Volk nur einmal in tausend Jahren geschenkt wird?«

Sozialdemokratische und grüne Bundestagsabgeordnete konnten eine solche Frage nicht verkraften und verließen noch während der Rede aus Protest den Plenarsaal. Und gleichsam postwendend schossen sich die als Sittenwächter berufen fühlenden Medien auf Jenninger ein, und zwar derart, daß die Unionsparteien nebst der FDP in gewohnter Weise kalte Füße bekamen und, anstatt sich vor ihren bemerkenswerten Abgeordneten zu stellen, selbigen fallen ließen und ihm den Rücktritt nahelegten. Der zu diesem Zeitpunkt ohnehin politisch Erledigte, nahm zwei Tage später tatsächlich seinen Hut und fristete seitdem sein Dasein bis zu seiner Pensionierung auf dem diplomatischen Abstellgleis in Wien und dem Vatikan. Eine Bemerkung noch zum ironisch-tragischen Abschluß der Jenninger-Angelegenheit: Der überwiegende Anteil der deutschen Bevölkerung, die in gewohnt freiheitlich-demokratischer Weise nicht gefragt wurde, stimmte den Äußerungen Jenningers zu.

Ein zur Darstellung der praktizierten Meinungsfreiheit in Deutschland bemerkenswerter Fall ereignete sich im April 1992. Es ging um die Veröffentlichung einer universitären Studie über Heinrich Böll. Was sich innerhalb von 21 Tagen abspielte, gleicht mittelalterlicher inquisitorischer Willkür:

Am 6. April 1992 schrieb der Inhaber des Bielefelder Aisthesis Verlags, Detlev Kopp, einem jungen Autor, der ihm ein akademisches Manuskript über Heinrich Böll zur Veröffentlichung angeboten hatte, daß nach »gründlicher Lektüre« der Arbeit »wir zu der Auffassung gelangt« sind, daß »uns die Arbeit« inhaltlich zusagt. Sollte sich der Autor mit einer stilistischen »Überarbeitung einverstanden erklären, steht dem Erscheinen der Studie in unserem Verlag nichts im Weg«. Man wurde sich einig. Am 16. April unterzeichnete der Verlagsinhaber, am 24. April der Autor den Vertrag. Bis dahin war das Geschehen ein ganz normaler Prozeß seriöser Verlagspolitik. Am 27. April schrieb Verlagsleiter Kopp jedoch: »[Z]u meinem großen Bedauern muß ich Ihnen leider mitteilen, daß Ihre Böll-Studie doch nicht im Aisthesis Verlag erscheinen kann. Dem Votum des Lektorats, Ihre Arbeit unter der Voraussetzung einer gründlichen stilistischen Überarbeitung in unserem Verlag zu publizieren, kann ich mich unter keinen Umständen anschließen. Ich bedaure es sehr, Ihnen eine Zusage gemacht zu haben, bevor ich selbst die Arbeit geprüft hatte, und möchte mich dafür entschuldigen.«

Dies ist seltsam, hatte Kopp doch 14 Tage vorher festgestellt, daß »wir«, das heißt Kopp und sein Lektorat, die Studie nicht nur gelesen, sondern sogar einer »gründlichen Lektüre« unterzogen hatten. Was also ist der Grund? Kopp selbst gibt die Antwort: »Ihre Studie [...] ist [...] inhaltlich in vielerlei Hinsicht bedenklich.« Aha. Nur ist diese Begründung merkwürdig angesichts der Tatsache, daß ihm zwei Wochen zuvor die Arbeit inhaltlich noch zugesagt hatte. Schließlich läßt Kopp die Katze aus dem Sack: »Dies gilt ganz besonders für Ihre Ausführungen zum Nationalsozialismus und die Beurteilung der Kontinuitäten ›Drittes Reich‹–BRD durch Böll. Sie würden sich keinen Gefallen tun, wenn Sie die Studie in der vorliegenden Form veröffentlichen würden. Ich rate deshalb ab.«[15]

Sprach's und vernichtete das in Kraft getretene Vertragspapier. Es sind ausschließlich politische Gründe, die den Verlagsleiter dazu veranlaßt hatten, gesetzeswidrig, zudem unprofessionell, vom Vertrag zurückzutreten. Dabei vergißt Verlagsleiter Kopp in seinem letzten Satz nicht, den politisch korrekten Zeigefinger zu erheben.

10. Politische Korrektheit

In einer Erklärung des Deutschen Autorenrates heißt es: »Politische Korrektheit ist die Diktatur von Tabus und Meinungen, deren Urheber oft nicht festgestellt werden können. Denn die ›politisch korrekt‹ Denkenden glauben zu wissen, was moralisch ist, und erheben ihre Ansicht zum Dogma der Rechtsgläubigen. Sie schließen andere Meinungen als unkorrekt aus, schränken damit die freie Diskussion ein und errichten Tabus, wo ihre Argumente schwach sind. Daß man diese Tabus verletzt hat, merkt man daran, daß nicht mit vernünftigen Argumenten geantwortet, sondern daß moralisch Verdächtige ins Abseits gestellt werden. Der Deutsche Autorenrat tritt für eine offene Diskussion ohne Beschränkung der Themen und Meinungen ein. Er ruft dazu auf, Denkverbote und Gebotsschilder ›politischer Korrektheit‹ nicht zu beachten; von welcher Seite sie auch aufgestellt werden.«[16]

Betrachten wir uns anhand einiger Beispiele die praktische Umsetzung der Political Correctness und ihre Auswirkung auf die freie Meinungsäußerung. In Deutschland ist es beispielsweise nicht mehr korrekt, vom ›Zigeuner‹ zu sprechen. Hiervon unbeeindruckt zeigen sich natürlich die europäischen Nachbarn der Deutschen. Der Franzose beispielsweise nennt den Zigeuner selbstverständlich weiterhin ›tzigane‹, der Brite ›gypsy‹, der Isländer bezeichnet ihn als ›sigauni‹, der Norweger ›sigíyner‹, der Spanier ›gitano‹ usw. Nur im Deutschen heißt es jetzt korrekt ›Roma und Sinti‹, wobei diese Bezeichnung vollkommen inkorrekt ist, da es sich hierbei lediglich um die zwei Hauptstämme der Zigeuner handelt. Im Grunde genommen ist die generalisierende Bezeichnung ›Roma und Sinti‹ sogar rassistisch, da sie die kleineren Zigeunerstämme, wie zum Beispiel die Lalleri, die Manusch oder die Calè, übergeht und damit ausgrenzt. Und das in Deutschland!

Steht künftig im Verdacht, ein Rassist zu sein, wer zum Lied »Lustig ist das Zigeunerleben« schunkelt? Vielleicht sollte man auch die deutschen (und österreichischen) Speisekarten unter dem Stichwort Schnitzel redigieren sowie die deutschen (und österreichischen) Opern- und Operettenführer säubern. Sollte man in Zukunft, will man gesellschaftlich nicht an den Pranger gestellt werden, im Gasthaus nur noch Romaschnitzel bestellen und in der Oper sich am Sintibaron erfreuen?

Probleme gibt es natürlich auch beim Negerkuß und Mohrenkopf – und was sagt schließlich der Sarotti-Mohr dazu, wenn fröhliche Kinder ihr Lied von den »Zehn kleinen Negerlein« singen? Und kann man – gerade als Deutscher! – wirklich noch ohne Vorbehalt Bier der Vorarlberger Mohren-Brauerei trinken?

Nicht zu vergessen sind Witze. Ja, Witze sind besonders gefährdet – und gefährlich. Die korrekte Spaßhaftigkeit findet da nämlich besonders schnell ihre Grenzen. Sicherlich ist es noch möglich über Ostfriesen, Österreicher und Sachsen zu lachen. Aber über Neger, Türken und Juden? Dann ist freilich auch der Autowitz »Kaum gestohlen, schon in Polen« unstatthaft, kollidiert er doch mit dem Völkerverständigungsgedanken.

Der politisch korrekte Schwachsinn zieht unaufhörlich seine Kreise. Im schleswig-holsteinischen Ministerium für Wirtschaft, Technik und Verkehr war man sich nicht zu blöde, im Frühjahr 1996 die Gemeinde Lutterbek bei Kiel darauf hinzuweisen, den Begriff ›Fremdenverkehr‹ von nun an durch ›Tourismus‹ zu ersetzen, da das Wort ›fremd‹ negativ besetzt sei und ›man‹ an Fremdenfeindlichkeit denke. Hieraus schlußfolgernd sollte sich die gesamte Hotel- bzw. Pensionsbranche überlegen, ob es noch zeitgemäß ist, ›Fremdenzimmer‹ anzubieten – nachdem es keine Fremden mehr gibt und wir alle eine große Völkerfamilie sind.

Seit Mitte April 1995 bespitzelt der Berliner Verfassungsschutz erstmals eine Publikation der ostdeutschen Landsmannschaften. Beobachtet wird die Zeitung *Fritz* der Jugendorganisation der Landsmannschaft Ostpreußen. Grund der Beobachtung waren natürlich »rechtsextremistische Tendenzen«. Die Zeitung hatte nämlich die Unverfrorenheit besessen, Neger als Neger zu bezeichnen. Wahrlich ein unerhörter Fall von einer Bedrohung der Bundesrepublik Deutschland!

Es geht freilich nicht darum, die Political Correctness zu bekämpfen, weil man nicht auf Negerwitze verzichten möchte. Nicht jeder, der über einen Judenwitz lachen kann, ist aber notwendigerweise gleich ein Verbrecher, genauso wenig, wie nicht jeder, der einen Judenwitz gar nicht spaßig findet, gleich ein politisch Korrekter sein muß. Es geht darum, gegen Denkverbote anzukämpfen.

Das Fatale an der Political Correctness für die Meinungsäußerungsfreiheit ist, daß manche Auseinandersetzungen und Diskussionen von vornherein nicht oder nur in Form einer Diffamierungskampagne oder eines Schauprozesses stattfinden können. Denn sobald jemand von der Faschismuskeule getroffen oder beispielsweise als Nazi oder Sexist erfolgreich verunglimpft worden ist, hat er die asoziale Krätze. Und mit einem derart Aussätzigen spricht man nicht. Man gibt sich mit ihm erst gar nicht ab. Er wird nicht zu Diskussionsrunden eingeladen. Mit ihm redet man nicht. Man publiziert nicht im selben Medium. So einer bekommt keine Gelegenheit, seinen Standpunkt darzustellen. Er stinkt halt, wie Dieter E. Zimmer einmal in der *Zeit* feststellte, und deshalb geht man so einem aus dem Weg.

So sehr die Mutationen der Political Correctness, insbesondere ihre deutschen Abwandlungen in Form der historischen und sexuellen Korrektheit, bisweilen auch spaßig anmuten mögen, sie können für einen freiheitlichen Staat nur tödlich ausgehen. Nährboden findet diese Krankheit jedoch, wie es Reiner Kunze nennt, in der gnadenlosen Ideologisierung des geistigen Lebens in Deutschland, und diese wiederum ist für Steffen Heitmann Ausdruck eines seelisch kranken Volkes. Und man braucht kein Psychiater zu sein, um hierin dem sächsischen Justizminister zuzustimmen.

11. Revisionismus

Der Tathergang des Reichstagsbrands; die Umstände in der sogenannten Reichskristallnacht; die Ursachen des Kriegsausbruchs 1939; die Authentizität der Schriften *Tagebuch der Anne Frank* oder Hermann Rauschnings *Gespräche mit Hitler*, die oft als Grundlagenwerke zur Erforschung des Dritten Reichs, insbesondere hinsichtlich der Judenverfolgung, suggeriert wurden; die Ermordung polnischer Offiziere in Katyn; die Umstände, die zum deutschen Einmarsch in die Sowjetunion geführt hatten; letztlich auch die Mär, Deutsche hätten Seife aus Knochen von Juden oder aus deren Haut Lampenschirme hergestellt; die Behauptung, in den Konzentrationslagern Dachau, Mauthausen und Bergen-Belsen seien Menschen vergast worden – sind das alles historische Tatsachen, an denen nicht zu rütteln ist?

Neue Erkenntnisse werden nicht nur in allen geisteswissenschaftlichen, sondern vor allem auch in naturwissenschaftlichen und technischen Bereichen beinahe täglich gewonnen. Greifen wir uns ein stellvertretendes Beispiel aus der Paläontologie. Im September 1995 legten argentinische Paläontologen im Nordwesten Patagoniens die versteinerten Überreste einer bislang unbekannten Dinosaurierart, den *Giganotosaurus carolinii*, frei, der noch größer als der *Tyranno-*

saurus rex ist und vor rund 70 Millionen Jahre in der Kreidezeit lebte. Doch wer sich nunmehr im Besitz ›*der* Wahrheit‹ glaubte und meinte, als historische Tatsache verkünden zu können, daß der Gigantosaurus der größte fleischfressende Saurier, der jemals auf der Erde gelebt hat, gewesen sei, wurde bereits im Mai 1996 eines besseren belehrt: In Marokko entdeckten Wissenschaftler den um 20 Millionen Jahre älteren und noch größeren *Carcharodontosaurus saharicus* – was natürlich alle notwendigen revidierenden Konsequenzen mit sich zog.

Was für Paläonthologen oder Gentechniker oder irgendwelche andere Forscher gilt, gilt selbstverständlich auch für den Historiker: Zu Beginn seines Forschens bezweifelt oder überprüft er nämlich die Ausgangslage, die bisherigen Erkenntnisse. Demnach ist aber nach Auffassung der politisch Korrekten und der Verfassungsschützer jeder Historiker bereits bei Beginn seiner Untersuchungen ein Straftäter, da seine Studie über einen bestimmten Sachverhalt, dem er eben zunächst kritisch gegenübersteht, bereits mit der staatsanwaltlichen Auffassung der Strafwürdigkeit kollidiert. Nur ist es so, daß wissenschaftliche Forschung gar nicht auf andere Weise betrieben werden kann, als vorgegebene Voraussetzungen zu untersuchen und Ergebnisse nicht vorwegzunehmen. Nur auf diese Weise hat Forschung den geistigen Erkenntnisbereich des Menschen erweitert.

Man sollte in Deutschland schnellstens begreifen, daß Veränderungen in den Machtverhältnissen eines Landes auch die Werte, Wahrheiten und vermeintliche historische Tatsachen beeinflussen. Sie sind keinesfalls endgültig, sondern unterliegen dank freier Forschung und nicht zuletzt dank der freien Meinungsäußerung bisweilen gewaltigen Veränderungen. Dem mündigen Bürger wie dem freien Publizisten, erst recht aber dem Wissenschaftler ist unter allen Umständen das Recht einzuräumen, seine Recherchen, Erkenntnisse und Wertungen in einem machtunabhängigen Forschungsauftrag durchzuführen, sich zu seinen Schlußfolgerungen zu bekennen und seine Meinung ohne Tabuisierung auch öffentlich zu vertreten. Nur auf diese Weise waren und sind Erkenntnisse über alle den Menschen interessierende Gesichtspunkte zu gewinnen, nur auf diese Weise ist eine geistige Weiterentwicklung des Menschen gewährleistet.

Revisionisten hin, politische Aktivsten in der außerparlamentarischen Opposition her – für den Innenminister Brandenburgs, Alwin Ziel (SPD), sind sie Gesindel. Ziel zeichnet schon ein merkwürdiges Demokratieverständnis aus: Selbst schwere Verstöße gegen das Wahlgeheimnis, die eher in der Tradition der SED stehen dürften, als Kennzeichen eines freiheitlichen Staatssystems zu sein, sind für Ziel keine Unmöglichkeiten. Bürger, die mit ihrer Unterschrift die Teilnahme an Wahlen von nationalen Parteien oder Kandidaten befürworteten, ließ Ziel 1995 geheimdienstlich registrieren. Auch Sondergesetze in Form von Vereins- und Versammlungsverbote erfreuen sich in Brandenburg zunehmender Beliebtheit, ungeachtet mahnender Worte aus gewiß unverdächtiger Ecke: *Der Spiegel* beispielsweise hat die Gefahr erkannt. In seiner Ausgabe 24/1995 warnt das Magazin, daß derartige Vorhaben in der modernen europäischen Gesetzgebung ein beispielloses Gesinnungsstrafrecht schaffen könnten.

Ein Herrn Ziel artverwandtes eigenartiges Verständnis bezüglich Demokratie und Meinungsfreiheit ließ beispielsweise auch die PDS-Vizechefin Angela Marquardt in einem Interview im *Wochenblatt* am 24. 8. 95 erkennen:

»*Marquardt:* Die Reps sind für mich Leute, die nicht das Recht haben zu tagen.

Frage: Ist das demokratisch?

Marquardt: Natürlich. Die Veranstaltung zu verhindern, ist eine demokratische Meinungsäußerung. Der Schönhuber will Faschismus, und deswegen werde ich mich dafür einsetzen, solche Veranstaltungen zu verhindern.

Frage: Ist es legitim, gegen Leute, die Sie für undemokratisch halten, undemokratisch vorzugehen?

Marquardt: Ja, im Sinne der Verhinderung ihrer Propaganda und ihrer Angriffe auf Menschen.

Frage: Ist es legitim, solchen Leuten eins auf die Nase zu hauen?

Marquardt: Das muß jeder für sich selbst entscheiden. Ich würde es nicht machen. Aber ich weine bestimmt nicht, wenn ein Fascho eins aufs Maul kriegt.

Frage: Wie finden Sie es, wenn Brandanschläge auf die Druckerei der rechtsgerichteten Zeitung *Junge Freiheit* stattfinden?

Marquardt: Ich halte es für legitim, zu verhindern, daß die *Junge Freiheit* gedruckt werden kann.«[17]

Der Politikwissenschaftler Hans-Gerd Jaschke empfindet die politische Justiz gegen rechts als »Gesinnungsjustiz, bei der es vor allem um die rechtliche Sanktionierung individueller inkriminierter Meinungen, letztlich aber auch um die staatliche Regulierung gesellschaftlicher Kommunikation geht [...]. Politische Justiz gegen rechts [...] richtet sich daher vornehmlich auf die Ebene der öffentlich geäußerten Meinungen und Gesinnungen. Die Schwelle des Strafrechts setzt gegen rechts viel früher ein als gegen links [...]. Daß Gesinnungen nicht unter Strafe gestellt werden dürfen, daß auch Meinungen, die der historischen Wahrheit zuwiderlaufen, als individuelle Äußerungen legitim sind, daß die Allgemeinheit des Gesetzes verbietet, bestimmte Meinungen zu kriminalisieren, daß der Staatsanwalt nicht Sanitäter sein kann, um die Gesellschaft vor Ansteckung durch Ideologie zu bewahren, all diese hehren Grundsätze des liberalen Rechtsstaates gelten oft wenig, wenn es gegen rechts geht«.[18]

Im Mai 1996 wurde mittels einer Anzeige in einer großen deutschen Tageszeitung der *Appell der 100 – Die Meinungsfreiheit ist in Gefahr!* veröffentlicht. In diesem Aufruf, der von 100 prominenten Wissenschaftlern, Publizisten, Verlegern und Buchhändlern unterschrieben wurde, heißt es unter anderem: »Wir, die Unterzeichner, haben in letzter Zeit mit Besorgnis zur Kenntnis nehmen müssen, daß in Deutschland in zunehmendem Maße Sondergesetze und strafrechtliche Verfolgung gegen Verleger, Redakteure und Autoren – auch gegen Wissenschaftler – wegen deren begründeter Äußerungen zu bestimmten Fragen der Zeitgeschichte eingesetzt werden. Insbesondere grenzt die seit einigen Jahren geübte juristische Praxis, mit dem Prinzip der ›Offenkundigkeit‹ alle seitens der Verteidigung vorgetragenen neuen Beweise für solche Äußerungen ohne Behandlung abzulehnen, an Rechtsbeugung, verstößt gegen die Menschenrechte und ist eines freiheitlichen demokratischen Rechtsstaates unwürdig. Dadurch werden die wissenschaftliche Forschung und die öffentliche Diskussion dieser gerade für Deutschland wichtigen Fragen unerträglich eingeengt, und der notwendige Prozeß der Wahrheitsfindung wird verzögert oder ganz verhindert. Ohne zum Inhalt der strittigen Fragen Stellung nehmen zu wollen, weisen wir als verantwortungsbewußte Staatsbürger in großer Sorge um die grundgesetzlich garantierte Meinungsäußerung wie die der Forschung und Lehre auf diese gefährlichen Zustände hin und wenden uns an alle Verantwortlichen und an die Öffentlichkeit im In- und Ausland, dafür einzutreten, daß derartige Verletzungen sowohl der Menschenrechte als auch der freiheitlich-demokratischen Grundordnung in Zukunft unterbleiben.« Diesem Aufruf folgten im Juli und September ergänzende *Appelle der 500 bzw. 1000.* Nach den »Erkenntnissen« der Hamburger Verfassungsschutz handelt es sich bei den Unterzeichnenden *nicht nur* um Rechtsextremisten, die sich gegen staatliche Repressionen wehren. Den Verfassungsschützern fiel nichts Besseres ein, als wie folgt zu kommentieren: »Mit der Veröffentlichung der ›Appelle‹ hatten es Revisionisten geschafft, auch Personen ohne rechtsextremistischen Hintergrund für sich einzuspannen und so von ihrer eigentlichen, gegen den Staat gerichteten, extremistischen Bestrebung abzulenken. Es gelang ihnen, den Text als Mahnruf für eine ›demokratische‹ Öffentlichkeit zu bemänteln, der auch in seriösen Tageszeitungen als Anzeige veröffentlicht wurde.«[19]

12. Die andere Form von ›Meinungsfreiheit‹

Es gibt freilich eine andere Form der Meinungsfreiheit, die nahezu uneingeschränkt zulässig ist. Die Entscheidung des Bundesverfassungsgerichts, daß der Ausruf »Soldaten sind Mörder« nicht etwa eine Ehrbeleidigung, sondern vielmehr von der Meinungsfreiheit gedeckt sei, spricht diesbezüglich Bände. Es gibt dergestalt eine Vielzahl von Beispielen, in denen die Meinungsäußerungsfreiheit offensichtlich staatlich sanktioniert ist, um entweder ihren Beitrag zur allgemeinen Verdummung des Volkes zu liefern und damit ihren Obolus zur geistigen Dekadenz zu leisten, oder man schlichtweg unterstellen muß, daß die Richter das Wesen eines pluralistischen, freiheitlichen Staatswesens, in dem nicht mit zweierlei Maß gemessen werden kann, nicht begriffen haben.

Auf die Frage beispielsweise, warum der Ausruf »Deutsche raus aus Deutschland« im Gegensatz zur Äußerung »Ausländer raus« den Tatbestand der Volksverhetzung erfüllt, gab der Bundestagsabgeordnete Dietrich Austermann, Vorsitzender der Landesgruppe Schleswig-Holstein der CDU/CSU-Fraktion am 3. 1. 1995 folgende Erklärung: »Wer ›Ausländer raus‹ fordert, will erkennbar die Ehre sämtlicher in Deutschland lebender Ausländer angreifen. Ein derartiges Verhalten ist menschenunwürdig. Wer die Forderung ›Deutsche raus‹ aufstellt, meint offensichtlich in einer Reaktion auf den Ruf ›Ausländer raus‹ Ausländer schützen zu müssen. Da es sich im Zweifel um einen Deutschen handelt, der ähnliches an Wände schmiert, trägt die Forderung erkennbar den Charakter der Nichternsthaftigkeit in sich.«

Der sächsische Justizminister Steffen Heitmann ward von Bundeskanzler Helmut Kohl als Bundespräsidentschaftskandidat auserkoren, unter dem Gesichtspunkt des halbherzigen und sich schier endlos dahinziehenden Wechsels vom Rhein in die Hauptstadt sicherlich eine gutgemeinte Geste. Heitmann gehörte zu den Kernfiguren des gewaltlosen Widerstandes gegen die SED. Seine natürliche und unbedenkliche Art zu sprechen hob ihn angenehm von den sich ewig von allem und nichts distanzierenden, betroffenen und geschockten Parlamentariern des Westens ab. Und doch brachen ihm die politisch korrekten Sittenwächter das politische Genick.

Die Kampagne gegen Steffen Heitmann begann am Tag seiner Nominierung. Der *Stern*, für den Heitmann ein »Nasenbär« ist, platzte mit der Frage heraus: »Wer zum Teufel ist Steffen Heitmann?« Die Antwort hatten die Kollegen von der Meinungsmache parat: Ein »nationales Unglück«, geiferte *Der Spiegel*, »eine Katastrophe«, echauffierte sich die *tageszeitung*, also »eine Zumutung« entblödete sich der *Stern*. Zum Todesstoß setzte die *Süddeutsche Zeitung* an. In einem Interview mit ihr gab Heitmann zu erkennen, nicht ein traditioneller deutsche Dauerbüßer zu sein. Ein solches Bekenntnis ist wahrlich verhängnisvoll. Schließlich stellt doch nur der ewige Trauerarbeiter die unbedingte Voraussetzung dar, ein derartiges repräsentatives Amt, wie das des Bundespräsidenten, bekleiden zu können. Die *Süddeutsche Zeitung* schlachtete jeden Satz aus, nachdem er aus dem Zusammenhang herausgerissen war, und rief auf zur öffentlichen Steinigung. Schließlich bricht Heitmann »mit dem Grundkonsens der alten Bundesrepublik«, wie sich der ehemalige Sprecher Richard von Weizsäckers, Friedbert Pflüger, entrüstete und deshalb die guten korrekten Geister beschwor: »Steffen Heitmann darf nicht Präsident werden.«

Warum eigentlich nicht? Wie repräsentative Meinungsumfragen ergeben hatten, teilten zwischen Zweidrittel und Dreiviertel der deutschen Bevölkerung Heitmanns Aussagen. Doch wen kümmert das? Natürlich zog die Union ihren Kandidaten wieder zurück. Nach seiner Rücktrittserklärung sagte Heitmann, daß er bis zu dem Gespräch mit der *Süddeutschen Zeitung* ein Bild von freier Presse hatte: »Ich wußte noch nicht, daß auch die Meinungsfreiheit im Westen eine eingeschränkte sein kann, daß man auch hier mit Zensur rechnen muß – mit einer Zensur, die ihre Maßstäbe aus dem Zeitgeist bezieht. Unterschätzt habe ich die Intoleranz einer linksliberalen Medienöffentlichkeit, die es längst verlernt hat, sich auch einmal selbst in Frage zu stellen. Bestraft wurde ich dafür, daß ich deren Tabus verletzte.«

Charlotte Höhn, die ehemalige Direktorin der Bundesinstituts für Bevölkerungsforschung in Wiesbaden, war es beschieden, die Folgen zu spüren, was in Deutschland mit jemandem geschieht, der ein Tabuthema unvoreingenommen angeht. Im September 1994 fand in Kairo eine Weltbevölkerungskonferenz statt, die Fragen des Bevölkerungswachstums, des Hungers und der Entwicklungshilfe als Themen behandelte. Die Professorin wagte es festzustellen, daß es nötig sei, den Bewohnern südlich der Sahelzone das seit der Entkolonialisierung verlorengegangene Wissen bezüglich Bewässerung und produktivem Ackerbau wieder zu vermitteln und zu kontrollieren. Frau Höhn erlaubte sich unter Berufung auf einschlägige, international anerkannte Forschungsergebnisse vergleichender völkerpsychologischer Untersuchungen, in die auch Ergebnisse über ethnische Intelligenzquotienten fallen, »anzumerken, daß über Jahre planende Vorschau im Sinne europäischer Tradition bei den Bewohnern der Sahelzone nicht vorausgesetzt werden dürfen, dies sei ein Fehler bisheriger Entwicklungspolitik in jenen Regionen gewesen«.

Und wie recherchierte und informierte *Der Spiegel*? Mit einem aus dem Zusammenhang herausgerissenen Satz, der obendrein aus einem Monat vorher aufgezeichneten Gespräch stammte, das in der *taz* ohne die Autorisierung von Frau Höhn abgedruckt wurde: »Die durchschnittliche Intelligenz der Afrikaner ist niedriger einzustufen als die anderer« Rassen, wobei schon letzteres Wort in Deutschland – außer in Verbindung mit Hunden und Pferden – negativ belastet ist. Natürlich wurde Frau Höhn wegen »ausländerfeindlicher Äußerungen« umgehend abberufen – verständlich als »Erbin Hitlers‹, wie der SPD-Bundestagsabgeordnete Freimut Duve in üblicher Burschikosität das Urteil fällte.

Die Kontroverse um Frau Höhn war ein erfolgreicher Angriff auf die Wissenschaftsfreiheit, schließlich kann man auch bei noch so fundierten Unterlagen und Erkenntnissen nicht die Meinung vertreten, daß es eine Korrelation zwischen Intelligenzquotienten und Rasse gibt. Michael Behrens und Robert von Rimscha machen deutlich, worum es in dem Feldzug gegen Frau Höhn ging: »Als der Spiegel unter der Überschrift ›Gefährliche Fragen‹ das Bild von Frau Höhn zusammen mit dem Photo einer NS-›Rassehygienikerin‹ veröffentlichte, die einer Zigeunerin den Kopf vermaß, war klar, welche Zielrichtung diese Auseinandersetzung hatte: Fragen der Bevölkerungspolitik wie zu Völkerwanderungen aus der Dritten Welt, zu Armutsflüchtlingen und Geburtenraten sollen in Deutschland tabu sein. Diejenigen, die auf Biegen und Brechen die Multi-Kulti-Societas durchsetzen wollen, halten nichts von rückläufigen Asylbewerberzahlen, Visumpflicht, sicheren Drittländern.«[20]

Mit dem bloßen Verlust ihrer beruflichen Anstellung in Wiesbaden und der Verletzung ihrer Reputation war es jedoch noch nicht getan. Als weitere Folge erhielt die Wissenschaftlerin mit der Begründung, daß man Anlaß zu Zweifeln habe, ob sie die gesellschaftspolitische Verantwortung der Bevölkerungswissenschaft reflektiere und in der Lehre vertrete, von der Universität Gießen keinen Lehrauftrag für das Sommersemester 1995 mehr.

13. Etiam diabolus audiatur!

Ein Professor für Buch- und Verlagswesen aus München schrieb dem Verfasser im Februar 1996 unter anderem, daß von Textzensur in Deutschland nicht die Rede sein könne. »Jeder kann entsprechend unserer Verfassung reden und schreiben, was er will [...]. Wenn von Zensur geredet werden kann, dann allenfalls von einer Verhinderung des Disqualifizierten.«[21] Hans-Adolf Jacobsen meinte einmal, die Meinungsäußerungsfreiheit in Deutschland durch die Behauptung belegen zu können: »Nach wie vor gibt es in Deutschland für fast jede Richtung ein Organ, in dem u. a. die unsinnigsten Behauptungen aufgestellt werden können.«[22] Den beiden Professoren können wir nur entgegnen, daß es in einem freiheitlichen Staat doch nicht darum geht, den größten Mist sagen und schreiben zu dürfen! In einem freiheitlichen Staat geht es darum, eine kritische Haltung gegenüber anderen Meinungen – auch und erst recht der Lehrmeinung der herrschenden politischen Klasse gegenüber – vertreten und frei äußern zu können!

»Wer apologetische Reden auf die Staatsgewalt hält, bedarf keines Schutzes. Er ist nicht bedroht. Bedroht ist nur der Opponent. Als Freiheit der ›Andersdenkenden‹ erst hat politische Freiheit, hat Meinungsäußerungsfreiheit, ihre Bedeutung. Als solche ist sie historisch erkämpft worden: Von politischen Minderheiten, von Oppositionellen [...]. Nicht der Satz, man könne in der Republik seine Meinung nicht frei äußern, ist eine Gefahr für eine demokratisch verfaßte Gesellschaft [...], gefährlich ist die Unterdrückung dieser Bemerkung; sie bestätigt ihn.«[23]

Richard von Weizsäcker bezeichnete einmal die Bundesrepublik Deutschland als den »freiesten Staat, der jemals auf deutschem Boden existiert« habe. Bis zu einem gewissen Grad ist sie es vielleicht einmal gewesen. Sie ist es heute längst nicht mehr. Die Verwirklichung von Geistesfreiheit ist nicht erfüllt. Es wird in Deutschland zensiert, und Meinungen oder deren Äußerungen werden in zunehmenden Maße unterdrückt und ›verboten‹. Der Geist Metternichs wirkt in Deutschland über die Zeiten hinfort. Die Bundesrepublik Deutschland macht diesbezüglich innerhalb der deutschen Geschichte keine Ausnahme.

Das demokratische Staatssystem der Bundesrepublik Deutschland kann seinen Anspruch, als freiheitlich und pluralistisch zu gelten, nur dann wiederherstellen, wenn die Meinungs- und Willensbeiträge *aller* Bürger in den Parlamenten repräsentiert werden und die politischen Entscheidungen aus der Arbeit und dem Wirken von *allen* politischen Parteien und Interessenvertretungen hervorgehen und auch diejenigen gehört werden, die nicht in Parlamenten, Institutionen, Organisationen und sonstigen Zusammenschlüssen erfaßt sind. Sollte es sich in Zukunft allerdings beweisen, daß die Belange Deutschlands lediglich von einer etablierten politischen Clique vertreten werden, die obendrein alle wichtigen Positionen in der Wirtschaft und Kultur beherrscht, trifft für die BRD die Bezeichnung »freiheitlicher pluralistischer Rechtsstaat« nicht länger zu. Vielmehr übt diese Clique damit das aus, was bislang lediglich totalitären Staatsformen vorgeworfen wurde, nämlich Meinungs- und Volksvertretung durch einen absoluten Wahrheits- und Herrschaftsanspruch ersetzen zu wollen. Und einen solchen Staat nennt man einen Gesinnungsstaat. Wird dieser Entwicklung nicht schnellstens Einhalt geboten und werden nicht umgehend elementare Veränderungen vollzogen, ist das Staatssystem der Bundesrepublik Deutschland von einer Demokratie endgültig zu einer Oligarchie verändert.

Der damalige Bundesinnenminister Gerhart Rudolf Baum sprach zur Eröffnung der Frankfurter Buchmesse 1979 die weisen Worte: »Die Kritik ist das Lebenselement der politischen Kultur einer freiheitlichen Demokratie. Meinungs- und Informationsfreiheit garantieren diese Kritik. Sie sind essentielles und hervorragendes Freiheits- und Bürgerrecht. Das Buch ist wesentlicher Bestandteil dieser politischen Kultur. Es war immer Ideenträger und Transportmittel geistiger Entwicklungen [...]. Wir müssen Kritik nicht nur tolerieren. Demokratische Haltung fordert, ihre Notwendigkeit zu bejahen [...]. Es kann und darf nicht Aufgabe des Staates oder irgendwelcher gesellschaftlichen Kräfte sein zu bestimmen, was gedruckt werden darf und was nicht. Vielmehr haben wir die Freiheit zu gewährleisten, auch noch so Abwegiges zu drucken und zu lesen, solange hierdurch nicht verletzend in die Rechte anderer eingegriffen wird. Wir können nicht einerseits an die Einsicht des ›mündigen Bürgers‹ appellieren, ihn aber auf der anderen Seite bevormunden zu wollen, wenn es um seine Lektüre geht.«[24] Dieser erfreulichen Erkenntnis ist kaum etwas hinzuzufügen; außer, daß Baum während seiner Amtszeit gegenteilig handelte, seine Amtsnachfolger ebenso.

Soll der politische Willensprozeß, der gesellschaftliche Meinungsbildungsprozeß frei, das heißt freiheitlich, verlaufen, darf das Bilden, Haben, Äußern und Verbreiten von Meinungen, unter Berücksichtigung der berechtigten dargelegten Ausnahmen des Jugend- und Ehrenschutzes, jedoch nicht behindert werden. Die Denk- und Gedankenfreiheit beinhaltet das Recht, sich mit den Gedanken Dritter zu befassen. Eine vollständige Entfaltung und Verwirklichung des Menschen ist aber nicht möglich, wenn ihm die Aufnahme oder die Teilhabe an Gedanken Dritter verwehrt wird, da eine Vertiefung der eigenen Gedanken ohne Quellen nicht möglich ist. Aus diesem Grund ist dem Menschen der Zugang zu geistigen Werten nicht zu verschließen. Zensur wird als Zwangsmittel immer dann angewandt, wenn eine Obrigkeit oder Autorität oder Macht oder Gewalt ihren geistigen, wirtschaftlichen und/oder existentiellen Bestand einer Gefahr ausgesetzt sieht.

Die zunehmend sanktionierte Aufhebung der Meinungsfreiheit und die Stabilisierung eines Gesinnungsstaates in Deutschland hat inzwischen auch zu internationalen Protesten vor deutschen Botschaften und Konsulaten im Ausland geführt. In Südafrika beispielsweise kam es zu einem Protest, der seinen weltweiten Widerhall in der internationalen Presse fand. Die parteiunabhängige Organisation *Friends of Freedom of Speech* demonstrierte am 28. Mai 1997 unter anderem vor der deutschen Botschaft in Pretoria, schaltete eine Anzeigenkampagne in Tageszeitungen und reichte bei diplomatischen Vertretungen Petitionen ein. In der Protestnote heißt es unter anderem: »Das geistig-politische Klima ist unerträglich geworden. Wir sind über die gravierenden Einschränkungen des einst grundgesetzlich verbürgten Rechts auf Meinungsfreiheit zutiefst erzürnt. Wir fordern die diplomatischen Vertretungen Deutschlands in Südafrika auf, sich für die Abschaffung der vor allem politisch motivierten Maulkorbgesetze einzusetzen. Insbesondere rufen wir dazu auf, alle politischen Gefangenen unverzüglich freizulassen.« Uwe Kästner, seines Zeichens deutscher Botschafter in Südafrika, wies die Anschuldigungen als unbegründet und unsachlich zurück.

Demokratie, erst recht wenn sie sich freiheitlich und pluralistisch nennt, lebt vom freien Austausch *aller* Meinungen und vom ungehinderten Engagement seiner Bürger. Weder in einem Klima der Resignation seitens der Bürger nach dem Motto ›Ich-kann-doch-sowieso-nichts-daran-ändern‹, noch in einem Klima der Ignoranz seitens der Medien nach dem Motto ›Lieber-Totschweigen-als-Auseinandersetzen‹, noch in einem Klima der Angst seitens publizistisch und politisch Aktiver und der Bespitzelung durch den Staatsschutz ist die Entwicklung eines freiheitlichen Staatswesens möglich. Ein freies Staatssystem braucht die freie Meinungsäußerung des Einzelnen, wie das Parlament die Opposition braucht. Gegensätzliche Ansichten beleben die Auseinandersetzung in einem pluralistischen Gesellschaftssystem, sie gehören nicht bestraft.

1. Der vorliegende Rede basiert weitgehend auf dem Buch: Claus Nordbruch, *Sind Gedanken noch frei? Zensur in Deutschland*, München 1998.

2. Vgl. Albert Bleckmann, *Staatsrecht II – Die Grundrechte*, Köln ³1989, S. 671.

3. Theodor Eschenburg, *Zur politischen Praxis in der Bundesrepublik*, München ca. 1961, S. 164.

4. Rudolf Wassermann in: *Die Welt* v. 28. 4. 1994. – Zitiert nach:*Das Freie Forum*, 4/94, S. 1.

5. Roman Herzog in: Theodor Maunz u.a. (Hrsg.), *Grundgesetz. Kommentar*, Bd. I. Art. 1–12, München 1993, Randnummer 298.

6. Eckhard Jesse, *Streitbare Demokratie und ›Vergangenheitsbewältigung‹*, in: Bundesamt für Verfassungsschutz (Hrsg.), *Verfassungsschutz in der Demokratie*. Beiträge aus Wissenschaft und Praxis, Köln 1990, S. 275.

7. Heiner Geißler zitiert in: Bernhard Steidle (Hrsg.), *Lexikon der Skandale. Sündenregister deutscher Politiker*, München 1988, S. 74.

8. Herbert Kempa in seinem Leserbrief in *Die Welt* v. 4.11.1994, S. 7.

9. Edzard Schmidt-Jortzig zitiert in *Das Ostpreußenblatt* v. 20. 4. 1996.

10. Der Verfasser hat beim zuständigen Verlag nachgefragt, aufgrund welcher Entscheidung und Kompetenz dieser Schritt der Zensur unternommen worden ist. Zum Zeitpunkt des Redaktionsschluß lag noch keine Antwort seitens des Verlages vor.

11. Rolf Kosiek, *Historikerstreit und Geschichtsrevision*, Tübingen ²1988, S. 71.

12. Michael Behrens & Robert von Rimscha, ›*Politische Korrektheit‹ in Deutschland*, Bonn ²1995, S. 24.

13. Günter Zehm in: *Die Welt* v. 24. 11. 1986. – Zitiert nach Rolf Kosiek, aaO. (Anm. 11), S. 136 f.

14. Lutz Tillmanns, »Zwischen staatlichen Eingriffen und Selbstkritik«, in: Deutscher Presserat (Hrsg.), *Jahrbuch 1994*, Bonn 1995, S. 11–29.

15. Der gesamte Schriftverkehr zwischen Detlev Kopp und dem besagten Autor liegt dem Verfasser vor.

16. Deutscher Autorenrat zitiert nach: *Nation Europa*, H 2/96, S. 10.

17. Angela Marquardt im *Wochenblatt* zitiert nach: *Nation Europa*, H 11-12/95, S. 34.

18. Hans-Gerd Jaschke zitiert nach: Klaus J.Groth, *Die Diktatur der Guten. Political Correctness*, München 1996, S. 53.

19. Freie und Hansestadt Hamburg Behörde für Inneres Landesamt für Verfassungsschutz (Hrsg.): *Verfassungsschutzbericht 1996*, Hamburg 1997, S. 43.

135

20. Michael Behrens & Rober von Rimscha, aaO. (Anm. 12), S. 132.

21. Brief liegt dem Verfasser vor.

22. Brief liegt dem Verfasser vor.

23. Gode Hartmann, »Meinungsfreiheit – ein Grundrecht der Affirmation?«, in: Joachim Perels (Hrsg.), *Grundrechte als Fundament der Demokratie*, Frankfurt/M. 1979, S. 111.

24. *Börsenblatt des Deutschen Buchhandels* v. 19. 10. 1979.

Die tägliche Gehirnwäsche
Medien − Meinungen −Manipulationen

Harald Neubauer

Meine Damen und Herren, liebe Freunde!
Sehen auch Sie die ›Lindenstraße‹ so gern? Dann freuen Sie sich.
Nicht einmal am 27. September, am Abend der Bundestagswahl,
müssen Sie auf die ARD-Dauerserie verzichten. Nach der Bonner
Runde, gegen 21.45 Uhr, geht es weiter mit ›Mutter Beimer‹ und
ihren rot-grünen, multikulturellen Nachbarn. Und man wird ganz
aktuell sein.

Der Produzent Hans W. Geißendörfer läßt nämlich eine Version
drehen, in der Helmut Kohl Bundeskanzler bleibt, eine weitere, in
der Gerhard Schröder siegt, und eine dritte für den Fall, daß doch
noch Wolfgang Schäuble anstelle Kohls zum Kanzlerkandidaten
der Union gekürt wird. Je nach Wahlausgang soll dann die treffendste Fassung ausgestrahlt werden.

Ist das nicht großartig? Dadurch bleibt uns eines erspart: daß
der Zuschauer plötzlich auf einen Unterschied stößt zwischen
Medienwirklichkeit und politischer Realität. Ein solcher Unterschied würde der Perfektion widersprechen, mit der heutzutage
insbesondere das Fernsehen die Grenzen verwischt, die das tatsächliche Leben noch trennen von einer ›Seifenoper‹. Bonn ist ›Lindenstraße‹, und ›Lindenstraße‹ ist Bonn. ›Mutter Beimer ‹ ist Lieschen Müller, und Lieschen Müller ist ›Mutter Beimer‹.

Volk und Fernsehen verschmelzen am Wahlabend zu einer vir-
tuellen Symbiose. Am nächsten Tag weiß niemand mehr so ganz
genau, wo er was gehört hat: in der Bonner Runde oder im Hinter-
hof der ›Lindenstraße‹. Solche Feinheiten spielen ohnehin keine
Rolle mehr. Wir leben in einer Zeit, in der die Politiker – wenigstens einige – so aussehen wie Schauspieler und Schauspieler so
sprechen wie Politiker. Die ganze Welt ein gigantisches Filmstudio
und wir die Statisten.

Die hohe Kunst der Staatsführung, an der sich früher der Zeiten
größte Geister versuchten, ist nur noch Theater. Wo einst die po-

litische Überzeugung waltete, haben wir heute den Regie-Einfall. Und an die Stelle des Sachverständigen tritt der Medienberater. Den modernen Politiker interessiert nicht mehr, worauf es ankommt, sondern wie es ankommt – beim Publikum nämlich. Angestrebt wird die perfekte Inszenierung, mit Mitteln, von denen ein Lord Northcliffe oder ein Joseph Goebbels nur träumen konnten.

Wir sprechen heute von der Massenkommunikationsgesellschaft. Das Wort ist so monströs wie die Tatsache, die es beschreibt. Von morgens bis abends, von der Wiege bis zur Bahre werden die Menschen medial bombardiert: mit Worten und Bildern, mit Musik und Geräuschen, mit Parolen und Reizen. Praktisch niemand kann sich dieser optischen und akustischen Einkesselung entziehen. Auch kritische Geister finden kaum einen Ausweg. Den Menschen drängt es zu Information und Unterhaltung; er saugt wie ein Schwamm auf, was er kriegen kann; es gibt keine Sperre im Hirn, die bei Falschdarstellungen oder bei offenkundigem Blödsinn die Aufnahme verweigert. Im Gegenteil: je simpler eine Botschaft, desto größer ihr Effekt.

Es ist nicht übertrieben, von einer Gehirnwäsche zu sprechen. Und doch tun es nur wenige. Die meisten verdrängen diese Vorstellung. Sie ist unangenehm. Oder haben Sie schon einmal gehört, daß jemand zu Ihnen sagt: Wunderbar, gestern ist mein Gehirn gewaschen worden? Wohl kaum. Die Menschen sind zufrieden über gewaschene Hände, stolz auf ein gewaschenes Auto, freuen sich über einen gewaschenen Kopf – nur das Gehirn in diesem Kopf will sich niemand waschen lassen.

Wie ist das zu erklären? Nun, jeder halbwegs gesunde Mensch legt Wert auf eine gewachsene Persönlichkeit, auf Lebenserfahrung, Urteilsvermögen, Denkfreiheit. Kein normaler Mensch gibt gern zu, daß seine Meinung das Produkt fremder Einflüsse ist. Zum Selbstwertgefühl zählt die Überzeugung, Herr seiner Gedanken zu sein: souverän und weitgehend autark, frei jedenfalls von Manipulationen.

Deshalb reagieren wir alle ausgesprochen ungehalten, wenn uns jemand vorwirft, fremdgesteuert zu sein. Wer das behauptet, vergreift sich an unserem Ego, an unserem Anspruch, ein mündiger Bürger zu sein. Nein, lautet die Antwort: Ich weiß, wovon ich rede.

Von dieser Selbstverteidigungsautomatik profitieren die Inhaber der Medienmacht. Sie wissen ganz genau, daß nur wenige Menschen die innere Kraft aufbringen, das Gesehene und Gehörte kritisch zu überprüfen. Viel bequemer, viel einfacher ist es, sich dem ›Mainstream‹ hinzugeben, sich mitnehmen und treiben zu lassen. Marx hat gesagt, die Religion sei das Opium des Volkes. Heute sind es die Massenmedien, die das Publikum einschläfern, betäuben, in Halluzinationen versetzen und von der Wirklichkeit abschneiden. Sie erzeugen Stimmungen und verschleiern Fakten, machen aus Ganoven Ehrenmänner und aus Ehrenmännern Ganoven.

Wir lachen heute über alte Kulturen, wo sich die Menschen vor den Standbildern irgendwelcher Gottheiten versammelten, in deren Bauch ein Priester verborgen war und das verlautbarte, was der herrschenden Kaste diente. Und was machen wir? Wir versammeln uns allabendlich vor einer Bildröhre, um die Botschaften und Handlungsanweisungen aus Bonn oder aus Washington oder von sonstwo zu empfangen. Die technischen Mittel sind moderner geworden, viel moderner, aber das Prinzip ist gleichgeblieben.

Heute umfängt uns ein ausgeklügelter Medienverbund. Es fängt schon morgens beim Aufstehen an. Die einen schalten das Frühstücksfernsehen ein, die anderen greifen zur Morgenzeitung. Tagsüber laufen stündlich die Nachrichten. Abends kommt die ›Tagesschau‹ und bestätigt uns das, was wir morgens schon gelesen haben. Alle können ja nicht lügen, sagt sich der Normalbürger. Beruhigt schaltet er einen Krimi, eine Show oder die ›Lindenstraße‹ ein. Dort wird spielerisch die vermeintliche Realität in Unterhaltung umgesetzt, so daß am Ende die Welt schön rund ist und in sich stimmig. Wer dann Klaus-Jürgen Wussow trifft, sagt »Herr Doktor« zu ihm.

Diese Entwicklung ist keine deutsche Erscheinung. Sie trifft aber hierzulande auf einen problematischen Vorlauf, der anderen Völkern erspart blieb. Als nämlich die Alliierten 1945 in Deutschland einmarschierten, war ihr Ziel die kollektive Gehirnwäsche der Besiegten. Man nannte es nur nicht ›Gehirnwäsche‹, sondern ›Re-education‹, zu deutsch ›Umerziehung‹. Es war eine Fortsetzung des Krieges mit anderen Mitteln.

Natürlich wollte man den Deutschen den Nationalsozialismus austreiben. Dabei beließ man es aber nicht. Man hatte vielmehr das ›Deutsche‹ als solches im Visier, bestimmte Denkweisen, Verhaltensmuster und Traditionen, von denen man meinte, sie hätten die Entstehung des Nationalsozialismus bewirkt oder zumindest begünstigt. Diese geschichtlichen Wurzeln sollten gekappt werden. Man wollte aus den Deutschen andere Menschen machen, ein anderes Volk.

Wichtig für die Sieger war es dabei, einheimische Hilfswillige zu finden. Da gab es zum einen eine Gruppe von Remigranten, die im alliierten Troß nach Deutschland zurückgekehrt waren, Linksintellektuelle, die das Dritte Reich aus politischen und rassischen Gründen in den dreißiger Jahren verlassen hatten. Zum anderen aber fand man auch unter den Besiegten insgesamt rund 1500 Mitarbeiter, »die zur Erfüllung unserer Mission beitragen können«, wie es im US-Umerziehungsprogramm wörtlich hieß.

Diese beiden Gruppen, Remigranten und Kollaborateure, wie man sie in Frankreich nennen würde, besetzten die Schaltstellen und Regieräume in den Schulen und Universitäten, vor allem aber in den Medien, in Presse, Rundfunk und Fernsehen. Im Wege der sogenannten ›Entnazifizierung‹ wurde beseitigt, wer nicht ins Konzept der neuen Herren paßte. Manchmal wurde allerdings auch und gerade auf NS-Belastete zurückgegriffen. Sie waren erpreßbar und damit besonders gefügig.

Man muß sich dieses Vorlaufs bewußt sein, wenn man die heutige Situation verstehen will. Von nichts kommt nichts. Aus der alliierten Umerziehungsretorte, aus der Gehirnwäscherei der Adorno, Horkheimer und Flechtheim und später der Habermas und Fetscher erwuchsen Hunderte und Tausende von Homunkuli nach dem Vorbild ihrer Schöpfer.

Die Re-education verselbständigte sich, entwickelte eine ungeheuerliche Eigendynamik und drohte 1968 sogar das von den Westalliierten errichtete Staatsgefüge der Bundesrepublik hinwegzufegen. Um den Überdruck zu ventilieren, wurde der ›Marsch durch die Institutionen‹ propagiert. Der wäre kraft des natürlichen Generationenwechsels zwar ohnehin gekommen, erlebte aber nun einen Umfang und eine Beschleunigung, daß man ohne Übertreibung von einem zweiten ›1945‹ sprechen kann.

Die radikale Linke obsiegte auf ganzer Front und bemächtigte sich nahezu aller gesellschaftlichen Zentralpositionen. Von den

›bürgerlichen‹ Restbeständen der Adenauer-Ära blieb so gut wie nichts übrig. Das gilt ganz besonders für den Medienbereich. Bei Meinungsumfragen unter Journalisten stellt sich regelmäßig eine überwältigende rot-grüne Mehrheit heraus, selbst in Bayern, wo die CSU regiert. Entsprechend sieht die Berichterstattung aus: einseitig, parteiisch und voller Haß auf alles ›Rechte‹.

Als deutscher Patriot kann man heute in etwa nachempfinden, wie sich ein Jude gefühlt haben muß, wenn er den *Stürmer* gelesen hat. Dessen Stil, dessen Diktion – wir erleben es am eigenen Leib nahezu jeden Tag. Hieß es bei Streicher, die Juden seien an allem schuld, so sucht man heute hinter jeder Wirtshausschlägerei, hinter jeder Brandstiftung, hinter jedem Rekruten-Ulk den ›Neonazi‹ und ›Rechtsextremisten‹. Noch bevor die Polizei auch nur den ersten Ermittlungsschritt vollzogen hat, wissen die Journalisten schon, wo die Schuldigen zu suchen sind. Wie aus einer tibetanischen Gebetsmühle quietscht es: rechts, rechts, rechts.

Differenzierungen sucht man vergeblich. Alles wird in einen Topf geworfen. Der deutsche Durchschnittsjournalist unterscheidet nicht zwischen ›rechts‹, ›rechtsradikal‹ und ›rechtsextrem‹. Ihm ist alles verdächtig, was nicht von links kommt, und alles vom Übel, was sich rechts von Heiner Geißler und Rita Süßmuth anordnet.

Einer ganzen politischen Richtung, so vage ihr Umriß auch ist, wird die Existenzberechtigung abgesprochen. Links allein soll das Gute liegen, eine ›Mitte‹ nimmt man notgedrungen gerade noch hin. Inhaltlich gibt diese parlamentarische Gesäß-Geographie des 19. Jahrhunderts zwar kaum noch etwas her, aber man kann mit solchen Markierungen eine komplizierte Welt für einfache Gemüter ordnen und übersichtlicher gestalten. Politikwissenschaftlich ist das gängige Links-Rechts-Schema nicht zu halten. Doch als Freund-Feind-Bestimmung taugt es allemal.

Zum ›Rechten‹ wird man heutzutage blitzschnell. Man braucht nur das falsche Vokabular zu pflegen. Der Feind des Zeitgeistes verrät sich durch beharrliches Festhalten an Wörtern, Begriffen und Redensarten, aus denen sich das ›neue Denken‹ nicht formen läßt. Volk und Vaterland gelten als überholt, also darf man von ihnen auch nicht mehr sprechen. Aus dem Volk ist die ›Gesellschaft‹ geworden und aus dem Vaterland der ›Standort‹.

Auch Patriotismus gehört der Vergangenheit an. Höchstens noch

›Verfassungspatriot‹ darf man sein, so, als könne ein Gesetzespapier, das alle naslang geändert wird, das Vaterland ersetzen. Am liebsten würde man die deutsche Geschichte ausradieren und nur noch ein paar Bruchstücke stehen lassen – in Form des für Berlin geplanten ›Holocaust‹-Denkmals.

Dabei ist man der Sprachlogik nur bedingt verpflichtet. Einerseits soll man zu Breslau ›Wroclaw‹' sagen, um den polnischen Herrschaftsanspruch nicht zu verletzen. Andererseits heißt es weiter Warschau und nicht ›Warszawa‹, übrigens auch Auschwitz, und nicht ›Oswiecim‹. Man merkt die Absicht und ist verstimmt.

Oder denken wir an jenen Nachbarstaat, den unsere Journalisten so penetrant ›Tschechien‹ nennen. Jahrhunderte lebten Tschechen in der Tschechei, Slowaken in der Slowakei und Türken in der Türkei. Was stört unsere Linken an der Endung ›ei‹? Das klinge so abwertend und ›nazihaft‹, belehrt man uns. Doch die NS-Bezeichnung für die Tschechei lautete ›Reichsprotektorat Böhmen und Mähren‹. Wollte man konsequent sein, dürfte man nicht länger von Böhmen und Mähren sprechen – aber auch diese Bezeichnungen sind sehr viel älter als der Nationalsozialismus. Der trat übrigens in dieser Wortverbindung erstmals bei den Tschechen auf – als diese noch Österreicher waren.

Die Meinungsmanipulation beginnt bei der Sprachmanipulation. Falsche Wörter, falsches Denken! Manches an der ›Political Correctness‹ ist schlicht schwachsinnig – wenn man zum Beispiel nicht mehr von ›Negerküssen‹ reden darf. Sie heißen jetzt ›schokoladeüberzogenes Zuckerschaumgebäck‹. Über Jahrhunderte nannte man einen Afrikaner so, wie er aussieht: *Neger*. Im Lateinischen heißt ›schwarz‹ *niger*. Wissenschaftliche Begriffe wie ›negrid‹ oder ›negroid‹ sind davon abgeleitet. Daran ist nichts falsch und nichts diskriminierend.

Auch Zigeuner sollen wir nicht mehr sagen. ›Sinti‹ und ›Roma‹ treten als eine Art Doppelname an ihre Stelle, wobei man nie weiß, ob es sich nun um den Stamm der Sinti oder um den Stamm der Roma handelt. Solch Unsinn dient angeblich dem Ruf der Betroffenen. Wie das? Mir bereitet jedenfalls »Der Zigeunerbaron« in der Operette oder ein Zigeunerschnitzel im Restaurant mehr Freude als ein Polizeibericht, in dem von Sinti und Roma die Rede ist.

Wenn da überhaupt noch von Ethnien gesprochen wird. Die Innenminister haben sich darauf verständigt, die Nationalität von Tatverdächtigen nur noch im äußersten Notfall bekanntzugeben. Zur Begründung gibt man an, man wolle keine Ausländerfeindlichkeit schüren. Ein klassisches Eigentor. Damit bestätigen die Innenminister, was ohnehin jeder weiß, daß nämlich der Ausländeranteil an der Kriminalitätsstatistik so aussagekräftig hoch ist, daß man ihn am besten verschweigt.

Auch der Deutsche Presserat bemüht sich um Faktenverschleierung und Meinungsmanipulation. Auch er hat die Redaktionen aufgefordert, dem Publikum die Nationalität von Verbrechern möglichst vorzuenthalten. Wir lesen seitdem von Tätern mit »südländischem Aussehen« oder »osteuropäischem Akzent« oder sogar von »Wohnwagen-Benutzern«. Auch »Frauen mit bunten Kopftüchern« bevölkern neuerdings die Plätze in Zeitungen und Polizeiberichten.

Die Infantilität linken Gutmenschentums erinnert irgendwie an Kinder, die ihre Augen ganz fest zukneifen und dann glauben, niemand könne sie mehr sehen. Die Wirklichkeit wird geleugnet, zumindest ignoriert – in der Annahme, daß auch alle anderen in künstliche Blindheit flüchten. Unsere Linken sind Traumtänzer und bleiben Traumtänzer.

Übrigens hat der Presserat die Redaktionen auch angehalten, Leserbriefe sorgfältig auszuwählen. ›Rassistische‹, ›menschenverachtende‹, ›volksverhetzende‹ Zuschriften sollen nicht veröffentlicht werden. Auch ›Revisionismus‹ und ›Revanchismus‹ sind verpönt. Man wählt die Begriffe so, daß die Zensur begreiflich erscheint, meint in Wirklichkeit aber alles, was vom linken Meinungskanon abweicht.

Eine große deutsche Tageszeitung veröffentlichte kürzlich einen Bubis-kritischen Leserbrief. Offenbar hatte der zuständige Redakteur geschlafen. Ein paar Tage später entschuldigte sich das Blatt in einer gewundenen Erklärung auf der Leserbrief-Seite für dieses »Versehen« und gelobte hoch und heilig, daß eine solche Unbotmäßigkeit nie mehr vorkommen werde. Man kann nur ahnen, was hinter den Kulissen stattgefunden haben muß.

Dies alles spielt sich ab im angeblich »freiesten Staat deutscher Geschichte«. Unsere Kinder lernen in der Schule, wie großartig unsere Demokratie funktioniert und daß es hierzulande keine Zensur und keine Verfolgung politisch Andersdenkender gibt. Alles ist frei – die Meinung, die Rede, die Presse. Ein Paradies ohne Fehl und Tadel.

Überhaupt ist das Kunststück der bundesdeutschen Zensur ihre sprachliche Selbstverleugnung. So beflissen sich heute jeder zur Demokratie bekennt, so obligatorisch ist auch das kollektive Ja zur Meinungsfreiheit. Demokratie ohne Meinungsfreiheit, das geht eben nicht. Also darf das böse Wort ›Zensur‹ gar nicht erst fallen. Es muß umschrieben und durch Euphemismen, durch beschönigende oder ablenkende Hüllwörter, ersetzt werden. So hören wir denn: Wir haben keinen autoritären Staat, sondern eine wehrhafte Demokratie. Bei uns gibt es keine Meinungseinschränkung, keine Informationskontrolle, sondern antifaschistische Wachsamkeit. Verfolgt werden nicht politisch Andersdenkende, sondern Verfassungsfeinde und Volksverhetzer. Alles ist nur eine Frage der richtigen Ausdrucksweise.

Früher schämte man sich der eigenen Absicht und ihrer korrekten Benennung nicht. Zensur wurde aus der Sicht ihrer Urheber selbstbewußt begründet und ungeniert praktiziert – bis hin zur Bücherverbrennung vor Publikum und sogar zur öffentlichen Hinrichtung von Buchhändlern. Heute tarnt man sich sprachlich. Man will aus gutem Grund nicht zu erkennen geben, daß das, was man an früheren Regimen kritisiert, die Zeiten überdauert hat. Auch wenn sich manche Formen gewandelt haben und die Meinungskontrolle heute subtiler ausgeübt wird, so bleibt doch festzuhalten, daß im Deutschland des Jahres 1998 Menschen nur deshalb im Gefängnis sitzen oder zu hohen Geldstrafen verurteilt werden, weil sie eine ›falsche‹ Meinung geäußert haben. Das ist unbestreitbar, auch wenn es viele verdrängen, weil sie selber nicht betroffen sind – noch nicht betroffen sind.

Vor der Fremdzensur steht die Selbstzensur. Auch sie leistet ihren Beitrag zur täglichen Gehirnwäsche der Deutschen. Nehmen wir zum Beispiel den bekannten Fernsehregisseur Dr. Dieter Wedel. Zuletzt beglückte er uns mit dem »König von St. Pauli«. Ein sachkundiges Nachrichtenmagazin aus Hamburg wunderte sich, daß in dem Film fast nur Deutsche vorkamen, obwohl das kriminelle Reeperbahn-Milieu von organisierten Banden aus Albanien, Rußland und der Türkei geprägt wird. Wedel antwortete darauf, er habe die Realität ausblenden müssen, »um nicht Beifall von der falschen Seite zu bekommen«, zum Beispiel von den Republikanern.

Das stimmt so natürlich nicht. Dem Künstler ist egal, wer ihm Beifall zollt. Und die Werbespots im Fernsehen richten sich an jeden, ob links oder rechts. In Wirklichkeit haben Leute wie Wedel nicht Angst vor Beifall von der falschen Seite, sondern Angst vor Kritik von der ›richtigen‹ Seite – jener Seite nämlich, die hierzulande den Ton angibt. Die Wächter der Political Correctness, die Journalisten und Rezensenten, würden jeden Film gnadenlos verreißen, der die Realitäten ablichtet. Die kommerziellen Folgen wären fatal.

Weil dem so ist, erleben wir zwar Fernsehserien, in denen der Ausgang der Bundestagswahl punktgenau erfaßt wird. Aber wir sehen keine Filme, in denen sich die gesellschaftlichen Mißstände so spiegeln, wie wir sie – beispielsweise aus der Kriminalitätsstatistik – kennen. Im Krimi ist so gut wie nie ein Ausländer der Mörder, Vergewaltiger oder Räuber. Und wenn es für ein paar Minuten einmal anders aussieht, dann folgt mit unausweichlicher Gutmenschen-Dramaturgie die Entwarnung: Achtung, falscher Verdacht! Der Mörder, der vorher noch seine eigene Tochter vergewaltigt hat, ist Fabrikant mit Villa in Grünwald, ein Reaktionär und Spießbürger mit ganz konservativen Ansichten. So richtig aus dem Leben gegriffen! Nur: aus welchem?

Haben Sie schon einmal einen Spielfilm gesehen, in dem der Asylmißbrauch wahrheitsgetreu thematisiert wurde? Nein, natürlich nicht. Asylanten sind in den deutschen Medien stets die armen, beklagenswerten Opfer, nie die Täter. Sie werden schlecht behandelt, diskriminiert, leben in ständiger Angst vor Abschiebung und Tod. Eine ständige Schwarz-Weiß-Malerei, wie man sie sich penetranter und primitiver nicht vorzustellen vermag.

Um kein Mißverständnis aufkommen zu lassen: Natürlich sind nicht alle Ausländer Verbrecher und nicht alle Asylanten Betrüger; darüber braucht man uns nicht zu belehren. Aber man bleibe uns bitte vom Leib mit dem falschen Umkehrschluß, wonach jeder Einwanderer, ob legal oder illegal, so unschuldig ist wie ein Osterlamm und so selbstlos wie Mutter Theresa. Wir kennen die Wirklichkeit, und wir sind mündig genug für eine lebensnahe, differenzierte Sichtweise.

Das Hamburger Nachrichtenmagazin, das sich über Wedel wunderte, praktiziert im übrigen selber eine bemerkenswerte Tatsachen-Kosmetik. Ein kleines Beispiel nur: Da war die Rede von dem 1942 in Deutschland produzierten Spielfilm »Titanic«. Er sei auf der ›Cap Arcona‹ gedreht worden, die – so wörtlich »1945 mit 6000 Flüchtlingen versank«.

Nun, die ›Cap Arcona‹ versank zwar 1945, aber nicht einfach so, sondern durch britische Fliegerangriffe. Das Schiff fuhr unter dem Roten Kreuz. Es starben bei diesem alliierten Verbrechen nicht 6000 ›Flüchtlinge‹, sondern 6000 KZ-Häftlinge aus 24 Staaten.

Warum wird das verschwiegen? Ganz einfach: Erstens ist es politisch inkorrekt, auf Siegerverbrechen hinzuweisen. Zweitens soll die Öffentlichkeit nicht erfahren, daß unter den Opfern dieser Siegerverbrechen auch Zigtausende von jüdischen KZ-Häftlingen sind, die man nach 1945 flugs auf das deutsche Schuldkonto gebucht hat.

Dies ist nur ein Beispiel unter vielen. Ich lese täglich in der Presse ähnliche Fälle. Man merkt dabei die Absicht der Journalisten, durch eine geschickte Wortwahl die Wahrheit zu verschleiern und falsche Eindrücke zu provozieren. Die dreiste Lüge ist dabei gar nicht erforderlich. Zuweilen genügt eine Weglassung.

Es ist ja gut und richtig, daß in unseren Medien für den Wiederaufbau der Dresdner Frauenkirche Spenden gesammelt werden. Aber der Werbung könnte man irrigerweise entnehmen, daß das Gotteshaus 1945 aus Altersschwäche in sich zusammengefallen ist – einfach so, wie eben auch die ›Cap Arcona‹ urplötzlich versunken ist. Von Tätern keine Spur, keine Rede. In ihren Ländern wird auch nicht für den Wiederaufbau gesammelt. Würde man aber auch nur zaghaft auf die alliierten Bombengeschwader hinweisen, bekäme man zu hören, daß die Deutschen ja auch Coventry bombardiert hätten. Hier ist ›Aufrechnung‹ erlaubt und sogar erwünscht, auch wenn es in Coventry 400 Tote waren und in Dresden mindestens das 100fache, wenn nicht das 500fache.

Auch das ist ein wesentlicher Teil der Gehirnwäsche, der Meinungsmanipulation: das Messen mit zweierlei Maß. Alliierte Kriegs- und Friedensverbrechen dürfen nach Herzenslust aufgerechnet, minimiert und relativiert werden. Mehr noch: Man darf die Täter verherrlichen, ihnen Denkmäler setzen. Aber wehe, ein Deutscher hat die Stirn, der Opfer des eigenen Volkes zu gedenken und dabei die Täter zu nennen. Nein, unsere Toten sind bestenfalls ›Kriegs-opfer‹, also Opfer eines anonymen Geschehens, oder aber an ihrer Ermordung selber schuld, weil sie eben Deutsche waren und da-mit auf der falschen Seite standen.

Richtig aber ist: Mord bleibt Mord, egal, wer die Täter, egal, wer die Opfer sind. Schon gar nicht spielt es eine Rolle, welche Partei da oder dort regiert. In Coventry mögen auch Anhänger Oswald Mosleys zu Tode gekommen sein und in Dresden antifaschistische Widerstandskämpfer; man kann das nicht auseinanderdividieren und unter ›volkspädagogischen‹ Gesichtspunkten neu zusammen-fügen. Wir haben eine Geschichtsschreibung zu fordern, die allen Seiten gerecht wird, nicht nur den Siegern und ihren begreiflichen Rechtfertigungsansprüchen.

Sensible Naturen könnten angesichts der allgegenwärtigen Mei-nungsmanipulation verzweifeln. Wir haben bei *Nation & Europa* schon Abbestellungen gehabt mit der Begründung: »Ihr habt ja so recht, und wir bewundern eure Arbeit. Aber was ihr da berichtet und enthüllt, ist ja entsetzlich. Unsere Nerven vertragen das nicht mehr, wir regen uns womöglich zu Tode auf. Die ganzen Lügen und Entstellungen, auf die ihr hinweist – wir können sie nicht mehr ertragen. Deutschland ist rettungslos verloren.«

Ist es nicht, liebe Freunde. Immer, wenn uns der Frust packt, sollten wir daran denken, wie 1989 zum 40. Jahrestag der DDR-Gründung 100 000 jubelnde Menschen in Ost-Berlin an Erich Ho-necker vorbeimarschierten. Ewig sollte es währen, das SED-Regime. Wiedervereinigung – welch Unsinn! Ein paar Monate später war der Spuk vorbei, waren die sogenannten ›Realitäten‹ verschwun-den, jene Realitäten, die angeblich nicht zu ändern waren.

Vergessen wir nicht: Die kommunistische Propaganda hatte 40 Jahre Zeit, die Herzen und Hirne der Menschen zu vergiften. Ver-gessen wir nicht, daß auch die Westmedien seit Beginn der Brandt-schen Ostpolitik den nationalen Defaitismus propagiert und jeder Hoffnung auf Wiedervereinigung eine Absage erteilt hatten. Doch nichts und niemand hat es geschafft, politische Naturgesetzlich-keiten auszuhebeln. 40 Jahre Desinformation, 40 Jahre Meinungs-manipulation, 40 Jahre Lug und Trug – sie entschwanden über Nacht wie ein böser Traum.

147

Fragen Sie heute einen jungen Mitteldeutschen: Eduard von Schnitzler, schon einmal gehört? – Schnitzler, nee! Wer soll das sein? In zehn oder zwanzig Jahren wird die Frage lauten: Kennen Sie Klaus Bednarz, Jürgen Engert, Erich Böhme? Und man wird nur ›Bahnhof‹ verstehen. . .

Natürlich ist sie ärgerlich – die Kluft zwischen öffentlicher und veröffentlichter Meinung. Aber je größer diese Kluft wird, desto mehr nimmt auch der Abstand zu, der das Volk von der politischen Klasse dieses Landes trennt. Schon heute stehen Politiker und Journalisten am untersten Ende der Ansehensskala. Man traut ihnen nicht, man glaubt ihnen nicht.

Vor mir liegt eine Allensbach-Umfrage. Die Demoskopen wollten wissen, wem die Bürger bei einer Streitfrage eher vertrauen, dem Journalisten oder dem Politiker. Ganze elf Prozent setzen auf den Politiker, 24 Prozent auf den Journalisten. 19 Prozent sind unentschieden. Aber 46 Prozent trauen keinem von beiden, weder dem Politiker noch dem Journalisten: ein vernichtendes Ergebnis.

Gewiß, die eine oder andere Manipulation hat noch immer Wirkung; gleichzeitig wächst aber auch der Druck im Kessel. Das Bonner Parteienregime kann mit seinem Medienapparat eine Menge bewirken; es kann damit aber weder einen neuen Menschen schaffen, noch die Folgen eines politischen Zusammenbruchs auffangen.

So hat es heute für uns auch wenig Zweck, an das journalistische Berufsethos oder an die Fairneß zu appellieren. Deutsche Meinungsmacher wollen, wie der Name schon sagt, Meinung machen. Die einen sind ideologische Überzeugungstäter, politische Missionare, die ihre eigene Überzeugung, woher sie auch stammen mag, zum Maßstab des Weltgeschehens machen. Die anderen sind Abschreiber, Opportunisten, wie sie schon Gustav Freytag beschrieben hat: Können schreiben links, können schreiben rechts. Rechts ist derzeit nicht angesagt. Also schreiben sie links.

Uns braucht das wirklich nicht zu wundern. Das war immer so und wird auch so bleiben. Es hat in der Welt bislang noch kein System gegeben, dem zu Lebzeiten die Journalisten ausgegangen sind. Licht geht aus, Brot geht aus, Waffen gehen aus, aber ein Lohnschreiber findet sich immer. Widerstand war Schmocks Sache noch nie. Anpassungsfähigkeit um so mehr. Dies ist auch eine Garantie dafür, daß die nächste Wende nicht auf publizistische Schützenhilfe verzichten muß.

Sobald der Bankrott des Alten unaufhaltbar scheint, sobald sich neue Mehrheiten formieren, werden auch die Journalisten in ihrer übergroßen Mehrheit wieder einmal wissen, was sie zu tun haben, des eigenen Vorteils wegen. Da brauchen wir überhaupt keine Befürchtungen zu haben. Sie werden pünktlich mit Kameras und Mikrophonen zur Stelle sein, wenn wir sie brauchen – nein, wenn sie uns brauchen. Offen gesagt, liebe Freunde: Alle müssen wir dann nicht nehmen.

Der Antifaschismus als politisches Kampfmittel der Linken im Wahljahr 1998 und was dagegen zu tun ist

Hans-Helmuth Knütter

Wie kann die Gefahr des Antifaschismus, eines politischen Kampfmittels der Linksextremisten, abgewehrt werden? Welche Möglichkeiten gibt es, eine Immunisierung zu erreichen? Wie gelangen wir aus der Defensive in die Offensive? Warum ist das Thema aktuell? Der Kampf gegen rechts ist, so scheint es, *das* beherrschende Thema der deutschen Innenpolitik. Die Linken bis hin zu den etablierten Parteien tun so, als ob wir im Jahre 1932, kurz vor einer neuen Machtergreifung, leben.

Die antirechte Propaganda hat sich verstärkt:

Die Anti-Wehrmachtausstellung möge hier als Beispiel für den Versuch der Zerstörung eines deutschen Geschichtsbewußtseins stehen. Wer die eigene Geschichte mit Abneigung betrachtet, findet auf die existentielle Frage »Woher komme ich? – Wo stehe ich heute? – Wohin gehe ich?« keine Antwort.

Buchbeschlagnahmungen haben ein Ausmaß angenommen, das zu Einschränkung der Meinungsfreiheit führt. Versammlungsverbote und -behinderungen schränken das Grundrecht der Versammlungsfreiheit ein.

Der ›Verfassungsschutz‹ wird zur Stigmatisierung der rechten Opposition mißbraucht. Die unglaubliche Formulierung, »es gibt tatsächliche Anhaltspunkte für den Verdacht verfassungsfeindlicher Bestrebungen«, legt kaum verhüllt dar, daß es um Gesinnungskontrolle geht. Nicht Taten, sondern Gesinnungen werden stigmatisiert. »Die Gedanken sind frei«,. . . aber sie können nicht frei geäußert werden.

Die Justiz wird mißbraucht, um Meinungen zu manipulieren. Wenn die Benutzung verfassungsfeindlicher Symbole und Kennzeichen unter Strafe gestellt wird, so richtet sich das nur gegen das Hakenkreuz, nicht aber gegen den Sowjetstern oder DDR-Symbole. Propagandadelikte sind Vergehen, die es einseitig nur auf der

150

rechten Seite gibt. Wer an die Wand schmiert »NSDAP lebt«, begeht ein Propagandadelikt, das in der Statistik auftaucht. »RAF lebt«, in der Tendenz nicht weniger verfassungsfeindlich, ist aber kein Propagandadelikt und taucht in keiner Statistik auf.

Das Ziel dieser antirechten Propaganda ist es, durch dauernde Beeinflussung ein Bewußtsein zu schaffen, das Basis einer linken Herrschaft sein kann. Lenin hat dies mit den Worten gekennzeichnet, »als erreicht kann erst gelten, was in die Alltagskultur eingegangen ist«. Deshalb das propagandistische Trommelfeuer, das die Rechten und ihre Werte (Volk, Nation, deutsche Sprache, Kultur und Geschichte) ausgrenzt.

Weswegen ist nun der Antifaschismus ein Mittel zur Erreichung dieses Zieles? Zu den Paradoxien unserer Zeit gehört, daß der Sozialismus eine welthistorische Niederlage erlitten hat. Die Jahre 1989/1991 werden deswegen dermaleinst in den Geschichtsbüchern als Epochenjahre verzeichnet sein. Aber wenige Jahre nach der globalen Pleite hat der Sozialismus in Deutschland wieder einen Fuß in der Tür zur Macht. Seit 1994 ließ sich die sozialdemokratisch geführte Regierung in Sachsen-Anhalt durch die PDS tolerieren und machte dieser Partei Konzessionen. Damit besteht die Chance, daß dieses Magdeburger Modell auch auf Bundesebene denkbar und möglich wird. Jedenfalls gibt es seit 1990 im Bundestag erstmals seit 1953 mit der PDS wieder eine linksextremistische Partei. Die Honecker-Nachfahren haben damit einen gesamtdeutschen Einfluß erlangt, von dem Honecker bei Lebzeiten mit seiner maroden DKP nur träumen konnte.

Eine Methode der nach 1990 am Boden liegenden Linken, wieder salonfähig zu werden, ist der antifaschistische ›Kampf gegen rechts‹. Worum geht es? Der Antifaschismus erweist sich als Volksfrontkitt, hervorragend geeignet, die zerstrittene Linke durch ein gemeinsames Feindbild zu einen. Man muß nur wissen, was man ablehnt: Antisemitismus, Antigermanismus, Antikommunismus, antikirchliche Einstellungen und schließlich auch der Antifaschismus geben selbst jenen, die keine positiven Ziele haben, Orientierung und Richtung für das politische Handeln. ›Faschismus‹ war ursprünglich die Bezeichnung für eine italienische nationalistische, autoritäre, später auch totalitäre, antiliberale, antidemokratische politische Bewegung, die beanspruchte, die Interessen der ›kleinen Leute‹ zu vertreten. Von den marxistischen Parteien und ihren Theoretikern wurde die ursprünglich national begrenzte Bezeichnung als Gattungsbegriff für ähnliche Erscheinungen in anderen Ländern verwendet. Die Marxisten mußten nämlich nach dem Ersten Weltkrieg damit fertig werden, daß ihre Theorie mit der Wirklichkeit nicht übereinstimmte. Nach den Erschütterungen des Krieges wurde der baldige Sieg der ›Weltrevolution‹ erwartet. Das durch die Kriegsfolgen, Reparationen und Inflation proletarisierte Bürgertum hätte sich nach dem theoretischen Grundsatz, ›das soziale Sein bestimmt das Bewußtsein‹, dem Sozialismus anschließen müssen. Das taten die deklassierten Bourgeois aber nicht, sondern sie wandten sich dem Faschismus, dem Nationalsozialismus, der Action francaise zu, allesamt neue Erscheinungen, die Nationalismus mit Sozialismus verbanden. Da entwickelten die Marxisten unter Rückgriff auf die Bonapartismustheorie von Karl Marx die Faschismustheorie, um die eigene Ideologie zu retten. Sie deuteten den Faschismus als eine Funktion des Kapitalismus: Wenn die Kapitalisten sich durch die revolutionären sozialistischen Parteien in ihrer Macht bedroht sehen, kaufen sie sich eine Schutztruppe, eben die Faschisten, die mit Propaganda und Gewalt den Sozialismus bekämpfen. Bertolt Brecht hat diesen Vorgang literarisch in seinem Drama *Der aufhaltsame Aufstieg des Arturo Ui* verarbeitet. Die Herren des Kapitals, im Umgang mit den Massen demagogisch wenig erfahren und qualifiziert, kaufen sich für ihr Geld ein geeignetes Subjekt, das nach getaner Arbeit wieder fallengelassen wird. Max Horkheimer, das Haupt der neomarxistischen Frankfurter Schule der Sozialwissenschaften, hat bereits in den dreißiger Jahren diesen Sachverhalt in die Worte gefaßt, »wer vom Kapitalismus nicht sprechen mag, muß auch vom Faschismus schweigen«. Wenn also der Faschismus ein Ergebnis des Kapitalismus ist, von ihm bezahlt und benutzt wird, dann muß der wahre Antifaschist auch Antikapitalist sein. Nur indem den Herren des Kapitals die private Verfügungsgewalt über ihre Produktionsmittel (Fabriken, Banken, Grundbesitz) entzogen wird, kann der Faschismus bekämpft und die Gefahr einer faschistischen Machtergreifung gebannt werden. Nur eine sozialistische Ordnung ist also eine antifaschistische Ordnung. Faschismus und Kapitalismus gehören genau so zusammen wie Antifaschismus und Sozialismus.

Warum aber ist das nicht allen klar? Weil der Antifaschismus ein Doppelgesicht hat. Einmal, wie hier geschildert, dient er dem sozialistischen Umsturz. Zum anderen aber hat er eine moralische Seite. Faschismus – das bedeutet Krieg, Unterdrückung, Rassismus, Sexismus. Dagegen müssen – so die moralisierende antifaschistische Propaganda – doch alle sein. Und schon sitzen politisch gutwillige, aber dümmliche Bürger, Grüne, Liberale, Christen, in einem Boot mit Marxisten, mit denen sie sich nie verbünden würden, wenn der sozialistische Pferdefuß offen vorgezeigt würde. Aber antifaschistisch verhüllt, antirassistisch geschminkt und pazifistisch (friedenskämpferisch) aufgeputzt, lassen sie sich einspannen. Der Antifaschismus dient also als ein hervorragend wirksamer Volksfrontkitt.

Warum aber laufen die sogenannten ›bürgerlichen‹ Parteien, die CDU/CSU, die FDP, mit den Linken im Kampf gegen rechts mit, aber auch Behörden, wie der ›Verfassungsschutz‹, die Justiz, Landes- und Bundesregierungen?

Es besteht ein Interesse der politischen Führungsgruppen in Deutschland, dem Ausland gegenüber bescheiden, klein, kooperativ, anspruchslos aufzutreten, um das frühere deutsche Image des Großen, Bedrohlichen, Gewalttätigen zu überwinden. Daß diese Haltung sich durchsetzen konnte, liegt an den Wert- und Strukturwandlungen seit 1945. In der Zeit des Wirtschaftswunders, als sich – nicht nur in Deutschland – ein bis dahin nicht gekannter Wohlstand ausbreitete, wurde eine hedonistische Lebenseinstellung zur Fundamentalnorm. Selbstverwirklichung, das bequeme Leben, die Betonung der Rechte vor den Pflichten, wurden die neuen Werte. Die Niederlage von 1945 hatte alte Strukturen erschüttert, der wirtschaftliche Aufschwung ab Mitte der fünfziger Jahre, der den persönlichen und privaten Erfolg in den Mittelpunkt rückte, führte zur Hinnahme des ›antifaschistischen‹ Grundkonsenses, den man eigentlich nicht mochte, weil durch ihn bis dahin geltende nationale Traditionen über Bord geworfen wurden. Aber um die Bequemlichkeit, den wirtschaftlichen Erfolg und den Wohlstand nicht zu gefährden, um des ›deutschen Ansehens‹ im Ausland willen wurde er akzeptiert. In Wirklichkeit ging es um die Erhaltung des guten Lebens, des Wohlstandes, des erreichten materiellen Standards.

Wer's nicht glauben will, höre das folgende Zitat: »Zu Tode erschrocken war Bundesaußenminister Kinkel, als er Berichte über das amerikanische Deutschenbild las. Nach einer Erhebung des Mannheimer Meinungsforschungsinstitutes IPOS im vergangenen Jahr (1993) halten 52 % der Amerikaner die Deutschen für Antisemiten, 54% sehen im Wiedererwachen des Nationalsozialismus eine potentielle Gefahr, 41% glauben, das wiedervereinigte Deutschland könne eine Bedrohung für den Frieden werden. Nach der IPOS-Studie behandelten 28% der amerikanischen Zeitungsberichte über Deutschland den Rechtsextremismus;. . . Auch die amerikanischen Journalisten glauben nicht wirklich, daß in Deutschland eine neue Machtergreifung vor der Tür steht. . . ›Unsere Abonnenten wollen so etwas lesen‹, erläuterte bei einem deutsch-amerikanischen Kolloquium ein Redakteur der Los Angeles Times die Auswahlkriterien seines Blattes mit entwaffnendem Freimut. . . An Hitlers Genozid werde unablässig erinnert; Stalins Genozid dagegen sei kein Thema. Trotzdem ist nicht damit zu rechnen, daß das windschiefe Weltbild demnächst verworfen wird.«[1]

Ob Deutschland in Europa eingebunden wird oder Selbständigkeit erstrebt – es ist immer mißtrauischen Verdächtigungen ausgesetzt. Deren Begründung wird der jüngeren Geschichte entnommen, manchmal wird aber auch viele Jahrzehnte zurückgegriffen. Deutschland hat durch die Wiedervereinigung eine Größe und Bedeutung erreicht, die von anderen als Bedrohung empfunden wird. Von interessierter Seite werden diese Empfindungen durch deutschfeindliche Propaganda genährt. In einer britischen Karikatur um 1990 wurde ein riesenhafter Kanzler Kohl neben einer kleinen britischen Margaret Thatcher gezeigt, die ihren Nachbarn auffordert; »Setz Dich endlich hin, du großer Deutscher. Du wirkst so bedrohlich!« Der Riese antwortet: »Aber ich sitze doch schon!«

Deutschland soll eingebunden werden, damit die ausländischen ›Freunde und Verbündeten‹ keine Furcht vor Deutschland empfinden müssen. Und da interessierte deutschfeindliche Kreise des Auslandes jede nationale Regung hochspielen, unterdrücken deutsche Politiker und Behörden diese Regungen propagandistisch, administrativ durch Einschränkung der Freiheitsräume und durch Mißbrauch der Justiz. Motiv ist die Furcht vor politischen und vor allem wirtschaftlichen Nachteilen. Boykottdrohungen gegen deutsche Waren, Ankündigungen, ausländisches Kapital werde nicht in einem ›rechten‹ Deutschland investieren, der Tourismus werde beeinträchtigt, dienen als Keule, die deutschen Wähler in den Pferch des Wohlverhaltens zu treiben. Zwar gibt es keine Beispiele für die Wirksamkeit derartiger Boykottdrohungen. Der Fall des österreichischen Bundespräsidenten Waldheim zeigt aber, wozu die westlichen ›Freunde und Verbündeten‹ imstande sind, wenn wir nicht so wollen, wie wir sollen. Jeder Versuch selbständiger Regung kann daher den wirtschaftlichen Wohlstand bedrohen und dieser, sowie das dicht geknüpfte soziale Netz, sind die Grundlage des Selbstbewußtseins der Einwohner der BRD. Von dieser hedonistischen Grundeinstellung sind auch diejenigen nicht frei, die sich politisch rechts einordnen und sich persönlich als ›national‹ bezeichnen.

Die Sozialforschung unterscheidet zwischen denjenigen, die hedonistisch eingestellt sind und Rechte höher einschätzen als Pflichten, und jenen, die Pflichtwerte vor allem betonen. Die weitaus meisten Menschen in der BRD haben aber ein gemischtes Wertesystem, das heißt, sie wissen die Annehmlichkeiten des materiell gesicherten Lebens zu schätzen, bekennen sich gleichwohl aber zu Pflichten, Leistung, Hingabe, vorausgesetzt, daß die materielle Sicherheit der Lebensumstände gewahrt bleibt.[2] Dieses Verhalten ist nach den Erfahrungen der Geschichte – Erster Weltkrieg, Bürgerkrieg, Inflation, Weltwirtschaftskrise, Zweiter Weltkrieg, Bombenkrieg, Heimatvertreibung, Währungsreform – auch sehr verständlich. Aber die hedonistische Lebenseinstellung hat alle Schichten der Bevölkerung durchdrungen, und daraus folgt die politische Fügsamkeit auch von seiten der ›Rechten‹.

Der entscheidende Grund für die Vorherrschaft des hedonistischen Zeitgeistes liegt im Wandel von gesellschaftlichen Strukturen. Als Folge des technisch-wissenschaftlichen Fortschritts verfallen alte Strukturen und Werte, neue entstehen. Seit drei Jahrhunderten verläuft ein Wandel von der agrarisch bestimmten Ständegesellschaft zur industriell organisierten Klassengesellschaft, hin zur postindustriellen Dienstleistungs- und Informationsgesellschaft unserer Tage. Bis in die sechziger Jahre dieses Jahrhunderts wurden das Denken und Verhalten durch Milieuzugehörigkeit bestimmt. Unter einem ›Milieu‹ haben wir bewußtseinsgestaltende Lebensumstände zu verstehen. Eine Summe aus Gewohnheiten, Traditionen, Lebensformen, sozialen Strukturen und Konventionen bestimmt die Milieuzugehörigkeit.

Traditionell haben wir es mit drei großen stabilen Milieus zu tun. Erstens mit dem agrarischen Milieu. Grundbesitzender Adel und die Landbevölkerung sind die tragenden Schichten. Dieses Milieu ist stark kirchlich geprägt gewesen. Zweitens gibt es das städtische bürgerliche Milieu, das durch Besitz und Bildung geprägt wurde. Drittens existiert das Arbeitermilieu, das nach der ersten industriellen Revolution im 19. Jahrhundert entstanden ist und weit bis ins 20. Jahrhundert von der klassenbewußten Arbeiterschaft getragen wurde. Hier hat es eine ausgeprägte sozialistische Arbeitersubkultur gegeben. Neben diesen stabilen, viele Jahrzehnte, eventuell sogar Jahrhunderte bestehenden Milieus gibt es auch kurzfristig entstehende, fluktuierende Milieus. Protestbewegungen politisch und sozial Entwurzelter sind das Ergebnis von Umbruchsituationen. Hier wären Inflationsgeschädigte in der Zeit nach 1923, Arbeitslose 1932 und heute sowie Flüchtlinge nach 1945 zu nennen. Auch die ›Vereinigungsgeschädigten‹, ehemalige Funktionäre und Nutznießer des SED-Regimes, deren Ressentiments heute der PDS zugute kommen, gehören dazu. Diese Milieus zerfallen sehr schnell, wenn ihre Existenzbedingungen sich ändern. Aber auch die stabilen Milieus haben seit den sechziger Jahren des 20. Jahrhunderts an verhaltensprägender Bedeutung verloren. Sie zerfallen, weil sie ihre orientierende, weiterhelfende Kraft verlieren. Deshalb kommt für das politische Verhalten, das früher durch die Milieuzugehörigkeit bestimmt wurde, der Medienmanipulation eine besondere Bedeutung zu. Wenn man nicht mehr als guter Christ, als klassenbewußter Arbeiter oder als gebildeter Bürger bestimmte Parteien wählt, wenn das Wahlverhalten nicht mehr durch milieubedingte Konvention bestimmt wird, dann erfolgt die Orientierung durch die Medien, insbesondere das Fernsehen. Nicht seine Bedeutung und Überzeugungskraft und schon gar nicht sein Niveau und seine Moral sind gewachsen, sondern die elektronischen Medien füllen das Vakuum, das durch den Zerfall der stabilisierenden Funktion der Milieus entstanden ist.

Allerdings erklärt dieser Verlust traditioneller Milieus die Vorherrschaft des hedonistischen Zeitgeistes nicht allein. Der Verfall des Staatsverständnisses kommt hinzu. Während traditionell die deutsche Rechte ein positives Verhältnis zum Staat hatte, dem eine ethisch hohe Bedeutung zugemessen wurde, ist seit dem Ersten Weltkrieg, aber insbesondere seit den Katastrophen der starken Staaten 1945 und 1989 das Mißtrauen gegen den Staat gewachsen. Während der deutsche Bürger früher dem Staat nichts Böses zutraute, gibt es heute nichts Böses, was man dem Staate nicht zutraute. Der Ausspruch des großen Juristen Hans Kelsen, »sowenig wie bei Gott die Sünde, kann beim Staate das Unrecht sein«, beleuchtet den Wandel, den das Staatsverständnis durchgemacht hat. Der Publizist Rüdiger Altmann hat diese Entwicklung mit dem Witz verdeutlicht, der heutige Staat gleiche einem kastrierten Kater. Er nehme an Umfang zu. Was ihm fehle, sei die Potenz. Aus diesem Verfall des positiven Staatsbewußtseins resultiert aber eine Schwäche der deutschen Rechten, die traditionell auf den Staat vertraut hat, ein Vertrauen, das der heutige Staat weder verdient, noch überhaupt will. Die Linke dagegen hat immer ein negatives Verhältnis zum Staate gehabt. Er galt als das Unterdrückungsinstrument der herrschenden Klasse, das in der klassenlosen Gesellschaft absterben werde. Die staatsfremde Tendenz der Zeit kommt also der Linken und nicht der Rechten zugute. Die Rechte wird deswegen gut daran tun, ihr Verhältnis zum heutigen Staat zu überdenken.

Was ist gegen die linke Vorherrschaft zu tun? Solange es auch in rechten Kreise keine oder nur eine geringe Opferbereitschaft gibt, kann nur wenig getan, nur an Äußerlichkeiten kuriert werden. Es ist ja schon alles Mögliche versucht worden: Runde Tische, organisatorische Zusammenschlüsse – alles hat in Gezänk geendet. Die deutsche Rechte neigt dazu, sich gegenseitig intensiver zu bekämpfen als den gemeinsamen Feind. Einer ihrer Grundsätze scheint zu sein: ›Wozu brauchen wir Feinde, wir erledigen uns selbst‹. Ein anderer: ›Viel Feind – viel Dummheit‹. Die deutsche Rechte handelt, als möchte sie in das Guiness-Buch der Rekorde als die weltweit dümmste eingehen. Diese durchaus realistische Kritik ist nötig, weil diese Tatsachen der Verwirklichung folgender Forderungen entgegenstehen, die aber als notwendig trotzdem erhoben werden müssen:

1. Keine Resignation. Wir leben in einer wendereichen Zeit, und die nächste Wende kommt bestimmt. In welche Richtung wird sie gehen? Wer bestimmt die Richtung? Es ist in den letzten Jahren

üblich geworden, unter Hinweis auf den italienischen kommunistischen Theoretiker Antonio Gramsci die Erkenntnis vorzutragen, wer das Denken, die anleitende Theorie beherrsche, der werde sich auch in der Praxis durchsetzen. Viel besser hat dies bereits Hegel formuliert: »Die theoretische Arbeit, überzeuge ich mich täglich mehr, bringt mehr zustande in der Welt als die praktische. Ist erst das Reich der Vorstellung revolutioniert, so hält die Wirklichkeit nicht aus.«[3]

2. Bildung und Schulung haben eine große Bedeutung. Die Theorie hat die Funktion, die Praxis anzuleiten. Sie hat eine stabilisierende Wirkung. Traditionelle Orientierungen müssen auf ihre Fähigkeit überprüft werden, zur Orientierung in der Gegenwart beizutragen. Was bedeuten Volk und Nation in bezug auf Staat und Kultur heute? Offenheit für Neues, die gerade der Linken abhanden kommt, ist überlebensnotwendig. Fortschritt ohne Tradition ist richtungslos, Tradition ohne Blick in die Zukunft ist blind. Deswegen ist die Kombination von Tradition und Fortschritt, ja die Integration beider, unverzichtbare Voraussetzung für Wirkung und Erfolg. Hemmungsloser Opportunismus ist ebenso schädlich wie hilflos blindes Kleben an vermeintlichen Werten der Vergangenheit.

3. Es darf keine Berührungsängste geben. Die fehlende Bereitschaft, miteinander zu sprechen, Informationen auszutauschen und nach Möglichkeit vereint zu schlagen, auch wenn (organisatorisch) getrennt marschiert wird, ist eine weitere Voraussetzung von Wirkung und Erfolg.

4. Jedermanns Aktivität ist gefragt. Jeder nach seinem körperlichen, geistigen und materiellen Vermögen.

5. Da wir im Medienzeitalter leben, kommt es darauf an, die Medien zu nutzen. Dazu gehört die Kontrolle durch Leserbriefe, die Unterstützung nahestehender Zeitschriften, die Zusammenarbeit mit medienkritischen Arbeitskreisen.

6. Schließlich und grundlegend ist die kämpferische Grundhaltung. Das falscheste wäre, einem feindlichen Druck nachzugeben. Die Macht der Linken ist eine virtuelle. Sie ist so real wie eine Fata Morgana. Ihre Hauptverbündeten sind die bürgerliche Feigheit und das weit verbreitete politische Ruhebedürfnis. Wer hingegen die Zähne zeigt, zurückschlägt nach dem Grundsatz ›Nun erst recht!‹,

›Nun gerade!‹, der hat gute Chancen, sich durchzusetzen. Das Establishment paßt sich an und die Medienjournalisten haben sich noch immer als Mitläufer erwiesen. Jeder Erfolgreiche findet willige Lohnschreiber. Nichts legitimiert so sehr wie der Erfolg, nichts delegitimiert so sehr wie der Mißerfolg.

Wir leben in einer Inkubationszeit. Altes zerfällt, Neues bildet sich. Seine Konturen sind noch nicht klar erkennbar. Deshalb ist es schwierig, ein Zukunftsmodell zu entwickeln. Einfacher ist es zu sagen, was vermieden werden soll: Krieg, Bürgerkrieg und linke Volksverhetzung. Es gilt deswegen, wachsam zu sein und sich zu orientieren in orientierungsloser, aber orientierungsbedürftiger Zeit. Im Bismarckjahr 1998 sei an Bismarcks Wort erinnert, das von Augenmaß, bescheidenem Realismus und klarer Entschlossenheit gleichzeitig zeugt: »Man kann nicht selber etwas schaffen, man kann nur abwarten, bis man den Schritt Gottes durch die Ereignisse hallen hört; dann vorspringen und den Zipfel seines Mantels zu fassen – das ist alles.« Das heißt, man darf den richtigen Augenblick nicht verschlafen. Wenn man die deutsche Rechte in ihrem heutigen geistig-moralischen Zustande betrachtet, kann man nur auffordern: »Mut und Zuversicht trotz alledem!« Die Richtung weist uns ein Zitat des Kirchenvaters Augustinus (354–430): »Solange wir leben, kämpfen wir. Solange wir kämpfen, ist es ein Zeichen, daß wir nicht unterlegen sind und der gute Geist in uns wohnt. Und wenn dich der Tod nicht als Sieger antrifft, soll er dich als Kämpfer finden.«

Anmerkungen

1. Jörg von Uthmann in der *Frankfurter Allgemeinen Zeitung*, 16. 4. 1994.

2. Hier angegeben nach mehreren Untersuchungen der Konrad-Adenauer-Stiftung, insbesondere Hans-Joachim Veen / Jutta Graf (Bearb.): *Rückkehr zu traditionellen Werten? Zum Zusammenhang von Wertorientierungen, politischen Prioritäten und Wirtschaftsklima 1982-1996*, Bereich Forschung und Beratung. Interne Studie 131/1997, Sankt Augustin 1997.

3. Georg Wilhelm Friedrich Hegel, Brief an Niethammer vom 26. 10. 1808.

Der Geist der deutschen Freiheit

Karl Baßler

Die Germanen sind die genetisch bestimmte Menschenart der Freiheit. In den Deutschen, dem größten Volk der Germanen, ist diese Bestimmung durch ihren geschichtlichen Weg zum vollen Bewußtsein gekommen und hat dadurch Weltgeschichte gemacht.

Der große Philosoph Georg Friedrich Wilhelm Hegel hat in seiner *Philosophie der Geschichte* dem auf das römische Reich folgenden Zeitalter den Namen »die Welt der Germanen« gegeben, weil die germanischen Stämme die Geschichte Europas seit ihrer Völkerwanderung im 4. Jahrhundert gestaltet haben. Dieses Zeitalter der germanischen Welt dauert bis heute an, erhält in der Gegenwart durch die weltweite Neubestimmung im Zuge der sogenannten Globalisierung eine neue und besondere Bedeutung.

Die Germanen treten uns seit dem Beginn der Geschichte als freie Bauern entgegen, die in einem über viele Jahrtausende währenden Kampf ihre Eigenart behaupteten, in stetigem Vordringen Mitteleuropa besiedelten, von dort aus seit 2000 Jahren die Geschicke dieses Erdteils und in imperialen Angriffen darüber hinaus das Schicksal des ganzen Erdballs bis heute maßgeblich gestaltet haben.

Der Besinnung auf die frühen Vorfahren, auf die wir Deutsche uns noch in ununterbrochener Folge beziehen können, kommt seit den Erkenntnissen der Abstammungslehre, der Vererbungslehre, der Evolutions- und Verhaltensforschung, also den großen wissenschaftlichen Leistungen der letzten 150 Jahre, eine besondere weltanschaulich-philosophische Bedeutung zu, denn diese Erkenntnisse bestätigen unwiderlegbar die weitgehende genetische Bestimmtheit auch der geistig-seelischen Bereiche des Menschen. Alle gegenteiligen Behauptungen erwiesen sich als ideologische Kurzschlüsse oder als betrügerische Versuche, die Erkenntnis der Naturgesetze zu vernebeln, um dadurch die Macht lebensfeindlicher Ideologien zu stützen.

Die Deutschen sind bis heute als einziges großes Volk in Europa eine ungebrochene Abstammungsgemeinschaft und eine daraus erwachsene Sprach- und Kulturgemeinschaft. Durch das ständige Ringen um die Selbstbehauptung wurden sie zu einer geschichtlichen Gemeinschaft und zu einer festgefügten Schicksalsgemeinschaft. So bildete sich bei ihnen ein alle Klassenschranken überspringendes Gemeinschaftsbewußtsein aus, das dann auch auftretende soziale Fragen und Spannungen immer wieder gut gelöst hat.

Das Eigene, die eigene Art zu behaupten, ist der Inhalt der Freiheit. Die Deutschen sind dafür das große Beispiel in der europäischen Geschichte. Es waren vor allem die Germanenstämme der Deutschen, die über 2000 Jahre lang ganz Europa vor dem Eindringen fremder Völker geschützt und damit die eigen-germanische Ausbildung der europäischen Kultur, die abendländische Kultur, möglich gemacht haben. So ist die ganze deutsche Geschichte ein ununterbrochener Kampf für die Freiheit Europas, denn beider Geschichte und beider Freiheit sind untrennbar.

Erinnern wir uns: In mehreren großen, sich oft über Jahrhunderte hinziehenden Abwehrkriegen haben die Deutschen Europa geschützt und in seiner Art bewahrt:

● *Der deutsche Freiheitskampf beginnt mit Armin:*

Mit Armin dem Cherusker, der im Jahre 9 n. d. Ztw. im Teutoburger Wald die Legionen des Varus vernichtete und damit zum Befreier Germaniens von den römischen Angreifern wurde, beginnt der deutsche Freiheitskampf. Es war die große sittliche Tat Armins, daß er verhinderte, daß die Germanen – wie die Kelten und andere Völker Europas – im großen Multikulturbrei des römischen Weltreichs untergingen. Sein Sieg hat es sogar möglich gemacht, daß die Verbreiter dieser völkermordenden Multikultur verjagt wurden. Damit bleibt er Vorbild und Mahnung für alle Zeit in unserem Volk. Gerade heute sollten wir uns an seine Tat erinnern.

»Solang ein Feind noch in Germanien trotzt, ist Haß mein Amt und meine Tugend Rache«, läßt ihn der Dichter Heinrich von Kleist 1800 Jahre später – während der französischen Besatzung – in seinem Schauspiel *Die Hermannschlacht* sagen. Die Aktualität ist groß.

Armins Tat war für die Germanen der Beweis, daß auch der stärkste Feind – die bis dahin unangefochtene Weltmacht Rom auf dem Gipfel ihrer Entwicklung – besiegt werden konnte. Es gab also für die Germanen/Deutschen keine Macht, der sie nicht überlegen wa-

161

ren. Zwar dauerte es noch rund 400 Jahre, bis die Germanen endgültig Sieger über die Römer blieben und aus der alten eine neue Welt – eben die ›germanische Welt‹ – in Europa aufbauen konnten. (Schon 60 Jahre vor Armin – 52 v. d. Ztw. – waren germanische Sueben unter ihrem König Ariovist mit den Römern unter Cäsar im Elsaß zusammengestoßen. Es war eine besondere Tragik, daß der größte Feldherr des Altertums diesem germanischen Volk entgegentrat und es zurückschlug.)

● *Militärischer Sieg – geistige Unterwerfung*

Die Berührung mit den Römern zeigt von Anfang an das Doppelgesicht des Freiheitskampfes in Europa auf: die Abwehr des militärischen Feindes und die Abwehr der geistigen Überfremdung. Nach der endgültigen Befreiung Germaniens von den Römern begann bald darauf mit der Christianisierung die geistige Unterwerfung der Germanen unter den orientalischen Geist.

Der Frankenkönig Chlodwig läßt sich 496 taufen. Der irische Christenmissionar Bonifatius (672/73–754) ist im Frankenreich tätig und wird bei den Friesen erschlagen. Die Sachsen unterliegen mit ihrem Herzog Widukind in einem ersten Dreißigjährigen Krieg Karl dem Großen und werden wie später alle Germanen zur Annahme des Christentums gezwungen.

Goethe hat die unheilvollen Auswirkungen der Christianisierung erkannt und verurteilt: »Beim erneuerten Studium Homers empfinde ich erst ganz, welches unnennbare Unheil der jüdische Praß uns zugefügt hat. Hätten wir die Sodomitereien und babylonischen Grillen nie kennengelernt und wäre Homer unsre Bibel geblieben, welch eine ganz andere Gestalt würde die Menschheit dadurch gewonnen haben.« (an K. A. Böttiger, Juni 1794)

Im Laufe der Entwicklung des sich neu bildenden Europas mußten im Mittelalter in nahezu jedem Jahrhundert schwere Angriffe von außereuropäischen Eindringlingen abgewehrt werden, und jedesmal haben sich die deutschen Stämme der Franken, Sachsen, Thüringer, Bayern und Schwaben in die Bresche geworfen.

● *Der erste Ansturm Asiens: die Hunnen*

Die asiatischen Nomadenvölker der Hunnen dehnten unter ihrem König Attila um 450 n. d. Ztw. ihre Eroberungszüge bis nach Frankreich aus. Dort wurden sie 451 von einem mehrheitlich germanischen Heer (Burgunder, Franken, Westgoten) auf den Katalaunischen Feldern (bei Troyes nahe Reims) vernichtend geschlagen. Nach dem Tode Attilas (453) zerfiel ihr Reich, und die von ihm unterworfenen Germanen, vor allem die Ostgoten (Südrußland, Balkan), gewannen ihre Unabhängigkeit zurück. Die Burgunder wurden aus ihren Sitzen am Rhein ins heutige Burgund in den romanischen Sprachraum abgedrängt, wo sie – endgültig durch die spätere Politik der Habsburger – der germanisch-deutschen Gemeinschaft verlorengingen.

● *Der zweite Ansturm Asiens: die islamischen Araber*
Die von Nordafrika nach Spanien übergesetzten Araber besiegten 711 bei Jerez de la Fronterra die Westgoten, die in Spanien rund 150 Jahre geherrscht hatten. Um 720 drangen sie weiter nach Norden ins südliche Frankreich vor. Ein unter dem fränkischen Hausmeister Karl Martell vereinigtes fränkisches und langobardisches Heer besiegte im Jahre 732 bei Tours und Poitiers die überlegene Reiterei des Abd-er-Rahman, des in der Schlacht gefallenen Statthalters des Kalifen. Anschließend konnten die Araber aus der Provence vertrieben und über die Pyrenäen zurückgeworfen werden.

● *Der dritte Ansturm Asiens: die Awaren*
Nach Vorstößen bis Thüringen (561/62 und 565/66), nach der Vernichtung der Gepiden (567) und nach dem Abzug der Langobarden nach Italien (568) errichteten die aus dem Osten gekommenen und durch Reste der Hunnen verstärkten Awaren ein bedeutendes Reich an Donau und Theiß (Ungarn). 200 Jahre später (788) fielen sie in Bayern ein. Karl der Große und sein Sohn Pippin besiegten die Awaren in mehreren Feldzügen um die Jahrhundertwende. Dieses Volk verschwand nach 822 aus der Geschichte.

● *Die Gründung des Deutschen Reiches 919*
König Konrad I. aus dem Stamm der Franken, der die germanischen Stämme in jahrelangen Kämpfen nicht hatte einigen können, bestimmte auf seinem Sterbelager, nachdem er im Kampf gegen den Bayernherzog Arnulf tödlich verwundet worden war, sei-

nen ebenfalls unbezwungenen Gegner Herzog Heinrich von Sachsen 919 zum neuen König. Heinrich wurde in Fritzlar von Franken und Sachsen gewählt, fand dann auch Anerkennung durch den Schwabenherzog Burchard und den Bayernherzog und Gegenkönig Arnulf. Er gewann zudem Lothringen 925 für das deutsche Reich zurück. Höhepunkt seiner umsichtigen Politik war der Freundschaftsvertrag von 935 mit den Königen Ludwig IV. von Westfranken (Frankreich) und Rudolf II. von Burgund. 936 bestimmte er seinen Sohn Otto zum Nachfolger. Dessen einstimmige Wahl (7. 8. 936) in Aachen durch alle deutschen Stämme nach Heinrichs I. Tod unterstreicht die Bedeutung Heinrichs für die Entstehung des deutschen Volkes und Reiches.

● *Der vierte Ansturm Asiens: die Ungarn 933*

932 stellte König Heinrich I. die jahrelangen Tributzahlungen an die Ungarn (Nachfahren der Hunnen und Awaren) ein. Als diese im Frühjahr 933 in Deutschland einfielen, zog er ihnen mit einem aus allen deutschen Stämmen gebildeten Heer entgegen und schlug sie an der Unstrut in die Flucht.

● *Der fünfte Ansturm Asiens: die Ungarn 955*

Gegen die rund 20 Jahre später wieder in Bayern einfallenden Ungarn erfocht König Otto I. mit einem gesamtdeutschen Heer, in dem sich auch böhmische Streiter befanden, unter dem Siegeszeichen der heiligen Lanze auf dem Lechfeld bei Augsburg im August 955 einen überwältigenden, weltgeschichtlich bedeutsamen Sieg. Der Augsburger Bischof Ulrich verteidigte damals seine Stadt bis zur Vernichtung der Ungarn und wurde schon 38 Jahre später (993) dafür heilig gesprochen. (Heute würde er wohl für eine solche Tat – Verteidigung gegen fremde Eindringlinge – aus der Kirche ausgeschlossen werden.) Die Ungarn stellten daraufhin ihre Plünderungszüge nach Mitteleuropa ein, wurden seßhaft und gewannen Anschluß an die abendländische Kultur.

● *Der sechste Ansturm Asiens: die Mongolen*

Nachdem die aus dem Osten herangerückten Mongolen – nach einem ihrer Teilstämme auch Tartaren genannt (heute innerrussische Republik Tartarstan, Hauptstadt Kasan an der Wolga, 14 Mill. Einwohner) – 1237–40 die russischen Teilreiche unterworfen hatten, richteten sie ihre das Abendland in Schrecken versetzenden Eroberungszüge nach Ungarn, zerstörten am 24. 3. 1241 Krakau, damals eine rein deutsche Stadt, und drangen unter Führung von Batu, einem Enkel Dschingis Khans, in Schlesien ein. Herzog Heinrich II. von Schlesien stellte sich am 9. 4. 1241 mit 10 000 Mann den rund 30 000 bis 40 000 mongolischen Reitern auf der ›Wahlstatt‹ bei Liegnitz entgegen und wurde in offener Feldschlacht verlustreich geschlagen, wobei er selbst ums Leben kam. Fast gleichzeitig (11. 4. 1241) wurde das christliche ungarische Heer vom mongolischen Hauptheer vernichtet. Nur der Tod ihres Groß-Khans ließ die Mongolen nach Rußland zurückkehren, wo sie dann ihre rund 300jährige Herrschaft errichteten.

● *Entwicklung der Freiheit im Reichsinnern*

Durch die Rompolitik der deutschen Kaiser – besonders der Staufer und vor allem unter Kaiser Friedrich II. – und in der ›kaiserlosen, der schrecklichen Zeit‹ wuchs die Macht der Landesfürsten in Deutschland, und es entstand kein zentraler Einheitsstaat. Dadurch kam es zur Bewahrung großer Freiheitsräume. Der Beschränkung der zentralen Machtentfaltung – verbunden mit bedauerlichen Einbußen an außenpolitischen Erfolgen – stand ein Mehr an Kulturentwicklung an den einzelnen Höfen der Territorialherren gegenüber.

Als dritte freiheitliche Kraft neben Adel und Geistlichkeit bildeten sich die freien Reichsstädte, die unmittelbar dem Kaiser unterstanden. Sie gründeten später mächtige Städtebünde, wie die Hanse. Von Bedeutung ist, daß die Reichskleinodien (Krone, Zepter, Reichsapfel, heilige Lanze und die Krönungsgewänder) der freien Reichsstadt Nürnberg für immer anvertraut wurden.

Gegen den zunehmenden Absolutismus der weltlichen und geistlichen Feudalherren und deren Unterdrückung wehrten sich die Bauern, schon früh im 13.Jahrhundert in Friesland die Stedinger, ab rund 1300 in der Schweiz die Freien gegen die Habsburger (Wilhelm Tell), im Bauernkrieg 1525 die in die Leibeigenschaft herabgedrückten Bauern in Süddeutschland.

Der Bauernkrieg war die erste große Massenerhebung der deutschen Geschichte. Erste Unruhen entstanden im Mai 1524 in Bamberg, im Juli 1524 im Thurgau. Vom Boden des ›alten Rechts‹ (germanische Freiheit) ausgehend, entwickelte sich eine echte Revolution. Das ›göttlich Recht‹ wurde gefordert: Freiheit von den Lasten der Fronarbeit und Leibeigenschaft, Beseitigung von Adel und Klerus als privilegierte Stände. 1525 erfolgte der Aufstand an vielen Orten durch viele ›Haufen‹, vor allem in Schwaben und Franken. Bauernanführer waren für einige Zeit der Reichsritter Götz von Berlichingen und Florian Geyer. Als geistiger Führer erstand, schon vorher hervorgetreten, Ulrich von Hutten (1488–1523). Hauptgegner der Bauern war der Truchseß von Waldburg. In den Hauptschlachten bei Böblingen und um die Feste Würzburg-Marienberg verloren die Bauern. Am Ende stand die vollkommene Niederlage der Bauern, doch die selbstsichere Herrschaft der Fürsten war erschüttert.

Holländer, Friesen und Flamen, seit altersher zum Deutschen Reich gehörend, erhoben sich 1567/68 gegen die Habsburger und verteidigten ihre Glaubensfreiheit. Ohne Hilfe aus dem Reich – durch Wilhelm von Naussau-Oranien ab 1572 – wäre der Kampf für sie wohl kaum erfolgreich gewesen. »Wilhelmus von Naussauen bin ich von deutschem Blut«, heißt es noch heute in der niederländischen Nationalhymne. Knapp ein Jahrhundert später, nach dem Dreißigjährigen Krieg, schieden die Niederlande aus dem Reichsverband aus.

● *Der siebte Ansturm Asiens: die Türken*

Die Bedrohung des Reiches und Europas durch die aus dem Innern Asiens stammenden Türken (Turkvölker) dauerte rund 300 Jahre an, von etwa 1500 bis 1800, und ein weiteres Jahrhundert beeinflußten sie die europäische Politik. Bezeichnend ist, daß fast während dieser ganzen Zeit die französischen Könige sich mit den türkischen Sultanen verbanden und diese »allerchristlichsten Majestäten« den türkischen Moslems den Weg nach Europa öffnen wollten. Neben dem Reich (Österreich) führte auch Rußland über Jahrhunderte Krieg gegen die Türken, jedoch im Gegensatz zum Reich nicht zur Verteidigung Europas, sondern um türkische Gebiete imperialistisch zu erobern.

Das Reich mußte seit 1526 in insgesamt acht großen, jeweils über viele Jahre sich hinziehenden Kriegen, sich der türkischen Aggressoren erwehren, und zwar

⇨ 1526–1555, 1529 Türken vor Wien,
⇨ 1566–1568,
⇨ 1593–1615
⇨ 1663–1664
⇨ 1683–1697, 1683 Türken vor Wien,
⇨ 1716–1718,
⇨ 1737–1739,
⇨ 1787–1791.

Ab 1700 wurde von Österreich gegen die Türken die ›Militärgrenze‹ eingerichtet, nördlich davon mit Deutschen, Ungarn, Kroaten, Slowenen (katholisch) unter Kultivierung und Modernisierung entvölkerter Gebiete, südlich davon saßen Serben, Bulgaren, Rumänen, Griechen (orthodox) weiter unter türkischer Herrschaft. Die deutsche Herrschaft auf dem Balkan war keine Gewaltherrschaft, sondern eine Ordnungs- und Zivilisationsherrschaft. Bei der Zerstörung der österreich-ungarischen Monarchie 1918 brachen alte Konflikte auf dem Balkan wieder auf, die bis heute schwären.

Die geistige Freiheit

Das Freiheitsdenken der Deutschen, die Wahrheitssuche ihrer Wissenschaftler und Philosophen waren eine Fortsetzung der antiken Wissenschaftskultur der Griechen und der eigenen Erkenntnisgewinnung aus der Natur. Es war der Geist der Nordvölker, der Geist der Suche nach Naturgesetzen, wie er vor allem in der Sternkunde und der Tier- und Pflanzenzüchtung immer lebendig war. Deutsche Wissenschaft stellte immer Wahrheit gegen blinden Glauben und das vorgesetzte Dogma. Dadurch wurde Luther möglich und seine Befreiung von einem lebensfeindlichen Christentum.

Luther stand auf gegen Rom und wandte sich gegen die Ausraubung der Gläubigen durch den Ablaßhandel. Seine große Tat war, daß nun der Mensch wieder allein und unmittelbar seinem Gott gegenübertrat. Das war ein großer Sieg der Freiheit über fremde geistige Vorherrschaft.

Goethe urteilte über den Reformator:»Luther arbeitete, uns von der geistlichen Knechtschaft zu befreien, möchten doch alle seine Nachfolger so viel Abscheu vor der Hierarchie behalten haben, als der große Mann empfand. Er arbeitete sich durch verjährte Vorurteile durch und schied das Göttliche vom Menschlichen, soviel ein Mensch scheiden kann, und was noch mehr war, er gab dem Herzen seine Freiheit wieder und machte es der Liebe fähiger.« (Brief des Pastors)

»Wir wissen gar nicht, was wir Luthern und der Reformation im allgemeinen alles zu danken haben. Wir sind frei geworden von den Fesseln geistiger Borniertheit, wir sind infolge unserer fortwachsenden Kultur fähig geworden, zur Quelle zurückzukehren und das Christentum in seiner Reinheit zu fassen. Wir haben wieder den Mut, mit festen Füßen auf Gottes Erde zu stehen und uns in unserer gottbegabten Menschennatur zu fühlen.« (Eckermann 11. 3. 1832, elf Tage vor Goethes Tod)

Das ist deutsche Auffassung des Christentums, die christliche Lehre ist in deutsche Sittlichkeit verwandelt, wie wir das von so vielen großen Deutschen wissen.

Die Reformation hatte praktisch ganz Deutschland ergriffen, auch und gerade die Länder der geistlichen Fürsten und der Habsburger. Die dann von diesen einsetzende Gegenreformation war ein großer Rückschlag im Hinblick auf die Geistesfreiheit. Dabei muß bedacht werden, daß die Vorfahren der heutigen Katholiken in Deutschland zweimal mit Gewalt zu ihrem Glauben gezwungen wurden – einmal bei der Christianisierung und dann noch einmal bei der Gegenreformation, die den Katholizismus zwangsweise wieder einführte.

Die Glaubensspaltung führte jedoch trotz größter Gegensätze nicht zu einer Spaltung des Volkes wie in Holland oder Flandern, das Deutschsein überwog. Dadurch hat sich in Deutschland – abgesehen vom Dreißigjährigen Krieg – eine einmalige Toleranz in Glaubensfragen, in geistiger Toleranz schlechthin ausgebildet. Dagegen tobten in Frankreich über Jahrhunderte mörderische Protestanten-Verfolgungen. Es verlor mit Hugenotten und Waldensern wertvolle Menschen. Allein in der Bartholomäusnacht (25. 8. 1597) kamen 40000 Protestanten ums Leben, darunter ein großer Teil des französischen Adels und aus dem alten Burgund.

Eine große Befreiungstat in den Wissenschaften gelang dem Deutschen Nikolaus Kopernikus aus Thorn, indem er das heliozentrische Weltbild begründete. Goethe urteilt darüber: »Doch unter allen Entdeckungen und Überzeugungen möchte nichts eine größere Wirkung auf den menschlichen Geist hervorgebracht haben als die Lehre des Kopernikus. Kaum war die Welt als rund erkannt und in sich abgeschlossen, so sollte sie auf das ungeheure Vorrecht Verzicht tun, der Mittelpunkt des Weltalls zu sein. Vielleicht ist noch nie eine größere Forderung an die Menschheit geschehen; denn was ging nicht alles durch diese Anerkennung in Dunst und Rauch auf: ein zweites Paradies, eine Welt der Unschuld. Dichtkunst und Frömmigkeit, das Zeugnis der Sinne, die Überzeugung eines poetisch-religiösen Glaubens; kein Wunder, daß man dies alles nicht wollte fahren lassen, daß man sich auf alle Weise einer solchen Lehre entgegensetzte, die denjenigen, der sie annahm, zu einer bisher unbekannten, ja ungeahnten Denkfreiheit und Großheit der Gesinnungen berechtigte und aufforderte.« (*Geschichte der Farbenlehre*, 4. Abt. Zwischenbetrachtung)

Durchbruch des Freiheitsbewußtseins mit dem nationalen Selbstbewußtsein

Das Erwachen des deutschen Geistes zu seinem vollen Selbstbewußtsein und zum nationalen Freiheitsbewußtsein der Selbstbehauptung geschah in der Zeit von 1750 bis 1850. Die historischen Kräfte einer rund 1000jährigen Volksgeschichte, die geistigen Kräfte einer 2500 Jahre alten Kultur trafen in Deutschland auf eine einmalige Vielzahl genialer Menschen, die ganz in ihrer nationalen Geschichte, die ganz in der Fülle der großen germanischen Kultur lebten. Die Erfahrungen einer 3000 Jahre währenden geistigen Entwicklung, gesammelt in der Überlieferung, in der Sitte, der Kultur, den Wissenschaften und in der Philosophie drängten nach Schlußfolgerungen. Goethe erkannte das drängende Bewußtsein des Geistes seiner Zeit, das Verlangen, die Summe der Geschichte des eigenen Volkes zu ziehen: »Wer nicht von dreitausend Jahren sich weiß Rechenschaft zu geben, bleibt im Leben unerfahren, mag von Tag zu Tage leben.« Es ging darum, Rechenschaft zu gewinnen aus der Erfahrung, aus dem angesammelten Wissen von hunderten von Generationen der eigenen Art, Klarheit zu gewinnen über die Stellung des Menschen in der Natur, Wissen zu erlangen für das fernere Tun und Handeln aus den Erkenntnissen über die Natur und dem Leben der Lebensgemeinschaft.

Von größter Bedeutung für die Bewahrung und Entfaltung der Freiheit in Deutschland und Europa war Friedrich der Große. Der aufgeklärter Monarch unterwarf sich selbst einem unabhängigen Gericht, wofür das bekannte Beispiel des Müllers von Sanssouci steht, der seinem König auf dessen Drohung, daß er ihm die Mühle wegen deren lauten Klappergeräuschen schließen lassen werde, ruhig entgegnete: »Ja, wenn das Kammergericht in Berlin nicht wäre!« Friedrich fügte sich dem Recht und verwirklichte damit den obersten Grundsatz moderner republikanischer Staatsverfassungen: die Teilung der Gewalten.

Der große, freie Geist des preußischen Königs teilte sich allen Deutschen mit. Er war nach der Katastrophe des Dreißigjährigen Kriegs der geistige Führer, der vor allem dem nun überwiegend protestantischen Deutschland die Selbstbehauptung, das Selbstbewußtsein eigener Kraft vermittelte. Mit seinem freien Geist, der sich in strengster Selbstdisziplin der Pflicht für den Dienst am gemeinsamen Ganzen hingab, stellte er ein sittlich-moralisches Vorbild auf, das bis heute in jedem echten Deutschen formend wirkt.

»Ich bin der erste Diener meines Staates«, war sein staatsmännisches und menschliches Bekenntnis, ganz im Gegensatz zu dem »L'état c'est moi« (Der Staat bin ich) des französischen Sonnenkönigs Ludwigs XIV. Selbstgewählter Dienst, freie Unterwerfung unter die Notwendigkeit der Arbeit für die Gemeinschaft, das ist der preußisch-protestantische Geist der sittlichen Freiheit. Mit Friedrich beginnt das Zeitalter der Demokratie in Deutschland, die Aktivierung aller Bürger, in Preußen mit besonderer Verpflichtung des Adels, der auf besondere Weise zu dienen hat.

Das nach Friedrich dem Großen kommende Deutschland mit Kants Philosophie des Sittlichen als höchste Leistung des Denkens, mit der einmaligen Größe der klassischen Dichtung Goethes, Schillers und anderer wäre ohne das Vorbild des Preußenkönigs nicht möglich gewesen.

Sein Genie strahlte weit über die deutschen Grenzen hinaus. Graf Mirabeau, der führende Kopf der Französischen Revolution bis zu seinem Tod 1791, Präsident des Parlaments, sah im Preußen Friedrichs des Großen die vorbildliche Staatsordnung verwirklicht. Er war ein Freund Friedrichs und lebte rund zwei Jahre bei dem König in Potsdam. Er verfaßte das Buch *Le Royaume Prussien* (›Das preußische Königreich‹), das er als Muster für die notwendigen Reformen in Frankreich betrachtete. Auch der geistige Führer der von Frankreich ausgehenden Aufklärung, Voltaire, verbrachte bekanntlich auf Einladung Friedrichs mehrere Jahre an dessen Hof, während er in Frankreich mit Verfolgung und Verhaftung rechnen mußte.

Das Vorbild Friedrichs hatte große Wirkungen weit über den Bereich der Politik hinaus. Von größter Bedeutung ist seine Wirkung auf die Philosophie der Freiheit, die Erkenntnisse und die weitere Gestaltung der deutschen Freiheit schlechthin. Da er wie kein Großer vor ihm bewußt die Freiheit des Geistes mit der Pflicht zum Dienst am Gemeinwesen vereinigte, schuf er durch sein Leben das Wesen und den Begriff der sittlichen Freiheit. Das ist die Freiheit, die durch die – von der Vernunft erkannte – Pflicht für den Dienst am Gemeinwohl gebunden ist. Die Idee der sittlichen Freiheit hat dann die deutsche Geschichte wie kein anderer Gedanken bis heute grundlegend bestimmt.

Der Denker, der diese Idee mit einer ungeheuren geistigen Kraft weltanschaulich-philosophisch zusammenfaßte und zu welthistorischer Höhe im Bewußtsein der Deutschen emporhob, war Immanuel Kant in Königsberg. In seinem Denken geschah ein grundlegender Durchbruch wissenschaftlich-weltanschaulicher Erkenntnis, der seitdem die moderne Welt bestimmt. Er gab bestimmende Antworten auf die bis dahin unbestimmten Grundsatzfragen des Denkens. Seitdem kennt der Mensch die Bedingungen von Raum und Zeit und die Grenzen, in denen Erkenntnis möglich ist. Kant gab dem Denken Sicherheit und damit Freiheit, denn Freiheit ist nur von einem sicheren Boden, von einem sicheren Stand aus möglich.

Die Lehre Kants ist für die Freiheit des vernünftigen (in Gesetzen denkenden) Menschen von allergrößter Bedeutung, weil sie ihn endgültig von dem bis dahin überwiegend herrschenden Aberglauben befreit hat. Aberglauben wie auch Kirchenglauben machen den Menschen abhängig, meist vollständig abhängig von ungewissen, vielfach unsinnigen Annahmen. Ungewißheit bedeutet Unsicherheit, und Unsicherheit erzeugt Furcht und Angst. Wir wissen, daß das Leben vieler Generationen in unserer Geschichte durch Aberglauben und Glauben, von Furcht und Angst geprägt war und heute bei vielen Menschen noch ist. Angst macht den Menschen zu einem Knecht des Ungeistes, zum Opfer von Manipulationen, wie sie auch heute noch in der Öffentlichkeit herrschen. Im Aberglauben wie in jedem Glauben gibt es keine Wahrheit, weil die Gläubigen sich weigern, anderes Denken mit ihrem Glauben gleichwertig, also objektiv, zu vergleichen und damit auf die Wirklichkeit hin zu überprüfen. Freiheit des Denkens, Freiheit des Geistes fordern aber als erstes eine Vergleichbarkeit und damit Überprüfbarkeit jeder Aussage auf ihre Übereinstimmung mit unserer Erfahrung, fordert eine Übereinstimmung mit unserer Naturwahrnehmung, fordert eine Übereinstimmung mit der Ordnung, mit den Gesetzen der Natur.

Der Geist der Übereinstimmung mit (den Gesetzen) der Natur steht also am Anfang aller Freiheit. Eine Voraussetzung zur Überwindung des Aberglaubens ist also einmal die Hinwendung zur Wirklichkeit der Natur als einziger sicherer Quelle unserer Erfahrung und zweitens die Erkenntnis der Ordnung, der Gesetze der Natur als Inhalt unserer Vernunft. Kant sagt: »Vernunft heißt Denken in Gesetzen«.

In der Erkenntnis der Naturwahrheit gibt uns Kant Antwort auf die zweite Grundfrage aller Philosophie, das heißt aller Weisheit: »Was sollen wir tun?« Es ist die Grundfrage der Moral, Ethik, Sittlichkeit, die Grundfrage für die Antriebe unseres Handelns. Diese Frage wendet sich an uns zurück mit der Folgefrage: »Was können wir tun?«, das heißt: Wie können wir von unserer uns naturnotwendig, also naturgesetzlich gegebenen Freiheit Gebrauch machen? Kant antwortet darauf: »Nach den Gesetzen der Freiheit!« Denn Moral, Sittenlehre, praktische Philosophie (Ethik bei den Alten) ist »1. überhaupt die Wissenschaft von den Gesetzen der Freiheit« und 2. insbesondere »aus der vernünftigen, freien Natur des Willens a priori hergeleitet«. »Vernünftig« ist nach Kant »die Fähigkeit, in Gesetzen zu denken«. Dabei geht aus seiner – nachstehenden – Definition dessen, was moralisch ist hervor, daß unter Gesetz das »physische Gesetz«, also das Naturgesetz, zu verstehen ist. » Moralisch heißt alles, was sich auf Freiheit und Sittlichkeit bezieht«,

172

und: »Eine moralische Welt ist die Idee von einer vollständigen Übereinstimmung der physischen Gesetze mit sittlichen Zwecken.« Heute kennen wir aus der Verhaltensforschung und der Evolutionstheorie die physischen Gesetze, das heißt die Lebensgesetze auch des Menschen, die Gesetze, denen das sittliche Verhalten, das heißt das gemeinschaftsbezogene Verhalten, unterliegen muß, wenn es ›vernünftig‹ sein soll.

Im »kategorischen Imperativ« von Kant ist dieses Gesetz erhaben formuliert: »Handle so, daß die Maxime deines Willens jederzeit zugleich als Prinzip einer allgemeinen Gesetzgebung gelten könne.« Das heißt, daß die Stärkung und Erhaltung der eigenen Lebensgemeinschaft aus notwendiger, durch das Gesetz gebundener Freiheit das höchste Ziel (Maxime) des Willens des Einzelnen und seines Handelns sein muß, weil allein die Erhaltung der eigenen Gemeinschaft die Erhaltung ihres Lebens sichert. Die Erhaltung des Lebens der eigenen Art aber ist der Sinn des Lebens, sein wichtigster Sinn. »Der Zweck des Lebens ist das Leben selbst!«, sagt Goethe. Kant verbindet das Naturgesetz mit dem moralischen Freiheitsgesetz mit den wunderbaren, berühmten Worten: »Zwei Dinge erfüllen das Gemüt mit immer neuer zunehmender Bewunderung und Ehrfurcht, je öfter und anhaltender sich das Nachdenken damit beschäftigt: Der bestirnte Himmel über mir und das moralische Gesetz in mir.«

Kant hat mit seinem »kategorischen Imperativ« und mit seiner Friedensschrift *Zum ewigen Frieden* das deutsche Sittengesetz gefaßt. Nach dem Imperativ muß das Handeln des Einzelnen mit dem Erhaltungsgesetz der Gemeinschaft übereinstimmen. Nach der Friedensschrift muß a) die Gemeinschaft nach dem ersten Definitivartikel republikanisch verfaßt sein, das heißt von den Besten geführt werden, wobei jeder Staatsbürger entsprechend seiner Befähigung Zugang zu allen Ämtern haben muß; müssen b) nach dem zweiten Definitivartikel sich die Staaten/Völker verpflichten, jeweils die Freiheit des andern zu achten, zu sichern und zu erhalten – was nach heutigem Verständnis die volle Durchsetzung des Selbstbestimmungsrechts bedeutet; muß c) nach dem dritten Definitivartikel ein Volk ungestört unter sich bleiben. Fremde können nur eine Besuchserlaubnis bekommen, wenn alle Bürger des Besuchslandes dem zustimmen.

Mit der Befolgung dieser Kantschen Gedanken wäre eine vollkommene Entwicklung nach der eigenen Art gewährleistet, wäre eine innere Ordnung des Volkes gesichert sowie die Sicherung des Staates nach außen gegeben.

Friedrich Schiller ist ohne Zweifel der große Sänger der deutschen Freiheit. Doch seine Worte sind nicht nur Gesang, sondern er ist zugleich auch der tiefste und schärfste Denker unter den großen Dichtern. Dadurch ist sein Werk zeitlos gültig und bleibt immer für jeden geistig suchenden und intelligenten Deutschen eine Quelle der Erkenntnis und Wegweisung. Er erfaßte wie kein anderer den Urgrund und das Urbild – das ist der Mythos – des deutschen Wesens und verstand es, diesen mit dem höchsten Bewußtsein des reifen Denkens Kants zu verbinden. Kant, der Philosoph entdeckte durch naturwissenschaftliches Denken die Erkenntnisfähigkeit des germanischen Geistes und die sittliche Freiheit als Bedingung germanischen Lebens und seiner Erhaltung. Schiller, der genialste Schüler des Philosophen, sah die weltgeschichtliche Bedeutung dieses deutschen Denkens und hat es auf erhabene Weise dargestellt.

In seinem Gedicht *Deutsche Größe* (1797) kündet er von der geistigen Befreiung unseres Volkes in der Stunde der Niederlage. In einer Zeit, die der unsrigen gleicht, deckt er die gewaltigen Kräfte des deutschen Freiheitsgeistes auf und bereitet so den Aufstand gegen die französischen Besetzer vor. Danach bleibt die deutsche Würde unangefochten, unabhängig von aller Politik und den Schlägen des Schicksals, die unserer Nation zugefügt werden. Warum? Weil die Deutschen die Freiheit des Geistes, die sittliche Freiheit für ganz Europa, ja für die ganze Menschenbildung erkämpft haben, und alle Taten, die uns seither das Schicksal aufzwang, waren und sind gerechtfertigt in der Verteidigung dieses höchsten Menschheitsgutes. Deshalb gibt es auch keine Schuld, wenn wir in der Erfüllung dieser Pflicht handeln.

Schiller knüpfte bei dem urgermanischen Geist an, wie er sich in den antiken Griechen offenbarte. Es sind die berühmten Worte des großen athenischen Staatsmannes Perikles (500–429 v.d.Ztw.), der das alte Griechenland auf den Höhepunkt seiner Kultur und Macht führte: »Am Anfang der Freiheit stand der Mut«, erklärte er bei der Totenfeier zu Ehren der im Peloponesischen Krieg 431/30 ge-

fallenen Athener. Das ist die erste historisch festgehaltene Formulierung des Freiheitsbewußtseins der nordischen Menschen. Den
Sinn des Opfers der für die Freiheit Gefallenen prägte er der athenischen Gemeinschaft mit den Worten ein: »Mit solchen Vorbil-
dern sollt auch ihr das Glück der Freiheit sehen und die Freiheit im
kühnen Mut und euch nicht zuviel umblicken nach den Gefahren
des Krieges... Zu jedem Meer und Land erzwangen wir uns durch
unseren Wagemut den Zugang und überall leben mit unseren Grün-
dungen Denkmäler unseres Wirkens im Bösen wie im Guten auf
alle Zeit.« Diese hohen Worte könnten auch von einem deutschen
Großen gesprochen sein, so gleichartig ist der Geist aus dem gemeinsamen Ursprung. Sie verpflichten uns noch heute, sie haben
die Deutschen immer zum Schutze Europas verpflichtet.

Die Freiheitskriege

Es waren die Freiheitskriege zu Beginn des vorigen Jahrhunderts,
die den Geist der deutschen sittlichen Freiheit – getragen vom neu-
en überlegenen Denken der deutschen Philosophen Kant, Fichte,
Hegel – im ganzen Volk offenbar werden ließen. Die Verbindung
von Geist und Tat, die Mobilisierung der deutschen Volkskraft, die
Führung der Politik, die Wahrung der großen Überlieferung Friedrichs des Großen gegen Napoleon war das Werk der politischen
Reformatoren: des Freiherrn vom und zum Stein sowie Wilhelm
von Humboldts, denen der Feuerkopf Ernst Moritz Arndt zur Seite stand.
   Geist, Politik und Tat wurden durch geniale Soldaten in militärische Erfolge, in den Sieg auf dem Schlachtfeld umgesetzt. Es war
ein einmaliges geschichtliches Ereignis, daß vor allem die führenden Offiziere eines Volkes den Geist der Freiheit verkörperten und
damit die ganze Armee beflügelten. Scharnhorst, Gneisenau, Clausewitz, Blücher waren es, die den Geist der Freiwilligkeit des Soldaten in einer Armee der allgemeinen Wehrpflicht zum Dienst für
das Vaterland entzündeten. Bekannt ist die berühmte Antwort des
Generals Neidhardt von Gneisenau, die er seinem König (Friedrich Wilhelm III.) gab, als dieser auf des Generals Entwurf »zu einer allgemeinen Volksbewaffnung, eines Landsturmkrieges, zu
dem die Prediger in den Kirchen die Gemeinden entflammen soll-

ten«, schrieb: »Als Poesie gut.« Darauf entgegnete Gneisenau: »Religion, Gebet, Liebe zum Regenten, zum Vaterland, zur Tugend sind nichts anderes als Poesie, keine Herzenserhebung ohne poetische Stimmung. Wer nur nach kalter Berechnung handelt, wird ein starrer Egoist. Auf Poesie ist die Sicherheit der Throne gegründet.«

Der erhabendste Ausdruck der ganzen Zeit findet sich in dem berühmten *Bekenntnis*, das Carl von Clausewitz, der Schüler und beste Freund Gneisenaus, verfaßte.

Der hohe Geist, der sich in diesen Worten ausdrückt, hat über 150 Jahre lang die deutschen Soldaten mit dem Bewußtsein erfüllt, in den jeweiligen Kriegen die Freiheit des eigenen Volkes und die Freiheit Europas zu verteidigen. Der kriegerische Kampf selbst wurde so durch den Geist der Befreiungskriege versittlicht. Ritterlichkeit im Kampf, Schonung und Schutz der Bevölkerung im feindlichen Land, ehrenvolle Behandlung der Gefangenen wurden die sittlichen Gebote des deutschen Soldaten und galten bis 1945. Schonung des Gegners nach dem Krieg und die Öffnung eines Freiheitsraumes für den ehrenvollen, gleichberechtigten Wiederaufstieg in einem ehrlichen Frieden war 100 Jahre lang, von 1815 bis 1918 die Maxime deutscher Friedenspolitik in Europa, die vor allem Frankreich zugute kam und aus sittlich begründeter europäischer Verantwortung vor allem Bismarck und Kaiser Wilhelm I. leitete.

Am wichtigsten ist für uns heute der folgende Satz aus dem Bekenntnis von Clausewitz: »Daß selbst der Untergang dieser Freiheit nach einem blutigen und ehrenvollen Kampfe die Wiedergeburt des Volkes sichert und der Kern des Lebens ist, aus dem einst ein neuer Baum die sichere Wurzel schlägt.« Dieser Satz gilt uneingeschränkt auch für unsere Zeit. Denn aus der 2000jährigen Geschichte der deutschen Freiheit, die uns jetzt bewußt ist, wissen wir, daß vor allen die Deutschen die sittliche Freiheit Europas, das heißt den schöpferischen Lebenskern unserer Art, getragen haben und tragen. Deshalb konnte es keine Kapitulation vor dem letzten Widerstand geben im Kampf gegen die bolschewistischen Massen Stalins, dessen Ziel es war, ganz Europa völkisch und kulturell zu zerstören.

Die Entstehung des modernen Europas als germanische Tat

Der große Philosoph Georg Wilhelm Friedrich Hegel (1770–1831) hat in seiner *Philosophie der Geschichte* »die germanische Welt«, die Gründung der europäischen Staaten durch die Germanen der Völkerwanderungszeit, also die Gründung Europas, als die höchste Stufe der geschichtlichen Entwicklung, als den Sinn der Geschichte bezeichnet. Er schrieb: »Erst die germanischen Nationen sind. . . zum Bewußtsein gekommen, daß der Mensch als Mensch frei ist, die Freiheit des Geistes seine eigenste Natur ausmacht.« Hegels Aussage ist nun nicht irgendeine Feststellung vorübergehender Geschichtsdeutung, sondern sie deckt in der Tat den geistigen Inhalt der germanisch-deutschen Welt, des germanisch-deutschen Denkens und Wollens, das heißt den Wesensgehalt unserer Geschichte, auf. Hegel gibt in seiner Philosophie auch die treffendste Definition dessen, was Freiheit ausmacht: »Freiheit ist ganz bei sich sein.« In der Tat gilt das vollständig für ein Volk: Nur wenn es ganz bei sich ist, ungestört durch Fremdes, können sich seine Fähigkeiten zur Gestaltung seines Lebens in Freiheit entfalten.

Kein Geringerer als Goethe hat die Geschichtsauslegung Hegels glänzend bestätigt. Er verehrte Hegel in hohem Maße. Dessen Büste stand als einzige bis zu seinem Lebensende auf seinem Schreibtisch. Goethe selbst äußerte sich über die germanische Freiheit in einem Gespräch mit Eckermann: »Wie Guizot von den Einflüssen redet, welche die Gallier in früher Zeit von fremden Nationen empfangen, ist mir besonders merkwürdig gewesen, was er von den Deutschen sagt. ›Die Germanen‹, sagt er, ›brachten uns die Idee der persönlichen Freiheit, welche diesem Volk vor allem eigen war‹. Ist das nicht sehr artig, und hat er nicht vollkommen recht, und ist nicht diese Idee noch bis auf den heutigen Tag unter uns wirksam? Die Reformation kam aus dieser Quelle, wie die Burschenverschwörung auf der Wartburg. . . Die Deutschen gehen jeder seinem Kopfe nach, jeder sucht sich selbst genug zu tun. . . denn in jedem lebt, wie Guizot richtig gefunden hat, die Idee der persönlichen Freiheit, woraus denn, wie gesagt, viel Treffliches hervorgeht, aber auch viel Absurdes.« (6. 4. 1829)

An diesem Ausspruch Goethes sind zwei Gedanken besonders bemerkenswert. Die Deutschen waren für ihn mit den Germanen, wie es den geschichtlichen Tatsachen entspricht, allezeit identisch, und die Freiheit ist für ihn – selbstverständlich – die deutsch-germanische Eigenschaft schlechthin. Dabei ist auch seine Bemerkung über das Absurde dieser Freiheit vollkommen richtig, denn leider führt die überzogene persönliche Freiheit leicht ins Asoziale.

Bismarck hat alle Kriegsgegner nach der Idee der sittlichen Freiheit so behandelt, daß sie nach dem Friedensschluß sich lebenskräftig wieder erholen konnten und vollwertige Glieder im Europa der Gleichen geblieben sind:

1864 · Dänemark,
1866 · Österreich und die süddeutschen Staaten,
1871 · Frankreich.

Europa braucht freie, gleichberechtigte Staaten, die in einem ausbalancierten Machtgefüge im Frieden zusammenleben können. Das war Bismarcks europäische Vision – und Illusion. Das war ehrlich, vernünftig-deutsch in einer Umwelt bösartiger Rache und auf Raub ausgerichteter Politik. *Deutschlands Schuld am Frieden* lautet deswegen der Titel eines Buches (Johannes Barnick) über Bismarcks Politik. Letzten Endes war es sein deutscher, sittlich-falscher Friedenswille, der Deutschland das Leben kostete, wie wir heute wissen. Wäre Bismarck nach 1871 Moltkes Gedanken gefolgt, dann wäre die deutsche Lebensordnung wohl zum Segen ganz Europas endgültig durchgesetzt worden.

Oberflächlicher Ungeist sagt von Friedrich Nietzsche, daß dessen Philosophie, dessen Denken kein System habe. Dabei ist er der einzige Denker, der ein lebendiges, zusammenhängendes Gebäude europäischen Geistes geschaffen hat. Denn er ist der einzige, der in seinem Denken ganz auf den Ursprung unserer Art zurückgeht, und dies nicht nur in einer ›historischen Betrachtung‹, sondern er fordert unabdingbar das Wiederanknüpfen an den Ursprung und die neue Schöpfung unseres Lebens aus seinen Quellen. Er wollte in Deutschland, in Europa, wieder den freien Geist des alten Griechenlands einführen, die ursprüngliche Bewußtheit der eigenen Art als die einzige Grundlage europäischer Kultur, die Wiederaufrichtung der schönen bildlichen Gestalten unserer Art als gültige Leitbilder. Nietzsches Denken, seine Vision, ist die elementare Erweckung des nordischen Artbewußtsein, denn jede Art kann sich nur aus ihrem Ursprung, dem genetisch bestimmten

Bewußtsein ihrer selbst, erneuern. Aus dem Ursprung denken muß für den intelligenten Europäer heißen, die Nacht des Wahns, der Ideologien, einschließlich des Christentums, endgültig abzuschütteln und die reine Kultur der eigenen Art, zur immerwährenden Feier des Eigenen, in den Mittelpunkt allen Lebens zu stellen.

Das Selbstbestimmungsrecht

Max Weber(1874–1920), der große Wissenschaftler und Begründer der Soziologie, war wie kein anderer bedeutender Geist seiner Zeit ein Verteidiger des Selbstbestimmungsrechts seines Volkes, weil er aus tiefster Geistesquelle wußte, daß nur Deutschland die Kultur und Freiheit Europas sichern könne. Er hat aus diesem Wissen heraus bis zum bitteren Ende des Ersten Weltkrieges unablässig den Kampf und das Durchhalten bis zu einem deutschen Sieg gefordert.

Das Selbstbestimmungsrecht eines Volkes ist das fundamentale Grundrecht der Freiheit, denn nur in einem freien Volk ist auch die sittliche Freiheit seiner Bürger möglich. Wird das Selbstbestimmungsrecht durch äußere Feinde verweigert, dann muß eine sittliche Staatsführung selbstverständlich alle Kräfte des Volkes mobilisieren, um dieses Recht wieder zu erlangen. Die Freiheit des Einzelnen muß dann zwingend so weit eingeschränkt werden, daß die Leistung der Gemeinschaft ohne Widerstand durch Einzelheiten aufs Höchste gesteigert werden kann. Die deutsche Politik zwischen 1914 und 1945 war diesem naturrechtlich-sittlichen Gesetz der Notwendigkeit ohne eine Ausweichmöglichkeit unterworfen. Sie hätte es nach 1945, um die Existenz des Volkes zu retten, noch mehr sein müssen. Doch durch die Auflösung und Zerstörung aller sittlichen Ordnung treibt unser Volk heute dem Tode entgegen.

Das Selbstbestimmungsrecht ist das Lebensrecht einer Lebensgemeinschaft schlechthin. Es ist die natürliche Quelle der Sitte, der Sittlichkeit, also aller Legitimität.

Es ist für den freien Geist unverzichtbar, denn es ist die Freiheit schlechthin. Das durch das Selbstbestimmungsrecht verwirklichte völkische Prinzip ist allein die stiftende und bewahrende Grundlage des Völkerfriedens. Wer das Selbstbestimmungsrecht verhindert, handelt verbrecherisch (Balkan, Elsaß, Südtirol, Nordirland,

Palästina, Ostdeutschland, Sudetenland u. a.). Ohne Verwirklichung des Selbstbestimmungsrechtes kann es keine europäische Gemeinschaft geben, wenn der Begriff ›Gemeinschaft‹ und das geschichtlich gewordene Verständnis ›Europa‹ überhaupt einen Sinn haben sollen.

Das Selbstbestimmungsrecht wurde in diesem Jahrhundert den Deutschen oft vorenthalten. Mit 100% – einstimmig – beschloß die Nationalversammlung Österreichs im November 1918 den Zusammenschluß aller deutschen Gebiete Österreichs, einschließlich des Sudetenlandes mit dem Deutschen Reich. Dieses überwältigende Bekenntnis zum Selbstbestimmungsrecht wurde von den Westalliierten, insbesondere Frankreich, mißachtet, der Anschluß wurde verboten. Gegen den erklärten Willen der betroffenen Bevölkerung wurden 1919 große deutsche Gebiete vom Reich abgetrennt und fremden Staaten angegliedert. Als Abstimmungen möglich wurden, stimmten jeweils über 90 Prozent für den Anschluß an das Reich, so im Saarland 1935 90,5%, in Österreich am 10. April 1938 98%. Einstimmig, 100prozentig, stimmten im Mai 1933 die Abgeordneten des deutschen Reichstages mit den Stimmen aller Parteien, auch der noch in voller Stärke vertretenen Sozialdemokraten, dem außenpolitischen und wirtschaftlichen Programm Hitlers zu. Dabei war die Forderung der Außenpolitik die totale Revision, das heißt die Aufhebung, der erniedrigenden und völkerrechtswidrigen Bestimmungen des Versailler Diktats. Das Abstimmungsverhalten stimmte vollständig mit dem nationalen und kulturellen Bewußtsein des ganzen Volkes überein.

Am Selbstbestimmungsrecht der 1919 zu Polen geschlagenen Ostdeutschen entzündete sich auch der deutsch-polnische Konflikt 1939, nachdem es zu untragbaren Verhältnissen der deutschen Minderheit in Polen gekommen war, der dann in den Zweiten Weltkrieg einmündete. Während die Deutschen Europa und seine Freiheit vor dem Bolschewismus verteidigten, haben Frankreich und England alles getan, um die außereuropäischen Mächte der Sowjetunion und der USA zum Kampf gegen das Reich aufzufordern, und diese dazu gebracht, das Reich zu vernichten. Deutschland und große Teile Europas wurden weitgehend zerstört, die östliche Hälfte überließ der Westen für mehr als ein Menschenal-

ter der sowjetischen Gewaltherrschaft. Die erzwungene ›bedingungslose Kapitulation‹ von 1945 gegenüber dem bedeutendsten Kulturvolk Europas war ein schändlicher Akt und bedeutete, wie dies immer deutlicher wird, die Zerstörung Europas als politische Macht für lange Zeit.

Die Folgen sind bis heute zu spüren, und in der Gegenwart ist vor allem wieder Deutschland gefragt, den durch die kurzsichtigen Westalliierten verursachten Schaden zu beheben. Schlimmer noch ist, daß der Lebenswille der Europäer und besonders der Deutschen durch diese westliche Politik zerstört wurde, so daß seither auch die Todesspirale des Volkstodes immer mehr an Geschwindigkeit zunimmt..

Nur eine geistige Erneuerung und die Rückbesinnung auf den deutschen Geist der Freiheit kann auf die Dauer Abhilfe schaffen, Deutschland hat für Europa auch weiterhin große Aufgaben. Es kann sie aber nur erfüllen, wenn es zu sich selbst zurückfindet, insbesondere sich des Geistes der deutschen Freiheit wieder bewußt wird.

Schlußwort

Dr. Rolf Kosiek

Wir kommen zum Ende unseres diesjährigen Kongresses. Anregende Vorträge, lebhafte private Diskussionen und Tage intensiven Erlebens in einer Gesinnungsgemeinschaft liegen hinter uns. Es bleibt ein Wort des Dankes an alle Beteiligten: an unsere Redner, die die deutsche Lage beurteilten, die Zustände beschrieben und neue Wege aufzeigten, an Herrn Hahn mit seinen Helfern als den Verantwortlichen für die gesamte Organisation und auch an die Leitung dieses Hauses wie dessen dienstbare Geister. Nicht zuletzt gilt Ihnen allen als den Teilnehmern und Zuhörern unser Dank, daß Sie durch Ihre Anwesenheit und Unterstützung diesen Kongreß möglich machten und – wie auch in den vergangenen Jahren – zu einem Erfolg werden ließen. Ich hoffe, daß sich jeder in Zukunft gern der vergangenen Tage erinnert sowie bereichert und gestärkt für die vor uns liegende Zeit nach Hause fährt.

Denn Stärke und Kraft sind schon notwendig, um die Zukunft zu bestehen und möglichst zu gestalten. In diesem Jubiläumsjahr der deutschen Freiheits- und Einheitsbewegung gilt es besonders, für die deutsche Freiheit einzutreten, für die Freiheit, die in bezeichnendem Maße, wie wir gehört haben, aus Mitteleuropa ihren Siegeszug durch die Welt antrat. Diese Freiheit ist heute von verschiedenen Seiten her bedroht: durch die Vermassung und eine an den Massen ausgerichtete Politik der Gleichmacherei, durch die Globalisierung mit ihrer Gleichschaltung der Volkswirtschaften, durch ein Großkapital, das über gekaufte Massenmedien die Völker manipuliert, durch den Druck der Political Correctness, die bereits durch Sondergesetze und eine verstärkte Politisierung der Justiz neue Mittel zur Einschränkung der Meinungsfreiheit gefunden hat.

Gegen diese verdeckte Zensur, gegen die Aushöhlung aller Souveränität, gegen undurchsichtige Abhängigkeiten von Hintergrundkräften gilt es sich zu wehren, muß die Freiheit für das Volk wie für den Einzelnen verteidigt und hochgehalten werden. Wie vor 150 Jahren Patrioten als Demagogen diffamiert wurden, so wer-

den nationale Persönlichkeiten heute als Radikale oder Extremisten ausgegrenzt oder gar kriminalisiert. Sie sollten sich der Solidarität aller Mitstreiter sicher sein können, die auch nicht vor Gefängnistoren halt macht.

Wenn die D-Mark und damit eine entscheidende Souveränität unseres Staates abgeschafft wird, wie es nun leider scheint, wenn tragende Traditionen, etwa für die Bundeswehr, zunehmend in Frage gestellt werden, wenn auch die Überfremdung des deutschen Volkes noch nicht gestoppt wird, so ist dennoch Resignation die falsche Antwort. Aufklärung und geistiger Widerstand sind notwendig, mutiges Eintreten für das als richtig Erkannte, ein trotziges ›Nun erst recht‹ dem Zeitgeist ins Gesicht.

Das gilt auch für die Entscheidung bei der vor uns liegenden Bundestagswahl. Ob man mit den Rahmenbedingungen einverstanden ist oder nicht, jeder sollte sein Wahlrecht ausnutzen und möglichst dazu beitragen, daß die Nationalen und Freiheitlichen eine Sprachrohr im Bundestag erhalten. Das kann nur gelingen, wenn mit kühlem Kopf nicht unbedingt die eigene Partei, sondern die aussichtsreichste Gruppierung gewählt wird. Über alles andere freuen sich nur die Bonner Parteien, die dann wieder in alter Weise unter sich bleiben und Deutschland weiter der Auflösung anheimgeben, anstatt zum Beispiel bei der günstigen Gelegenheit der anstehenden Verhandlungen über die Osterweiterungen die deutschen Rechte auf Ostdeutschland – also die Gebiete östlich von Oder und Neiße und das Sudetenland – beharrlich zu vertreten.

Vor uns liegen genügend Aufgaben. Keiner braucht über mangelnde Möglichkeiten zu klagen. Die in letzter Zeit eingerissenen allgemeinen Zustände haben schon manche aufgeweckt. Insbesondere hier in Mitteldeutschland und in der jüngeren Generation sieht man in manchem klarer als im umerzogenen und materiell abgesicherten Westen. Die Jugend braucht jedoch verantwortungsbewußte Vorbilder, um nicht in die zahlreichen von den Feinden unseres Volkes aufgestellten Fallen zu tappen. Nehmen wir uns auch dieser Aufgabe an.

Vor 150 Jahren schaffte die deutsche Freiheitsbewegung einen großen Schritt nach vorn, wenn auch noch nicht den ganzen Durchbruch, der erst unter Bismarcks verantwortungsbewußter Leitung gelang. Eine Generation ist im Leben eines Volkes nicht viel. Man

muß für die nächsten arbeiten und vorbereiten, vor allem die geistige Tradition weiterführen und die Jugend in der Liebe zu Volk und Heimat heranziehen, in der Verpflichtung zur früher hohen und hoffentlich eines Tages wieder blühenden deutschen Kultur, zum Stolz auf die eigene Identität. Uns Älteren kommt dabei eine bedeutsame Aufgabe zu.

Vor 150 Jahren glaubten manche nach dem Scheitern der Paulskirche und dem scheinbaren Sieg der Reaktion, daß wieder alles vergeblich gewesen sei. Doch das damalige Tun trug durchaus Frucht und bereitete die neue Reichsgründung vor, wie auch unser Bemühen sicher nicht vergeblich sein wird. Damals, wenige Jahre vor 1848, entstand auch das Lied der Deutschen, das deren Hoffnung bis heute wohl am besten wiedergibt. So wollen wir in Erinnerung an die damaligen Patrioten und ihnen geistig verbunden auf die Zukunft hoffen und unseren Kongreß nach alter Tradition mit dem Lied der Deutschen beenden.

Entschließungen der Jahreshauptversammlung der GFP vom 24. April 1998

1. Pressefreiheit

Im vergangenen Jahr haben in Deutschland behördliche Maßnahmen gegen freiheitliche Verleger und Autoren weiter erschreckend zugenommen. Ein bisher unbestrafter Verleger bekam wegen wissenschaftlicher Aussagen zur Zeitgeschichte mehr als ein Jahr Haft ohne Bewährung, ein mehr als 400seitiges Sammelwerk mit Beiträgen angesehener Wissenschaftler und Publizisten wurde wegen eines einzigen Satzes in den Anmerkungen, der zudem in lateinischer Sprache verfaßt war, eingezogen und verboten. Mehr als 60 verschiedene Bücher und Zeitschriftenausgaben mit Beiträgen zur Zeitgeschichte sind derzeit beschlagnahmt und verboten, die Presse schreibt bereits von ausgedehnten Bücherverbrennungen durch deutsche Behörden. Weitere Verfahren gegen Verlage und Publizisten laufen gegenwärtig. Im Jubiläumsjahr der deutschen Freiheitsbewegung von 1848 protestiert die GFP gegen diese skandalöse Einschränkung der Presse- und Meinungsfreiheit durch die Justizbehörden, fordert ein Ende dieser politischen Justiz und die Rückkehr zu den im Grundgesetz garantierten Grundfreiheiten.

2. Anti-Wehrmachtausstellung

Obwohl ihr von angesehenen Fachwissenschaftlern wie Prof. Dr. Franz Seidler zahlreiche Fälschungen, Verzerrungen und unwissenschaftliche Methoden nachgewiesen wurden, zieht die private Reemtsma-Heersche Anti-Wehrmachtausstellung weiter durch deutsche Städte und diffamiert die deutschen Soldaten. Sie stellt ein übles Mittel in der derzeitigen Kampagne gegen die Bundeswehr und deren Traditionsverständnis dar. Die GFP fordert Behörden und Politiker auf, diesem Machwerk keine Unterstützung mehr zu leisten und sich von ihm zu distanzieren. Die GFP verurteilt es schärfstens, daß noch kein eindeutiges Wort gegen diese

Ausstellung seitens der Bundesregierung und des Verteidigungsministeriums erfolgte. Die GFP begrüßt es sehr, daß vor allem junge nationalgesinnte Deutsche in München, Dresden und anderen Orten den Protest gegen die Anti-Wehrmachtausstellung in die Öffentlichkeit getragen und ihrer Meinung Ausdruck gegeben haben, daß ihre Väter und Großväter keine Mörder und Verbrecher waren, sondern an allen Fronten – insbesondere zur Verteidigung Europas gegen den Bolschewismus – ehrenvoll und tapfer gekämpft haben, wie das auch der französische Staatspräsident Mitterrand in Berlin erklärt hat.

3. Abschaffung der D-Mark

Angesichts 1. der zahlreichen bekanntgewordenen Manipulationen und Verfälschungen in den Haushaltsbilanzen einiger Beitrittsstaaten, 2. der Nichtteilnahme mehrerer Nachbarländer, 3. der zahlreichen Warnungen angesehener Fachleute und 4. des erklärten Willens der großen Mehrheit der Deutschen gegen eine Abschaffung der D-Mark protestiert die GFP gegen die übereilte Einführung der Europäischen Währungsunion und fordert mindestens eine Verschiebung mit ausführlicher Diskussion über neue Rahmenbedingungen. Die geplante Einführung des Euro zum 1. 1. 1999 bedeutet eine den Volkswillen verachtende, damit äußerst undemokratische, mit hohen Risiken für Deutschland verbundene, die europäische Einigung belastende Maßnahme.

4. Osterweiterung

Die GFP fordert die Bundesregierung auf, bei den anstehenden Verhandlungen im Rahmen der sog. Osterweiterung europäischer Einrichtungen die deutschen Rechte auf Ostdeutschland östlich von Oder und Neiße wie auf das Sudetenland nachhaltig zu vertreten. Sie sollte sich insbesondere gegen die Eingliederung solcher Staaten wenden, die nicht bereit sind, die völkerrechtswidrige, geschichtlich einmalige und gegen alles Menschenrecht verstoßende Vertreibung von 1945/46 der Deutschen aus ihrer jahrhundertealten Heimat zu bedauern und wiedergutzumachen sowie die gewaltsame Annexion deutschen Landes rückgängig zu machen.

Unsere Vortragenden

BASSLER, KARL, Diplomvolkswirt, geb. 1924 in Stuttgart, 1942–1947 Kriegsdienst und Gefangenschaft, 1949–52 Studium der Volkswirtschaft in Stuttgart und Heidelberg, Diplom in Volkswirtschaft an der Universität Heidelberg. 1952-56 Volontär und Direktionsassistent bei der Deutschen Shell AG, ab 1957 bis zur Pensionierung tätig bei IBM Deutschland in Hamburg, an der Saar und in Sindelfingen, 1968–72 Landtagsabgeordneter in Baden-Württemberg, Verfasser zahlreicher Artikel.

BUCK, FELIX, Dr. jur., geb. 1912 in Hamburg, 1932 Abitur, 1932–34 Lehre als Exportkaufmann, freiwilliger Arbeitsdienst, 1934–35 freiwilliger Wehrdienst in der Reichswehr, 1935–38 Jurastudium, Promotion an der Universität Hamburg. 1938-39 Tätigkeit in der IG-Farben-Hauptverwaltung. 1939–45 Kriegsdienst, zuletzt als Major. 1945–47 Geschäftsführer der Industrie- und Handelskammer Frankfurt und des Verbandes des Groß- und Außenhandels, ab 1948 selbständiger Unternehmer in der Bekleidungsindustrie. Mitglied verschiedener konservativer Organisationen, 1980 Mitbegründer des Europäischen Instituts für Sicherheitsfragen (EIS) in Luxemburg. Zahlreiche Veröffentlichungen zu geopolitischen und geostrategischen Fragen. Verfasser der Bücher *Deutschlands Aufgabe im Osten* (1992), *Geopolitik 2000* (1996)

KNÜTTER, HANS-HELMUTH, Prof. Dr. phil., geb. 1934 in Stralsund, Abitur 1954, Studium der Geschichte in Berlin, Promotion 1960 an der Freien Universität Berlin, Habilitation 1971 an der Universität Bonn, seit 1972 Professor für Politologie an der Universität Bonn. Zahlreiche Fachartikel, Buchveröffentlichungen: *Ideologien des Rechtsradikalismus im Nachkriegsdeutschland* (²1962); *Die Juden und die deutsche Linke in der Weimarer Republik* (1971); *Die Faschismuskeule* (1993), Mitherausgeber von: *Der Streit um die politische Bildung* (1976); *Die pragmatische Wende in der Politischen Bildung* (1979); *Theodor Litt und die Politische Bildung der Gegenwart* (1982).

NEUBAUER, HARALD, geb. 1951 in Hamburg, Ausbildung zum Technischen Groß- und Außenhandelskaufmann, Wehrdienst, Redakteur bei einer Wochenzeitung, 1984 Referent zweier Bundestagsabgeordneter, Bundessprecher und Chefredakteur der Parteizeitung sowie Generalsekretär und Landesvorsitzender Bayerns der Republikaner bis 1990, 1989–94 Abgeordneter des Europäischen Parlaments, dort Mitglied des Außenwirtschaftsauschusses, ausgezeichnet mit der Silbermedaille des Europaparlaments, seit 1992 Mitherausgeber von *Nation und Europa* in Coburg, Eigentümer des Nation-Europa-Verlages. Zahlreiche Artikel und Vorträge.

NORDBRUCH, CLAUS, Dr. phil., geb. 1961, Abitur 1982, 1982–86 Offizierslaufbahn in der Bundeswehr, Leutnant, 1986 Auswanderung nach Südafrika, 1987–95 Studium der Germanistik, Geschichte, Biologie und Kriminologie in Pretoria, 1995 dort Promotion, ab 1993 Privatdozent an der Universität Pretoria sowie Journalist. 1998 mit dem Wissenschaftspreis der Stiftung Ostdeutscher Kulturrat ausgezeichnet. Neben zahlreichen Artikeln Buchveröffentlichungen: *Heinrich Böll* (1994); *Über die Pflicht* (1996); *Die Legende Wilhelm Ratte* (1996, auch in Afrikaans und Englisch); *Reguit* (1997); *Vom Zweifel zur Wehrhaftigkeit* (1997); *Ein Nationalstaat für Buren* (1998); *Volksbetrug am Kap* (1998); *Sind Gedanken noch frei? Zensur in Deutschland* (1998).

SCRINZI, OTTO, Dr. med., geb. 1918 als Sproß einer Südtiroler Familie, Studium der Medizin in Riga, Prag, Königsberg. Im Zweiten Weltkrieg Militärarzt, mehrfach verwundet und ausgezeichnet, 1955–83 Klinikchef in Klagenfurt. 1950 Landespartei-Obmann der Unabhängigen, zwischen 1949 und 1979 als Abgeordneter der FPÖ 7 Jahre im Landtag von Kärnten, 14 Jahre im Nationalrat in Wien, 9 Jahre Vorsitzender des Parlamentsausschusses für Gesundheit und Umwelt, Vertreter der FPÖ beim Europaparlament, 1966–75 stellvertretender Vorsitzender der FPÖ, deren außenpolitischer Sprecher und Südtirolsprecher, 1986 Kandidat für das Amt des österreichischen Bundespräsidenten. Verfasser mehrerer Bücher, u.a.: *Politik zwischen Ideologie und Wissenschaft; Ich bin stolz, Deutscher zu sein; Südtirol – ein zweites Elsaß?*

UHLE-WETTLER, REINHARD, Brigadegeneral a.D., geb. 1932 in Kiel, Abitur 1953, 1953–55 bei der Handelsmarine, 1955 Bundesgrenzschutz, ab 1956 bis zur Pensionierung Tätigkeit in der Bundeswehr mit Verwendung in der Truppe (Kompaniechef, Bataillonskommandeur bei der Fallschirmtruppe, stellvertretender Divisionskommandeur der 1. Luftlandedivision), in militärischen Stäben, an Bundeswehrschulen und im Ministerium. Mitarbeiter militärischer Fachzeitschriften und der US-Militärenzyklopädie. Vorsitzender der Staats- und Wirtschaftspolitischen Gesellschaft (SWG) zu Hamburg. Neben vielen Artikeln zu Gegenwartsfragen Verfasser des Buches *Die Überwindung der Canossa-Republik* (1996).

WALDSTEIN, DR. DR. THOR VON, geb. 1959 in Mannheim. 1978–85 Studium der Rechtswissenschaften, Geschichte, Philosophie und Politikwissenschaft in München, Heidelberg und Mannheim, erstes und zweites juristisches Staatsexamen, 1979–82 Bundesvorsitzender des Nationaldemokratischen Hochschulbundes (NHB). 1988 viermonatige Tätigkeit bei der Deutsch-Indischen Handelskammer in Bombay und Madras, 1989 Promotion zum Dr.rer.soc. an der Universität Bochum mit einer Arbeit über die Staatslehre Carl Schmitts bei Bernard Willms, 1992 Promotion zum Dr. jur. in Mannheim. Ab 1998 Rechtsanwalt in Mannheim. Verteidiger in zahlreichen Strafverfahren zur Meinungsfreiheit.

Vom Wollen und Werden der Gesellschaft für Freie Publizistik

Niemals wurden Freiheit, Wahrheit, Menschenwürde so oft wie in unserer Zeit im Munde geführt. Es sind leider nur schöne Worte, denn in Wahrheit leben wir in einer Zeit der Intoleranz, die weitgehend nur das dem Zeitgeist gemäße Wort duldet.

Uns wird ein Menschenbild geboten, das ebenso verzeichnet wie verlogen ist;
uns wird im Nationalen wie im Internationalen eine Welt vorgeführt, wie sie in den Hirnen von Ideologen besteht;
uns wird als Kunst verkauft, was Herz und Hirn vor Kälte frösteln läßt, und
ein Geschichsbild vermittelt, das uns Deutsche zur ewigen Büßernation stempelt.

Das alles ist möglich, weil trotz den Geboten des Grundgesetzes der Staat Tabuzonen hat und die ›Veröffentlichte Meinung‹ als vierte – nein, als erste – Gewalt im Staat herrscht. Sie macht Schriftsteller mundtot, verdächtigt angesehene Verlage des Extremismus und behindert den Weg ihrer Bücher und Schriften in den Handel und damit zum Leser. So wird der Mensch Opfer eines anscheinend alles beherrschenden Zeitgeistes. Aber der Mensch hat ein Recht darauf, die Wahrheit zu erfahren. Er muß die Freiheit haben, sie dort zu suchen, wo er sie zu finden hofft.

Die GFP hat sich die Aufgabe gestellt, sich für die Freiheit und Wahrheit des Wortes einzusetzen, insbesondere

⇨ wahrheitswidrige Medienaussagen aufzugreifen und mit Leserbriefen, Berichtigungen und Gegendarstellungen zu korrigieren und strafbare politische Handlungen auf dem Mediengebiet juristisch prüfen zu lassen,

⇨ Stellungnahmen zu wichtigen Geschehnissen in der Vergangenheit und der Gegenwart in den Medien anzustreben,

⇨ das Geschichtsbewußtsein in regionalen und überregionalen Vortragsveranstaltungen zu stärken,

⇨ politische Organisationen zu unterstützen und zu fördern, die der Erhaltung unseres Volkes sowie dem Aufbau und der Ermittlung von politischen Führungskräften dienen.

Die GFP braucht dazu die Unterstützung aller, die sich dieser Aufgabe verbunden fühlen. **Helfen Sie uns! Werden Sie Mitglied!**

Zu Pfingsten 1960 trafen sich in Neustadt/Weinstraße Verleger, Redakteure, Schriftsteller, Buchhändler und Freunde einer freien Publizistik, um sich gegen eine unheilvolle Entwicklung zu verbinden und zur Sammlung aller aufzurufen, die für die Wahrheit und Freiheit eintreten wollen. Anläßlich der Frankfurter Buchmesse 1960 wurde die ›Gesellschaft für Freie Publizistik‹ als eingetragener Verein gegründet.

Nach über 35jährigem Bestehen und mit vielen hundert Mitgliedern in 15 Ländern der Erde kann die GFP auf eine vielfältige Tätigkeit und erfolgreiche Maßnahmen zurückblicken. In einer Reihe von Arbeitskreisen zwischen Hamburg und München finden öffentliche Vortragsveranstaltungen statt, bei denen Redner zu Problemen der Gegenwartspublizistik Stellung nehmen.

Auf dem jährlichen Kongreß der Gesellschaft nehmen Wissenschaftler, Schriftsteller und Politiker zu aktuellen geistig-politischen Fragen Stellung. Zu den Vortragenden, die vielfach auch Mitglieder der Gesellschaft sind, gehören u. a. die Professoren Austin App, Richard W. Eichler, Werner Georg Haverbeck, Robert Hepp, Alfred Keck, Heinrich Schade, Theodor Schmidt-Kaler, Bernard Willms, Bolko v. Richthofen sowie die Wissenschaftler und Publizisten Peter Dehoust, Dr. Georg Franz-Willing, David Irving, Dr. Dankwart Kluge, Dr. Rolf Kosiek, Franz Kurowski, Helmut v. Lichtenfeld, Andreas Mölzer, Dr. Nikolaus v. Preradovich, Wilfred v. Oven, Siegfried Kappe-Hardenberg, Dr. Gert Meier, Elke Moll, Harald Neubauer, Karl Richter, Dr. Max Klüver, Werner Kuhnt, Dr. Otto Scrinzi, Hans Georg v. Studnitz, Dr. Hans Dietrich Sander, Jordis Frhr. von Lohausen, Dr. Gert Sudholt, Adolf v. Thadden, Dr. Franz Uhle-Wettler, Reinhard Uhle-Wettler, Udo Walendy, Robert Verbelen, Dr. Heinrich Zillich.

Seit 1975 wurden folgende Kongresse durchgeführt und Sammelbände veröffentlicht:

1975 · Forum Kriegsausbruch 1939
1976 · Siegertribunal 1945/46
1977 · Die Deutschen in der Welt
1978 · Verrat und Widerstand im Dritten Reich
1979 · Ursachen u. Ausbruch des 2. Weltkrieges
1980 · Die Zukunft des Deutschen Volkes
1981 · Meinungsfreiheit heute

1982 · Die Deutsche Frage heute
1983 · Die Deutsche Frage in der Welt von morgen
1984 · Mut zur geistigen Wende
1985 · Jalta und Potsdam überwinden (I)
1986 · Das Ende aller Freiheit (II)
1987 · Revisionismus in der Zeitgeschichte (III)
1988 · Selbstbestimmungsrecht und Deutsche (IV)
1989 · Das Ende der Nachkriegszeit (V)
1990 · Einheit und Neuordnung (VI)
1991 · Europa ist wieder vorn (VII)
1992 · Für ein Europa freier Völker (VIII)
1993 · Volk und Rechtsstaat in Gefahr (IX)
1994 · Schicksalsjahr 1994 (X)
1995 · Deutschland 50 Jahre nach Kriegsende (XI)
1996 · Deutschland im Europa freier Völker (XII)
1997 · Sind wir noch zu retten? (XIII)
1998 · Mut zur Freiheit (XIV)

Noch lieferbar sind die Hefte ab 1984 (vor 1990 je DM 6.-, 1990–1995 je 12.-, ab 1997 je DM 15.-). Die Hefte 1987, 1996 und 1997 sind vergriffen.

Seit dem Jahr 1963 vergibt die Gesellschaft den ›Ulrich-v.-Hutten-Preis‹ in Form einer Fördergabe oder als Medaille. Zu den bisherigen Preisträgern gehören u. a. Prof. Dr. David Hoggan, Dr. h. c. Hans Grimm, Dr. Hans W. Hagen, Otto Spatz, Arthur Ehrhardt, Dr. Fritz Härtle, Prof. Dr. Fritz Münch, Reinhard Pozorny, Arno Breker, Waldemar Schütz, Erich Kernmayr, Dr. Georg Franz, Dr. Gustav Sichelschmidt, Dr. Holle Grimm, Werner Kuhnt, Wilfred von Oven.

Die GFP gibt viermal jährlich einen Informationsdienst heraus (DIN A5, 16seitig):

Das Freie Forum. Darin lesen Sie Aktuelles zur Zeitgeschichte, zur Presse- und Meinungsfreiheit, Hinweise auf Bücher und Veranstaltungen. (Für Mitglieder im Beitrag eingeschlossen, für Nichtmitglieder DM 20.- jährlich.)

Wahrheit und Freiheit in Wort und Schrift! Fördern Sie die Gesellschaft für Freie Publizistik. Werden Sie Mitglied! Mindestbeitrag DM 80.- jährlich.

Sekretariat der GFP, Postfach 1216, D-72641 Oberboihingen

Tel.: 07022/39941 – Fax: 07022/39972

Internet: http://members.xoom.com/g f p/homepage.htm

Beitrittserklärung

Hiermit beantrage ich die Aufnahme in die
GESELLSCHAFT FÜR FREIE PUBLIZISTIK e.V.
Als persönlichen Beitrag – als Firmenbeitrag – werde ich monatlich ――― DM leisten,
(Mindestbeitrag für persönliche Mitglieder 80.- DM, für Firmen 120.- jährlich,
Darin sind Bezug des ›Freien Forums‹ und der Kongreßbroschüre eingeschlossen. Ermäßigung oder Befreiung kann auf Antrag erfolgen.)

(Vorname)	(Familienname)
(Beruf und Titel)	(Geburtsdatum)
(Ort)	(Datum)
(Straße)	(Unterschrift)

Verbreitet die Kongreßbroschüren!

Referate und Arbeitsergebnisse der Kongresse der Gesellschaft für Freie Publizistik
Bitte liefern Sie mir (Preise einschließlich Porto):

――― Expl. **Mut zur Freiheit** (1998)
192 Seiten, brosch., DM 15.-

――― Expl. **Deutschland 50 Jahre nach Kriegsende** (1995)
168 Seiten, brosch., DM 12.-

――― Expl. **Schicksalsjahr 1994 – Wandel tut not** (1994)
144 Seiten, brosch., DM 12.-

――― Expl. **Volk und Rechtsstaat in Gefahr** (1993)
144 Seiten, brosch., DM 12.-

――― Expl. **Für ein Europa freier Völker** (1992)
132 Seiten, brosch., DM 12.-

――― Expl. **Europa ist wieder vorn** (1991)
134 Seiten, brosch., DM 12.-

――― Expl. **Einheit und Neuordnung** (1990)
144 Seiten, brosch., DM 12.-

――― Expl. **Das Ende der Nachkriegszeit** (1989)
136 Seiten, brosch., DM 6.-

――― Expl. **Frühere Kongreß-Protokolle** je DM 6.-   Jahre:

Absender: ――――――――――――――――――――――――――――――――――

Ort   Datum   Unterschrift

Bitte ankreuzen!

☐ Ich möchte zu den Kongressen
und Veranstaltungen der Gesellschaft für Freie Publizistik
eingeladen werden.

☐ Ich möchte weitere Informationen
über die GFP

☐ Ich möchte das *Freie Forum*
beziehen (DM 20.- jährlich)

Abs._____

_____
PLZ/Ort:

_____
Straße:

_____
Telefon
    (Bitte deutlich schreiben)

An die
Gesellschaft für
Freie Publizistik e.V.
– Sekretariat –
Postfach 1216
D-72641 Oberboihingen

_____
Absender:

_____
Vorname, Name:

_____
PLZ/Wohnort:

_____
Straße:

Senden Sie Informationsmaterial an:

_____

_____

_____

An die
Gesellschaft für
Freie Publizistik e.V.
– Sekretariat –
Postfach 1216
D-72641 Oberboihingen